Seidl · Hurra! Bier!

Conrad Seidl

HURRA! BIER!

Reisen zu Österreichs Brauereien

In Zusammenarbeit
mit dem Gourmet-Magazin
A LA CARTE

ÖBV

2. Auflage 1991

Umschlaggestaltung: Tino Erben
(unter Verwendung eines Plakates von 1937 aus dem Atelier Otto Löbl,
Foto: Gerhard Trumler)
Datenverarbeitung/Fotosatz: datacon, 1040 Wien
Druck und Bindung: Landesverlag, Linz
ISBN 3-215-**07509**-1

Inhalt

Das Bier und seine Heimat

Oberösterreichische Bierfreunde, um 1920

Ja freilich: Zur Not kann man Bier auch einfach gegen den Durst trinken. Aus den mit Plastik zusammengeschweißten Dosen, die die Ration für einen verlorenen amerikanischen Abend vor dem Fernsehapparat darstellen. Man kann Bier sogar mißbrauchen, um sich daran zu berauschen (wobei man allerdings beträchtliche Mengen konsumieren muß, denn Bier hat nur zwischen 3,2 und, bei Doppelbock-Bieren, 9 Prozent Alkohol).
Der Kenner aber weiß: für Säufer ist Bier eigentlich viel zu schade. Und trinkt sein Bier um des Genusses willen. Welch ein Genuß: 8.960.400 hl Bier werden jährlich in Österreich getrunken, das sind gut 1,75 Milliarden Krügel!
Zum allergrößten Teil fließt in Österreich inländisches Bier vom Zapfhahn, die Importe betragen gerade 275.000 hl – davon rund 200.000 aus

Deutschland. Deutsches Bier gilt vielfach als vorbildlich – aber das österreichische Bier ist in internationalen Vergleichen zumindest gleichauf. Und viele bedeutende Innovationen der Braukunst sind von Österreich ausgegangen.

Anton Dreher, Erfinder des Lagerbieres

Vor allem die Erfindung des Lagerbiers hat als „Wiener Typ" Weltruhm erlangt. Im Winter 1840 hat der Brauer Anton Dreher mit der Herstellung eines untergärigen, vollen Lagerbiers begonnen. Ab 1841 wurde „Klein-Schwechater Lagerbier" zu einem Markenbegriff. Das Bedeutsame an Drehers Erfindung war, daß bei entsprechender Kühlung – damals noch mit Natureis – ein blankes, sehr wohlschmeckendes Bier mit untergäriger Hefe (die sich während des Gärungsprozesses unten absetzt) hergestellt und gereift werden kann.
Spätestens seit damals gilt Bier den Österreichern als hochgeschätztes Lebensmittel. In der durch ihre Heurigen bekannten Hauptstadt Wien wurde 1736 dreimal soviel Wein getrunken wie Bier, 1754 nur mehr doppelt soviel, und zu Beginn des 19. Jahrhundert hatte das Bier den Wein überholt.

Nur in der Wirtschaftskrise der dreißiger Jahre war das hoch besteuerte Bier zurückgefallen: von einem durchnittlichen Pro-Kopf-Konsum von 70 l auf 32,56 l im Jahr 1936. Heute trinkt der statistische Norm-Österreicher 119 l Bier pro Jahr – mehr als einer der bekannt bierliebenden

Der Gösser Brauherr Max Kober

Australier oder Iren. Der Weinkonsum liegt (wegen vieler unkontrollierter und unversteuerter Verkäufe nicht genau bezifferbar) weit unter 50 l pro Jahr. Den größten Pro-Kopf-Absatz hat Tirol (wo allerdings mitzählt, was touristische „Köpfe" aus dem Ausland so alles mittrinken) mit 169 l. Die Wiener kommen dagegen nur auf 88 l.

Dieser Führer will zeigen, wo das Bier herkommt: Er erzählt wenig Bekanntes von den bekannten Braustätten – und er macht auf die unbekannten Brauereien aufmerksam. Und weil Bier mehr ist als ein beliebiger Durstlöscher, nennt er die Sorten und Spezialitäten, erläutert die Geschichte der jeweiligen Brauerei und ihrer Umgebung, und macht Lust darauf, die Heimat des Bieres, seine lokale Identität kennenzulernen.

Bierliebhaber brauchen keine weitere Begründung, um dorthin zu fah-

ren, wo ihr Bier zu Hause ist. Aber vielleicht eine Ausrede, eine Beschäftigung der nicht so bierbegeisterten Begleitung, für Frau und Kinder, und eine Aufforderung, weiterzuschauen: Deshalb enthält dieses Buch Hinweise auf die Sehenswürdigkeiten in der Umgebung der Brauerei, gibt Ausflugstips zur Erkundung und zum besseren Verständnis der lokalen Herkunft der Biere. Einen kompletten Reiseführer durch Österreich kann dieser kleine Führer natürlich nicht ersetzen (dafür gibt es im Anhang Literaturverweise zum Weiterschmökern) – aber er kann Lust machen, selbst die Reise zu den Ursprüngen des Bieres zu unternehmen – kann den einen oder anderen Tip geben, wo seltene österreichische Biere zu bekommen sind.
Manche der vorgeschlagenen Reisen werden wohl nie angetreten werden – und sie werden doch Thema am Stammtisch sein. Denn dieses Buch will durchaus auch ein Buch für Besserwisser sein, für Biertrinker, die besser (genaugenommen: richtig) wissen, wo welches Bier her kommt, was es für eine Bewandtnis hat mit den verschiedenen Bezeichnungen. Und für Leute, die dem Wirt auf die Finger schauen, wenn er ein Bier zapft.
Ein Drittel des österreichischen Bieres ist nämlich Faßbier – und dieses fast ausschließlich in der Gastronomie erhältliche Bier hat in den letzten Jahren immer mehr an Bedeutung gewonnen. Österreichs Biertrinker wissen es zu schätzen: Während vor Jahrzehnten das Flaschenbier eine beworbene Besonderheit der nobleren Gastbetriebe war, ist heute der Wirt gefragt, der gepflegtes Faßbier zu bieten hat.
Gepflegt, das heißt: mindestens zwei Tage vor dem Anstich bei 6 bis 8 Grad Celsius gelagert, damit es sich vom Transport erholen konnte, mit nicht allzu hohem Druck gezapft. Und mit der richtigen Temperatur (leichtere Biere sollten etwas kälter sein als stärkere).
Bierkultur fängt schon mit dem richtigen Glas an – es ist falsch verstandene Noblesse, wenn ein Restaurant meint, Bier aus besonders zarten neutralen Gläsern ausschenken zu sollen. Es darf und soll ruhig draufstehen, was drinnen ist. Und das Glas sollte zum Bier passen – Pils (und auch anderes besonders helles Bier) kommt gut in Tulpen zur Geltung, Bockbier trinkt sich gut aus Krügelgläsern mit Henkel, Spezialbiere aus Bechergläsern. Die Brauereien geben den Wirten die richtigen Gläser an die Hand – leider können nicht alle damit umgehen. Wenn's richtig schmecken soll, nimmt der Profi ein (mit einem chlor- und phosphatfreien Spezialwaschmittel gereinigtes und mit der Öffnung nach unten auf einem Rost abgetropftes) Glas aus dem Regal,

spült es mit kaltem Wasser aus und läßt das Bier langsam in das schräg gehaltene Glas laufen. In einem kühlen, feuchten Glas bildet sich nämlich weniger, aber festerer Schaum – und die Kohlensäure hält länger im Bier.

Wenn es eine schöne, lange haltende Schaumkrone geben soll – die gilt als Qualitätsmerkmal, ist aber zunächst eine ästhetische Forderung – muß während des langsamen Zapfens noch ein-, besser zweimal abgesetzt werden. Dadurch hat der Schaum Gelegenheit, sich zu festigen. Ein Pilsbier verlangt geradezu danach, daß der Zapfhahn beim letzten Zapfen ins Glas gehalten und die Schaumkrone schubweise „herausgehoben" wird.

Noch am leeren Glas ist zu erkennen, ob das Glas sauber (also fett- und spülmittelfrei) und ob das Bier sorgfältig gezapft war: Dann sind nämlich „Trinkränder" auf den Niveaus zu sehen, bis zu denen schluckweise abgetrunken wurde. Daß ordentliches Zapfen etwas länger dauert, dafür haben Biertrinker Verständnis – im Gegenteil: Kommt das Bier allzurasch und mit trotzdem üppiger Krone daher, dann drängt sich der Verdacht auf, daß es schon länger vorgezapft war und auf das ausgerauchte Bier nur mehr zum schönen Schein eine Krone gesetzt wurde.

In gewissem Sinne kann man auch Flaschenbiere „zapfen" – vor allem die vielfach nur in Flaschen erhältlichen Pilsbiere und natürlich das Weizenbier, das fast ausschließlich in Flaschen ausgeliefert wird.

Das richtige Einschenken des Weizenbieres ist eine Kunst, die in Österreich nicht von allen Kellnern beherrscht wird. Denn das Weizenbier bildet soviel Schaum, daß bei unvorsichtigem Einschenken die Flasche voll bleibt, während sich das Glas zum Ärger des durstigen Gastes mit Schaum füllt. Um solcher Blamage zu entgehen, stellen manche Kellner einfach Flasche und Glas (in das sie die zum Weizenbier obligate Zitrone lieblos hineinwerfen, statt sie an den Rand zu stecken) hin: Soll selber fertig werden damit.

Immerhin könnten sie sich damit auf eine gewisse Tradition berufen. Weißbier war in Bayern, wo es herkommt, lange Zeit etwas Minderwertiges. 1655 hatte man Weinwirten den Ausschank von Weißbier verboten, Weißbierzäpfler hatten nicht dieselben Rechte wie die Brauer des „richtigen" braunen Bieres: Sie durften niemand beherbergen, durften keine „Gastungen" und Hochzeiten halten.

Das tröstet den, der mit einem Glas und einer Flasche Weizenbier allein gelassen wurde, wenig. In dieser Verlegenheit leert man am besten die

Zitrone (und das als Schaumbremse ebenso wie als Geschmacksvernichter wirkende restliche Wasser) aus dem Glas, hält dieses fast waagrecht und die Öffnung der Flasche unmittelbar an den inneren Glasrand. Nun läßt man das Bier – so schwer Geduld aufzubringen sein mag – ganz geduldig über die Wände des Glases laufen. Wenn sich dabei keine Turbulenzen bilden können, bildet sich auch kein Schaum, der wird erst mit dem allerletzten Schuß in ausreichendem Maß erzeugt. Übrigens ist zu beachten, daß beim Einschenken hefetrüber Weizenbiere – falls gewünscht – die Hefe mit dem letzten in der Flasche verbliebenen Bier aufgeschüttelt und ins Glas geschüttet werden kann. Die Zitrone verdirbt den feinen Geschmack des Bieres, sie dient nur der Zierde.

Wenn sie einen Wirt gefunden haben, der mit dem Bier so umgehen kann, dann wissen Sie auch, wo das Bier am besten schmeckt. Nur im Braugasthof, wo es ganz sicher keinen Transportschaden genommen hat, ist es vielleicht noch besser – und wenn es einen Braugasthof gibt, finden Sie einen entsprechenden Hinweis in der Beschreibung der einzelnen Brauorte.

Und wenn Sie das Bier daheim trinken wollen? Dann sind Sie in guter Gesellschaft: Flaschenbier macht immerhin 62,5 Prozent (in den siebziger Jahren waren es sogar über 70 Prozent) des österreichischen Bierausstoßes aus. Achten Sie aber darauf, daß sie es bei einem vertrauenswürdigen Händler kaufen: Es darf weder lange noch gar bei hohen (schadet dem Geschmack) oder zu tiefen (die machen das Bier trübe) Temperaturen gelagert worden sein.

Seit kurzem gibt die auf den Etiketten angegebene Verbrauchsempfehlung einen Anhaltspunkt – und mahnt nicht nur den Händler, das Bier rasch umzuschlagen, sondern auch den Bierfreund, sich nicht mit einer Jahresration eines im Sonderangebot erhältlichen Bieres einzudecken. Überhaupt lohnt es sich, seinen Bierlieferanten genau zu besehen: Wichtig ist, daß der Händler das Bier nicht wochenlang in der Sonne stehen läßt, sondern es hübsch frisch weiterverkauft.

Denn Bier ist auch lichtempfindlich – weshalb die 1968 eingeführte und optisch vielleicht nicht besonders ansprechende Euro-Flasche aus braunem Glas ist. Dieses absorbiert die UV-Strahlung besonders gut, und sie hält mit ihren massiven Glasteilen das Bier besonders gut kühl, wenn es einmal aus dem Kühlraum oder Kühlschrank genommen ist: Ein Gebinde, das sich allein in Österreich hundertmillionenmal bewährt – so groß ist der Umlauf an Mehrwegflaschen. Dazu kommen

Kühles Bier – dafür brauchte man Natureis

noch einige Sonderformen – etwa die für Landbiere verwendeten Porzellankapsel-Flaschen oder die neuerdings wegen ihrer edlen Form geschätzte schlankhalsige Flasche der Ottakringer, Einweggebinde und etwa 4,4 Prozent Dosen.

Wo einkehren? Wer sich durch die Vielfalt der österreichischen Biere durchkosten will (und vielleicht den einen oder anderen Vergleich mit Importen anstellen will, den österreichische Biere keineswegs zu scheuen haben), ist in den in letzter Zeit entstandenen Bierspezialitäten-Lokalen gut aufgehoben.

Einer der ersten Vertreter dieses Typs war das 1980 entstandene *Krah Krah,* mitten in Wiens „Bermuda-Dreieck" auf dem Rabensteig. In der Nähe der Universität hat kürzlich das Bierbeisl *Einstein* (Rathausplatz 4, 42 26 26) aufgemacht, das die Atmosphäre eines Kaffeehauses und die eines Biergartls unter demselben Dach unterbringt. Die *Schwimmende Pyramide* (Seilerstätte 3a, 513 29 70) und die *Flöte* (Schellinggasse 3) sind weitere innenstädtische Bier-Stützpunkte.

Ein vorstädtisches, vor allem durch seinen Sommergarten in der Althanstraße sympathisches Lokal ist die *Bieroase* (1090, Liechtensteinstraße 108, 31 75 51): Hier gibt es 110 verschiedene Biere, davon im Sommer 30 Weizenbiere (etwa „Rauchenfels Steinweizen"), das mexikanische „Sol Spezial" aus der Montezuma-Brauerei oder das belgische „Leffe". Einen einladenden Biergarten bietet auch der *Wieselburger Hof,* ein uriges Lokal in der Gersthofer Straße 21 (1180 Wien, 47 43 78), das auch frisches Brot und Würste aus eigener Erzeugung zu den sieben (zum Teil selber zu zapfenden) Bieren reicht.

In der *Mödlinger* Fußgeherzone gibt es das *Stangerl im Ratzhaus,* wo ständig 100 Biersorten angeboten werden, in der Kurstadt *Baden* bei Wien der *Bierstadl* am Conrad von Hötzendorf-Platz, gleich gegenüber dem Bahnhof (02252 86 3 44), mit 22 Bieren.

Den größten Bierstammtisch Österreichs gibt es in *Tirol,* und zwar in Aschau: Er ist dreieinhalb Tonnen schwer und 9999 Millimeter lang – jeden Donnerstag findet dort die *Hoadacher Bierakademie* statt (05282 26 94). In der Landeshauptstadt *Innsbruck* lockt die *Pilsbar in der Pfeffermühle* (Mariahilfstraße 6, 05222 86 0 35) mit fünf Bieren vom Faß.

Das Bier und seine Erzeugung

Kein Bier ist so rein wie das österreichische. Auch wenn spektakuläre PR-Aktionen der deutschen Brauer etwas anderes vorgaukeln: Das österreichische Lebensmittelgesetz ist das strengste der Welt. Und die österreichischen Brauer gehen damit noch viel sorgfältiger um als ihre deutschen Kollegen.

Wer deutsches Bier trinkt, der muß gewärtigen, daß dieses durch Filter aus krebserregender Asbestfaser filtriert wurde und daß das Wasser mit allerlei (in Österreich streng verbotenen) Chemikalien aufbereitet wurde. Soweit nicht überhaupt zuviel Nitrat drinnen ist, denn die EG-Landwirtschaft zerstört sogar die Lebensgrundlage Wasser – und die Brauer haben ihre Mühe, daraus ein Bier zu brauen, das sie noch als halbwegs rein bezeichnen können, ohne rot zu werden. Ihr Pochen auf das Reinheitsgebot ist das, was bei den Österreichern als „Schmäh" gilt – ein guter Trick, dem Geschäft förderlich statt der Kundschaft.

Worum geht's also beim „Reinheitsgebot?" Bier besteht demnach aus Gerstenmalz, Hopfen und Wasser. So schreibt es die Bestimmung von 1516 fest. Wer meint, sich auf dieses Gebot berufen zu müssen, sollte bedenken, daß ohne die im Reinheitsgebot gar nicht erwähnte Hefe das Jungbier gar nicht zur Gärung käme. Und daß in Deutschland, das so stolz auf sein Reinheitsgebot ist, natürlich auch mit Weizen eines der besten Biere gebraut wird.

Überhaupt ist die Verordnung „Wie das Pier Summer und Wintter auffm Lannd sol geschennckt geprawen werden" ein Dokument, das mit der „Reinheit" des Bieres (und dem Verbot etwa von Kräuterbieren) nur am Rande zu tun hat. Der bayerische Herzog Wilhelm IV. hatte vielmehr die Preisregelung im Sinn: Die Maß Bier (sie faßte in Bayern 1,069 l) sollte von Michaeli (dem 29. September) bis Georgi (dem 23. April) nicht mehr als einen Pfennig Münchner Währung kosten, im Sommer zwei Pfennig. Wer als „Geüwirt" Großabnehmer war (also einen 60-Maß-Eimer oder ein Vielfaches einkaufte) und „wieder untter dem gemaynen Pawrsvolck ausschenncken würde", der durfte bis zu einem Heller (= 1/2 Pfennig) aufschlagen.

Strengere Regelungen behielt sich der Landesfürst vor, wenn „merck-lich Beswärung aus manngl oder theürung des getrayds fürfielen".

Aus dieser Überlegung wird auch verständlich, warum nur mit Gerste gebraut werden soll: Es sollte niemand damit spekulieren können, (Brot-)Getreide zu teurem Bier zu machen, während für das weniger lukrative, als Ernährungsgrundlage aber notwendige Brotbacken nichts mehr übrigbliebe. Auch in Österreich hatte dieses Verbot Bedeutung: 1675 wurde etwa die Hütteldorfer Brauerei bestraft, weil sie Weizenbier gebraut hatte!

Und so ganz ernst hat man es mit der Reinheit auch lange nicht genommen. Im Gegenteil: Aus dem Süddeutschen Raum ist der Brauch überliefert, daß zum Gelingen eines guten Bieres beim ersten Sud jedes Braujahres alte Weiber um den Kessel tanzen und auf Befehl hineinspucken mußten. Eine nur scheinbar unappetitliche Vorstellung: Denn der Sud kocht lange – und ist daher steril, bis er mit der Hefe versetzt wird. Schon bedenklicher scheint die Hoffnung gewesen zu sein, im Faß verdorbenes Bier dadurch zu retten, daß man einen Molch hineinsetzt; auch das ist ein überlieferter süddeutscher Brauch. Und noch in diesem Jahrhundert sind Innviertler Brauer und Wirte darauf verfallen, das sauer gewordene ältere Bier als letztes bei einer Hochzeit auszuschenken – da waren die Gäste schon so betrunken, daß sie den Geschmacksfehler nicht bemerkt haben.

Die heutigen Lebensmittelbehörden hätten dennoch Bedenken – nicht jedoch gegen andere Praktiken, die zumindest in Österreich erlaubt sind. Und ganz amtlich wird ein Auge zugedrückt, wenn die Lebensmittelkennzeichnungsverordnung (solche k&k-Begriffe gehen auch republikanischen Juristen ganz locker über die Lippen) Bier von genauen Angaben der Inhaltsstoffe ausnimmt.

Auch der erst am 1. Jänner 1990 in Kraft gesetzte neugefaßte Codex verlangt nur die Volumsprozente an Alkoholgehalt, die Angabe des Stammwürzegehaltes, die Lagerbedingungen („kühl und dunkel“ – aber das sollte jeder Biertrinker ohnehin wissen) und die Sachbezeichnung auf den Bieretiketten. Es ist nämlich ein österreichisches Spezifikum, daß lange Zeit auf Bierflaschen alles mögliche, nur nicht das Wort „Bier“ zu finden war.

Ob das Bier „nach Reinheitsgebot“ gebraut ist oder nicht, läßt sich vom Konsumenten nachträglich kaum feststellen – und hat auch keinen besonderen Belang. In der ganzen Welt (außer bei den Deutschen und Griechen) ist es zulässig, 25 Prozent des Gerstenmalzes durch höherwertige Getreidesorten zu ersetzen – etwa durch Weizen, Reis oder Mais. Bekanntlich kann auch aus den edlen Getreidesorten Weizen und

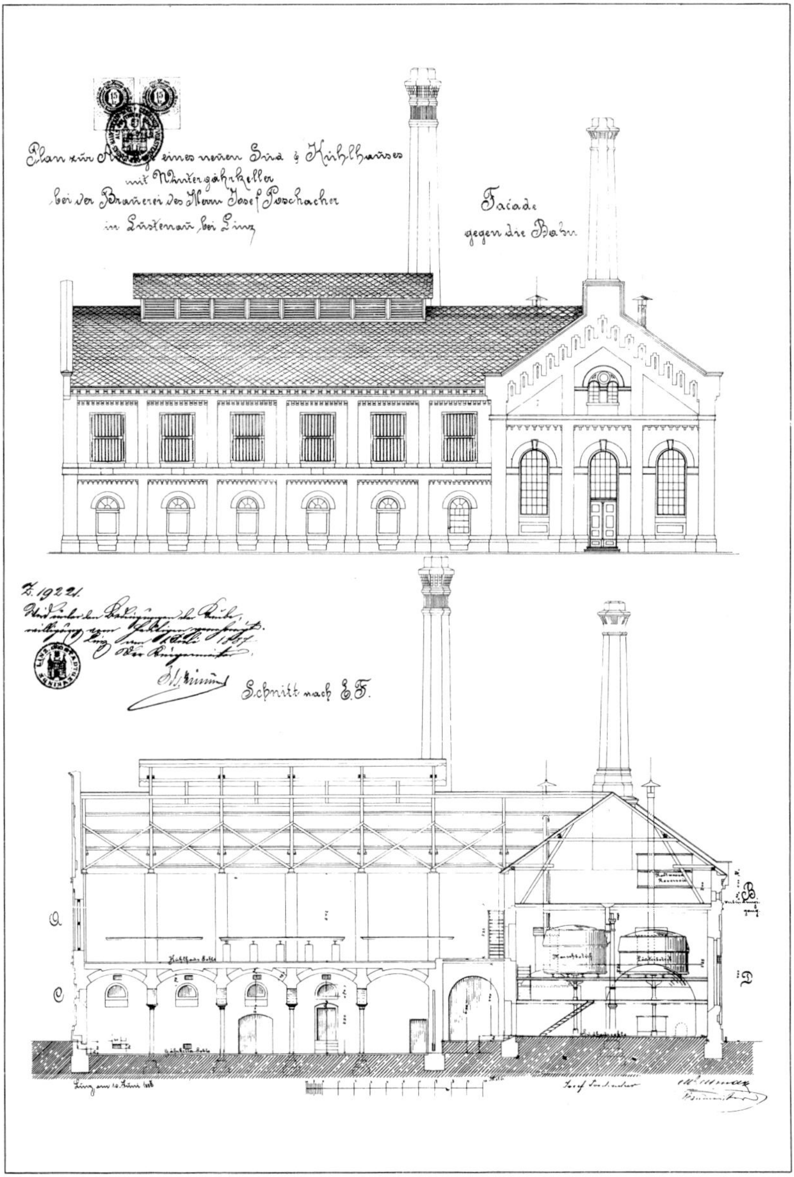

Poschacher Brauerei im Jahr 1887

Roggen Bier gebraut werden (was natürlich auch von den Deutschen praktiziert wird). Weizenbier muß beispielsweise mindestens 50 Prozent Weizenmalz enthalten. Wichtig ist, daß es keine chemischen Zusätze (etwa zur Geschmacksverbesserung oder zur Erhöhung der Haltbarkeit) enthalten darf. Der Bierfreund muß sich darauf verlassen, daß sein Wirt (der seine Zapfanlage täglich reinigen und alle Vierteljahre warten lassen muß) und sein Bierbrauer ehrliche Leute sind.

In Freistädter Brauhaus (wo man vom dümmlichen Reinheitsgebot zugunsten echter Qualitätsproduktion abgegangen ist) hängt denn auch der Spruch: „Erst am jüngsten Tag wird's offenbar, ob der Braumeister ein Spitzbub war." Die Methode, wie Bier gebraut wird, ist jedenfalls viel weniger von Gesetzen als von technischen Voraussetzungen und den vom Braumeister für notwendig gehaltenen Grundstoffen abhängig. Und die sind in den letzten Jahren weitgehend vereinheitlicht worden: Denn die Herstellung und Lagerung der Ausgangsstoffe für den eigentlichen Brauvorgang sind aufwendig und werden zunehmend spezialisierten Betrieben überlassen.

Typisch am jeweiligen Bier sind daher das verwendete *Wasser*, das natürlich rein, nitratarm und weich (also wenig kalkhaltig) sein sollte. Die österreichischen Brauereien sind stolz darauf, daß sie über die besten Wässer der Welt verfügen, die aus der alpinen Region und der böhmischen Masse.

Oft ist es sogar dasselbe Wasser, das aus der Wasserleitung kommt. Bei chemischen Untersuchungen, die Herbert Sedy 1989 für das Verbrauchermagazin „Konsument" durchgeführt hat, hat sich erwiesen, daß der Nitratgehalt des Bieres durchwegs unter dem von Wasser aus Gebieten mit intensivem Ackerbau ist. Und das, obwohl aus den Zutaten des Bieres noch einiges an Nitrat dazukommen kann.

Entscheidend für den Charakter des Bieres ist selbstverständlich die Herkunft der Grundstoffe und deren Verarbeitung in Sudhaus und Keller.

Der *Hopfen* hat für den Brauvorgang dreifache Bedeutung: Seine Bitterstoffe (Alphasäuren) sorgen für den bitteren Geschmack des Bieres, helfen bei der Schaumbildung und erhöhen die Haltbarkeit, seine ätherischen Öle wirken sich auf Geruch und Geschmack des Bieres aus, und die Gerbstoffe dienen der Konservierung und Klärung des Bieres.

Hopfen für das österreichische Bier kommt aus fünf verschiedenen Anbaugebieten: Aus Bayern (die traditionsreichen Anbaugebiete liegen in der Hallertau südlich von Regensburg und bei Spalt südlich von

Nürnberg). Aus der Tschechoslowakei, von wo seit Beginn des 18. Jahrhunderts im Goldbachtal bei Saaz angebauter Aromahopfen (eine wesentliche Zutat des Pilsbieres) importiert wird, sowie aus Leutschach in der Steiermark, dem Mühlviertel in Oberösterreich und neuerdings dem Gebiet um Zwettl im Waldviertel. Die österreichische Ernte deckt mit rund 250.000 Kilogramm etwa ein Viertel des Gesamtbedarfs der österreichischen Brauereien. Einer Ausweitung des Anbaues sind natürliche Grenzen gesetzt: Hopfen verlangt ein besonderes Klima und einen besonderen Boden, um sein feines Aroma zu entwickeln.

Jahrhundertelang war der Hopfenanbau in weiten Teilen Österreichs verbreitet. Noch heute findet man etwa bei Fehring die Ortsbezeichnung „Hopfengraben", bei Hartberg eine Gemeinde „Hopfau" – ohne daß in der Umgebung Hopfen angebaut würde. 1938 kam dann das vorläufige Ende durch das Nazi-Regime, das sich eben auch die Tschechei und damit deren feinen Aromahopfen unter den Nagel gerissen hatte. Der wurde auch in den traditionellen Brauergegenden Österreichs immer höher geschätzt: So war in Ried im Innkreis im 17. Jahrhundert vorgeschrieben, für einen Sud 10 Pfund böhmischen Hopfens (Kosten: je Pfund 15 Kreuzer, mehr als etwa ein Taglöhner verdiente) oder die doppelte Menge des heimischen Hopfens zu verwenden.

Hopfen (humulus lupulus) ist eine Hanfpflanze aus der Ordnung der Nesselgewächse. Zum Bierbrauen eignen sich nur die unbefruchteten Blüten der weiblichen Pflanze: Daher werden die männlichen Hopfenpflanzen ausgerottet, die weiblichen Pflanzen durch Stecklinge vermehrt. Jedes Jahr treibt aus den bis zu 50 Jahre alten Wurzelstöcken ein neuer, einjähriger Trieb. Er erreicht eine Höhe von rund sieben Metern: Die Rebe (von 40 Trieben läßt der Bauer nur einen oder zwei aufkommen, damit der Hopfen kräftiger wächst) schlingt sich selbst mit ihren Klimmhaaren am Aufleitdraht fest. Der Hopfen blüht Anfang Juli, wobei jeder Blütenstand aus bis zu 60 Einzelblüten besteht – aus diesen entwickeln sich Dolden, die Ende August bis Mitte September geerntet werden. Pro Pflanze kann man 450 Gramm Trockenhopfen ernten – genug für 750 Krügel Bier! Was auf einem Hektar Hopfenfläche wächst, reicht für den Bedarf von 12.711 Österreichern.

Allerdings ist der Hopfenanbau kein ganz so simples Geschäft, wie es auf den ersten Blick erscheinen mag: Der Boden will geackert und muß zum Erosionsschutz mit Gründüngung (etwa Raps) bepflanzt werden, pro Jahr und Hektar müssen etwa 150 Arbeitsstunden allein auf die

Pflege der Hopfentriebe verwendet werden: „Der Hopfen will jeden Tag seinen Herrn sehen."
Der geerntete Hopfen wird entweder als Naturhopfen in die Brauerei gebracht und dort bei Temperaturen um null Grad gelagert oder zu Pellets granuliert – die sind weniger empfindlich und haben für den Biertrinker den Vorteil, daß sie weniger Nitrat ins Bier bringen als der Naturhopfen.
Ähnlich technisiert ist die Produktion des *Malzes*. Verwendet wird hauptsächlich österreichische Gerste, pro Jahr etwa 160.000 Tonnen. Es ist im wesentlichen zweizeilige Gerste (hordeum vulgare), bei der zwei Reihen Korn auf der Ähre wachsen. Gute Braugerste zeichnet sich durch einen hohen Anteil an Stärke aus, während (zumeist vierzeilige) Futtergerste viel Eiweiß enthält. Die Stärke ist notwendig für den Brauvorgang – denn sie wird zu Zucker und dieser in Alkohol umgewandelt.
In der Mälzerei werden die zunächst noch harten und trockenen Gerstenkörner eingeweicht – bis sie zwischen 40 und 50 Prozent Wassergehalt haben. Danach beginnen sie, bei kontrollierter Temperatur und ständig gewendet, zu keimen, wobei sich Enzyme bilden, die die wichtigsten Inhaltsstoffe der Gerste (beziehungsweise anderer zum Brauen verwendeter Getreide wie des Weizens) löslich machen.
Der nächste Arbeitsgang ist das Darren: Dazu kommt das angekeimte Getreide auf siebartige Gestelle, auf denen es bei etwa 70 bis 90 Grad wieder getrocknet wird. So entsteht das Malz, dessen Keime entfernt werden. Wenn es nun geschrotet wird, ist es zum Brauen fertig. Man unterscheidet verschiedene Sorten von Malz – und zwar nach ihrer Farbe, die wiederum von der Temperatur beim Darren abhängt. Je heißer gedarrt wurde, desto dunkler ist das Malz – und desto dunkleres Bier kann daraus gebraut werden. Dunkles Malz (das in Österreich mit süßlichem Bier assoziiert wird) ist übrigens eher bitter – es hat das Aroma von geröstetem Kaffee. Der süßliche Geschmack der „Doppelmalz"-Biere stammt eher daher, daß das Bier nicht vollständig vergoren ist.
Im Brauhaus beginnt nun das *Maischen*. Dazu kommt das Malz, und eventuell noch „Rohfrucht" (darunter versteht man ungemälzte Gerste, Reis oder Mais, die zusätzliche Stärke liefern), in die Sudpfanne und wird mit dem Brauwasser stundenlang zu einem Brei gekocht und eingedampft. Dabei wird in der Maische das Eiweiß teilweise abgebaut und die Stärke des Malzes in Malzzucker (Maltose) und Dextrine um-

Einfache Sudanlage, 1926

gewandelt. Bei der späteren Gärung ist die Maltose die Grundlage für die Produktion von Alkohol, die Dextrine geben dem Bier seinen vollen Körper und tragen zum Aroma bei. Die festen Teile dieses Suds, die Trebern, werden nun beim Läutern abgesetzt, dann wird die Würze noch einmal aufgekocht: Der angenehme Geruch, den man manchmal in der Nähe einer Brauerei erschnuppern kann, deutet darauf hin, daß diese Phase des Brauvorganges erreicht ist. In den letzten Minuten kommt der empfindliche Hopfen zur Würze, seine Bestandteile werden ausgekocht.

Was nun an gelösten Stoffen in der Würze ist, ist die sogenannte Stammwürze: 1 Grad Stammwürze entspricht 1 Gramm Extrakt in 100 Gramm Würze. Diese Angabe nach „Balling-Graden" wurde von Carl J. Balling 1845 eingeführt. Der Stammwürzegehalt steht indirekt in Zusammenhang mit dem Alkoholgehalt des Bieres: Im Sudhaus enthält die Würze noch keinen Alkohol, der entsteht erst bei der Gärung. Nach einer Faustregel entspricht die Stammwürzegradation dem zweieinhalbfachen Alkoholgehalt in Volumsprozenten.
Der fertige Sud wird nun rasch abgekühlt. In einem Whirlpool (oder, nach älterer Methode: auf einem Kühlschiff) werden die Eiweißreste (die ein gefragtes Viehfutter sind) entfernt und die Würze über einen Plattenkühler auf die Anstelltemperatur gebracht. Das Gebräu kommt zur Hauptgärung: In traditionellen Brauereien passiert das in offenen Bottichen, heute zumeist in den (sterileren) zylinderkonischen Gärtanks.
Zunächst muß die Würze allerdings mit *Hefe* versetzt werden – wobei die Reinheit dieses Pilzes (dessen Sporen überall in der Luft vorkom-

Ein Kühlschiff, wie es früher gebräuchlich war

Hauptgärung in offenen, gekühlten Bottichen

men) darüber entscheidet, ob das Bier gelingt oder verdirbt. In einem Milliliter Jungbier befinden sich zwischen 60 und 70 Millionen Hefezellen.

Von der Art der Hefe wird auch die Bierart bestimmt: Obergärige Hefen setzen sich nach getaner Arbeit (der Umwandlung von Maltose in Alkohol und Kohlensäure) an der Oberfläche des Jungbieres ab, untergärige sinken nach unten ab. Von der Art der Hefe hängt auch die Temperatur ab, die beim Hauptgärvorgang herrschen muß: Obergärige Hefen wachsen bei 15 bis 20 Grad Celsius am besten, untergärige bei 5 bis 12 Grad.

Nach dieser mehrtägigen Hauptgärung bleibt der Großteil der Hefe zurück, und das Bier kommt in den Lagerkeller zum Nachgären. Bei Temperaturen knapp über null Grad kann sich das Bier mit Kohlensäure anreichern und sein Aroma entwickeln. Dieser Reifungsprozeß dauert zwei bis sechs Monate, industriell arbeitende Brauer versuchen allerdings in letzter Zeit, das Bier rascher reifen zu lassen.

Die richtige Temperaturführung im Keller ist für die Qualität des Bieres

Faßholz muß monatelang trocknen –

und die Fässer tun jahrzehntelang Dienst

ebenso entscheidend wie die Zutaten. Das wußte man schon 1553, als in der (für Teile Oberösterreichs geltenden) „Bairischen Lanndtsordnung“ jeder mit „entsetzung des Preuamts“ bedroht wurde, der nicht „zu jeder Sommer und Winterzeit dem Pier sein gebürliche sud und kielung“ gibt.

Wenn das Bier einige Wochen im Lagerkeller war, kann man es bereits verkosten: Das ist dann das sogenannte Keller- oder Zwicklbier. Der Name Zwickl kommt von dem Zwickel-Hahn, der einst als Probehahn des Braumeisters zwischen die Pfosten eines hölzernen Lagerfasses „gezwickt“ wurde. Die stets durstigen Brauburschen pflegten sich wohl ebenfalls an diesem Bier zu laben – die entsprechende Bierspezialität des unfiltrierten, Hefereste enthaltenden Bieres wird inzwischen von manchen Brauhäusern angeboten. Die Freude daran ist nicht nur wegen der enthaltenen Hefe manchmal getrübt: Wenn der Wirt seine Schankanlage nicht bestens pflegt und das Bier nicht innerhalb von drei Tagen ausgeschenkt ist, dann kann es verderben, also sauer werden.

Aus dem Lagerkeller kommt das Bier schließlich zur Filtration, bei der Hefereste entfernt werden, damit das Bier in der Flasche oder dem Faß nicht „weiterlebt“, also unkontrolliert reift. Um ganz sicher zu gehen und das Bier länger haltbar zu machen, kann man es noch einmal pasteurisieren – was allerdings dem Geschmack abträglich ist. Dann wird es abgefüllt und kommt zum Verkauf.

Wie gesagt: Im Zuge technischer Rationalisierungen sind immer mehr Brauereien davon abgekommen, selber zu mälzen, der Hopfen wird vielfach als steriles, in Folie verschweißtes Paket bezogen, und die Hefepilze (früher mitsamt den mitsprießenden Verunreinigungen typisch für den jeweiligen Keller) werden ebenfalls zentral gezüchtet.

Das Bier und seine Geschichte

Obwohl die aus den feuchten Bergtälern Vorderasiens stammende Hopfenpflanze schon den Babyloniern und Ägyptern bekannt war, wurde Bier nicht immer mit Hopfen gebraut: Die auch in Österreich lange Zeit verbreiteten Steinbiere bezogen ihre Bitterstoffe aus Kräutern und Wacholderzweigen.

Man muß davon ausgehen, daß das Bier, auch gehopftes, früher ganz anders geschmeckt hat, als wir das heute gewohnt sind: Durch die viel einfachere Kellertechnik, vor allem aber durch mangelnde Kühlung mußte erheblich mehr Konservierungsaufwand getrieben werden. Man bediente sich dazu der in der Würze ohnehin vorhandenen Chemie und setzte enorme Mengen Hopfen ein: Pro Hektoliter wanderte ein Kilo Hopfen in die Sudpfanne (heute sind es zwischen 200 und 500 Gramm). Die antibakterielle Wirkung der Bitterstoffe, vor allem der Alpha- und Betasäuren, erhöhte die Haltbarkeit – machte das Bier aber auch bitterer.

An die Zeit, als Bier nur im Winter – bei entsprechender natürlicher Kühlung – gebraut werden konnte, erinnert noch die Bezeichnung *Märzenbier*. In Österreich wird darunter üblicherweise jedes Lagerbier verstanden, das Märzen hat knapp über 12 Grad Stammwürze und einen eher vollmundigen Geschmack.

Pilsbiere sind sehr herbe, helle Biere, zwischen 11 und 13 Grad stark. Nach dem österreichischen Recht sind Biere unter 12 Grad (wie sie in Deutschland vielfach üblich sind) als *Schankbier* zu qualifizieren, doch ist für die Bezeichnung der Typ (eben „Pils" oder „Weizenbier") ausschlaggebend. Biere unter 9 Grad Stammwürze (3,7 Volumsprozent Alkohol) gelten als *Leichtbiere*. Sie sind wegen der geringeren Stammwürze weniger vollmundig und sollten recht kalt getrunken werden.

Stärkere Biere (über 13 Grad Stammwürze) gelten als *Spezialbier*, ab 16 Grad Stammwürze als *Bock*, ab 18 Grad als *Doppelbock*. Je mehr Stammwürze ein Bier hat, desto kräftiger und malziger schmeckt es.

In Österreich werden üblicherweise untergärige Biere getrunken.

Unter den obergärigen haben nur die *Weizenbiere* in den letzten Jahren einen bedeutenderen Anteil errungen: Sie sind mild gehopft und erfri-

St. Georg – ein Patron der Brauer

schend. In einigen kleinen Spezialitätenbrauereien gibt es auch andere obergärige Spezialitäten, wie das *Altbier*.
Bierbrauen ist heute ein freies Gewerbe. Braucht ein Limonadenabfüller einen Befähigungsnachweis, so steht das Bierbrauen jedem offen. Das war nicht immer so. Erst am 21. November 1815 wurde das Bierbrauen liberalisiert.
Wobei die Liberalität sich vor allem auf die Herstellung, nicht auf die Absatzmärkte bezog. Die versuchte man schon früh in den Griff zu bekommen.
Aus Windischgarsten ist etwa überliefert, daß Johann Friedl (in manchen Quellen wird die Familie auch Gridl genannt) aus Hatzenhofen am 26. November 1689 die Brauerei kaufte. Mit den örtlichen Wirten machte er aus, daß er selbst keinen Wein ausschenken würde, daß sie dafür aber sein Bier abnehmen müßten. Noch Jahrzehnte später, nämlich 1806, machte sich Josef Friedl (oder eben Gridl) erfolgreich dagegen stark, daß das Kanonikal-Stift seine in Klaus bestehende Braugerechtigkeit ins nähere Spital am Phyrn verlegen könnte.

Hundert Jahre später wurde die Abgrenzung von Vertriebsgebieten dann institutionalisiert. 1905 schlossen die Puntigamer und die Gösser Brauerei den ersten Freundschafts- und Kundenversicherungsvertrag, 1907 entstand daraus der „Schutzverband alpenländischer Brauereien" – daraus erwuchs das sogenannte Bierkartell. Es sicherte seinen Mitgliedern Absatzrechte und erschwerte es den Kunden, vor allem den Gastwirten, die Biermarke zu wechseln.
Das Bierkartell entfaltete vor allem in den Krisenjahren der Ersten Republik seine Segnungen: Als zwischen 1929/30 und 1936/37 die Biererzeugung von 5,484.718 hl auf 2,136.318 hl fiel, blieb der Konkurrenzkampf begrenzt.
Andererseits wurde das bis 1980 bestehende Kartell zu einer Fessel für expansionswillige Brauereien – und es erregte den Unmut der Biertrinker. So kam es in Neumarkt in der Steiermark 1965 zu einem „Bier-Krieg", als die Gösser Brauerei ihr Liefergebiet an Reininghaus abtrat: Vergeblich demonstrierten Wirte und Gäste für das gewohnte Bier aus Göß – die im Rahmen des Kartells getroffene Vereinbarung hielt. Der Neumarkter Markt, in früheren Jahrhunderten (erstmals 1389) von sieben eigenen Brauereien beliefert, fiel an die Grazer.
In anderen Fällen haben die Biertrinker erfolgreich auf die Struktur des Biermarktes Einfluß genommen: So gab es mehrfach Bierstreiks und Bierboykottmaßnahmen. Die Bierpreiserhöhung vom 1. Juli 1908 – bedingt durch Lohnerhöhungen und eine Verteuerung der Gerste – führte zu einem Boykott, der bis zum 8. November dauerte und in den Ausstoßstatistiken deutlich nachzulesen ist: Im Braujahr vom 1. September 1908 bis 31. August 1909 betrug die österreichische Bierproduktion 19,7 Millionen hl, 2,1 Millionen weniger als im Jahr davor. 18 Brauereien mußten in diesem Jahr aufgeben. Freilich brachte 1908 auch schlechtes Wetter und gute Obsternten.
Einschränkungen bei der Bierproduktion waren jedoch oft staatlich erzwungen. Man weiß immerhin, daß der Anbau von Getreide für die Bierproduktion ein einträgliches Geschäft ist – jedoch den Nahrungsmittelmarkt durcheinanderbringen kann. Das jüngste Beispiel dafür liefert China, inzwischen die sechstgrößte Bier-Macht der Welt. Die 813 chinesischen Brauereien mit einem Ausstoß von 65 Millionen hl können die Biernachfrage in den Städten nicht befriedigen, während auf dem Land 70 Millionen Chinesen unterernährt sind. In Zhejiang herrscht bereits Weizenknappheit, weil die Gerstenproduktion seit 1986 mit teilweise 25prozentigen Zuwachsraten ausgebaut wurde.

Bierkrieg

GEHT WEITER!

Seit Jahrzehnten gab es hier,
das begehrte

GÖSSER BIER

Die Brauerei
will uns kein's mehr bringen,
wir lassen uns zu keinem ANDEREN
zwingen.

Auch unsere Gäste und Kunden nicht!

MIT DIESEM PLAKAT protestieren Neumarkts Wirte im Bierkrieg.

Ein Ort kämpft um sein Bier: „Wenn es kein Gösser ist, so brauchen wir überhaupt keins!"

„Wenn wir kein Gösser Bier mehr bekommen, nehmen wir auch das andere nicht!" Das auch diese Quelle. Manche Wirte haben nun schon seit Tagen überhaupt kein Bier mehr.

Bierkrieg! So treu sind Bierliebhaber

Schon das Reinheitsgebot zielte darauf ab, solche Entwicklungen zu verhindern und wenigstens das Brotgetreide der Spekulation zu entziehen. In Kriegszeiten hat der Staat dann immer etwas nachgeholfen: etwa mit dem Vermälzungsverbot vom 16. Februar 1915 oder der Ministerialverordnung des k&k Finanzministeriums vom 21. Dezember 1917, nach der nur mehr 8 Prozent der Bierwürzemenge der Friedensjahre 1912/13 erzeugt werden durfte.
In jener Zeit dachte man daran, aus Gerste Brot zu machen (wodurch die Kalorien im Vergleich zu 12grädigem Bier um etwa sieben Prozent besser ausgenutzt werden). An Reinheit im Bier dachte da niemand mehr: Im Ersten Weltkrieg braute man Bier aus Mais, Reis, Zucker, Zuckerrüben, Kartoffelmehl und Hirse (Cirok).
Nur von einer Brauerei ist überliefert, daß sie in dieser Zeit ein (relativ, nämlich 10 Stammwürzegrade) starkes Bier braute: Der Gösser Braumeister machte dieses Bier für den Ausschank in Göß, wo viele Offiziere verkehrten. Durch sie drang der Ruf (und das Bräu selbst) in die Stabsstelle der Armee in Baden und zum Kaiser Karl – stolz brauten auch die Gösser (allerdings nur für wenige Jahre) ein „Kaiser"-Bier.
Auch der Zweite Weltkrieg bescherte ein ultraleichtes, 2grädiges Dünnbier. Nach den Kriegen konnten viele Brauereien an die Friedensqualität nicht mehr anschließen und mußten zusperren.
Daß Bier im österreichischen und süddeutschen Raum eine derart bedeutende Rolle spielt, ist allerdings ebenfalls eine Kriegsfolge – eine des Dreißigjährigen Krieges. Dieser hatte breite Bevölkerungsschichten verarmen lassen und den Weinhandel aus Italien empfindlich gestört: Das lokal produzierte Bier konnte seinen Siegeszug antreten. Zu dieser Zeit wurde Bier weitgehend von Klein- und Mittelbetrieben hergestellt, man unterschied die Brauereien weltlicher und geistlicher Herrschaften, die kommunalen Brauereien und die freieigentümlichen, also gewerblichen Betriebe. Diese entstanden sehr oft in Häusern, die neben der „Gastgebschaft" (also dem Schankrecht) auch eine „Leutgebschaft", das Recht, Zimmer zu vermieten, hatten, bei Mauthäusern oder (wie etwa in Leibnitz) in Poststationen, bei denen die Pferde gewechselt wurden. Das bäuerliche Biersieden, die ursprünglichste Form des Brauens, war im 17. Jahrhundert bereits weitgehend abgekommen.
Man muß sich vorstellen, daß die ältesten Bierbrauer, wohl die Assyrer, zwischen den Grundprodukten für Brot und Bier wenig Unterschied machten. Die Germanen hielten es ebenso, und noch die Brüder

Bierbrauen war anno 1694 Schwerarbeit

Mächtige Maschinen dominieren die Brauhäuser

Grimm lassen ihr Rumpelstilzchen sagen: „Heute back' ich, morgen brau' ich". Das tief im Volk verwurzelte Brauen wurde erst Mitte des 15. Jahrhunderts in größerem Umfang durch die Herstellung von Most verdrängt. Ab dem 19. Jahrhundert, als Mostpressen („Preßmühlen") eingeführt wurden, galten dann Jahre guter Obsternten als schlechte Jahre für Brauereien.

Die geistlichen Gutsherren hatten – wie Bierdienste in St. Florian und Mondsee beweisen – im 12. Jahrhundert die Bauern geradezu animiert, Bier zu brauen: Es war eine Naturalie, die als Steuer abzuliefern war. Um 1300 ging man dazu über, den Bierdienst (ebenso wie Hopfen- und Malzdienste) in Geld abzulösen.

Professionelle Brauer trachteten überdies, Gebietsschutz für ihr Produkt zu bekommen, also wurde das Meilenrecht um brauberechtigte Städte errichtet, Herrschaften zwangen ihren Untertanen das Bier aus den Dominikal-Brauhäusern auf. Das ging so weit, daß bis in Josephinische Zeit Stiftsbrauereien wie Schlägl ihr Bier an die Pfarrer lieferten, die die Gläubigen nötigten, bei Taufen, Hochzeiten und Begräbnissen die „Zehrung" im Pfarrhof zu veranstalten.

Ab 1454 gibt es auch Versuche, Bauern, Hauer und Müller von der

Bierproduktion auszuschließen. Am 7. August 1794 schließlich wurde auf Ersuchen des Pflegschaftsgerichtes Wolfsegg eine „Allerhöchste Verordnung" erlassen, durch welche den Bauern endgültig verboten wurde, für den eigenen Bedarf Bier zu brauen.
Die Obrigkeit bevorzugte den Wein: Den selbstproduzierten Wein, ebenso Obstmost durften die Bauern nach dem kaiserlichen Circulare vom 17. August 1784 sehr wohl ausschenken. Schließlich konnten Wein und Most nicht gewerblich hergestellt werden – Buschenschenken und Heurige haben sich bis in unsere Zeit gegen das Gastgewerbe behaupten können.
Bierbrauen war ein anstrengendes und hartes Gewerbe – entsprechend rauh waren die Sitten und der Ruf der Brauknechte und Braugesellen: Noch heute spricht man in Wien davon, daß jemand fluche „wie ein Bierkutscher". Aus Kaltenhausen sind mehrere – und daher offenbar erfolglose – Versuche überliefert, die Brauerburschen in Zucht zu halten. In Schlägl wurde der Hofmälzer Andreas Lauss am 30. Juni 1651 zu ehrbarem „Handl und Wandl" ermahnt. Er solle alles vermeiden, was den Zorn des Allmächtigen verursacht, wie Schelten, Fluchen und andere Laster, er durfte selbst nicht ohne Erlaubnis ausgehen und seine Untergebenen nicht „politischen Sachen" nachgehen lassen.
Das hat sich unterdessen geändert: Gerade die Tatsache, daß Brauer politisch denkende Menschen sind, hat ihnen das höchste Lohnniveau gesichert. Und das Bild der reichen und übernahmehungrigen Brauherren und Bierbarone hat sich ebenfalls geändert – neben den Großbrauereien halten sich gediegene Mittelbetriebe. Und in letzter Zeit sperren sogar wieder kleine Hausbrauereien auf. Mit viel Liebe zum Bier wird oft eine jahrzehntelang verschüttete Tradition wiederbelebt – und es gibt Pläne, auf Burgen (wie etwa in Clam in Oberösterreich) in Veranstaltungszentren (in Gerasdorf bei Wien) und in alten Wirtshäusern die Brautradition wieder aufleben zu lassen. So könnte auch das Burgenland wieder zu einer Brauerei kommen.

Das Bier und seine Liebhaber

Es lassen sich veritable Türme bauen. Aus Bierkisten etwa. Der österreichische Rekord wurde im Hof des Adambräu in Innsbruck aufgestellt, am 20. Juni 1980 mit 42 Kisten und 10,5 Meter Höhe. Er hielt im internationalen Vergleich nicht lang: Am 31. Mai 1981 wurde im deutschen Bad Brückenau ein neuer Weltrekord mit 67 Bierkästen und 17,02 Metern aufgestellt. Und die Rekorde sind immer weiter geklettert.

Auch bei den Türmen aus den Bierdeckeln (=Bierfilzen). Im April 1982 stapelten ein paar Buben aus Ulm sogar 81.500 zu einem Weltrekord-Turm. Aber wer sich für die bunten Dinge interessiert, dem steht der Sinn nicht nach wackeliger Architektur, sondern nach einer möglichst lückenlosen Dokumentation der Kulturgeschichte des Bieres.

In Österreich hat auch das Sammeln von Bierwerbung besondere Rekorde hervorgebracht: So hat der Pensionist Leo Pisker aus Wien- Margareten die größte Bierdeckelsammlung der Welt mit unvorstellbaren 126.000 Bierdeckeln aufgebaut. Begonnen hat er Ende der fünfziger Jahre, als er für einen Lehrling in seiner Firma ein paar Bierdeckel aus Oberösterreich mitbringen sollte. 51 verschiedene sind damals zusammengekommen – und da er sich selbst auch je einen zurückbehalten hat, ist der Grundstock einer Sammlung dagewesen. Auch Weltmeister haben also klein angefangen.

Und die Sammelleidenschaft hat viele Wege. Pisker – der Nachwuchssammlern gerne behilflich ist – hat neben Raritäten wie einem Bierfilzl von 1903 auch eine Kollektion von Bierkrügen (inzwischen über 700) angelegt.

Allerdings sind nicht alle Sammlungen auf so legalem Weg zustande gekommen wie die Piskers. Auch wenn ein Bierglas meist von geringem Wert ist – Diebstahl bleibt Diebstahl. Das mußten auch zwei junge Wiener erfahren, die im Herbst 1989 mit neun Maßkrügen vom Oktoberfest im Kofferraum von den Grenzern am Walserberg aufgegriffen wurden. Dabei hätten die jungen Sammler ihre Leidenschaft ganz legal befriedigen können. Und das gilt natürlich nicht nur für die deutschen Wiesn-Krüge, sondern auch für die Krüge und Gläser, die es in Österreich in den vielfältigsten Formen und mit unterschiedlichsten Verzie-

Begehrtes Sammlerstück: Postkarte vom Brauhof

rungen gibt. Zumeist gibt die Bedienung in den Bierlokalen die Gläser gegen ein besseres Trinkgeld her – und in vielen Brauereien werden Originalgläser und Sammlerkrüge für die Besucher angeboten.

Und oft mehr als das: Bierwerbung, die den Durst auf 's Bier erst richtig weckt, ist eine der liebenswerten Dokumentationen der Kultur- und Industriegeschichte. Einer der engagiertesten Sammler auf diesem Gebiet ist der Brauer Anton Nowotny, der eine möglichst lückenlose Dokumentation der österreichischen Brauereigeschichte unternommen hat und über jeden Standort ein eigenes Privatdossier angelegt hat. Sein privates Museum in einem Schrebergartenhaus im 14. Bezirk, das zu einer zerevisischen Dokumentations- und Forschungsstelle geworden ist, ist allerdings nicht öffentlich zugänglich.

Es muß aber gar nicht so wissenschaftlich sein. Zu oft erstaunlich günstigen Preisen liefern Brauereien Sammlerstücke für ihre treuen Fans aus – manche davon sind allerdings rasch vergriffen. Da gibt es Reprints von Postern und alten Darstellungen der Brauerei, dekorative Faßböden und Wandspiegel, Grillhandschuhe und Regenschirme. Da werden T-Shirts und sogar Brauerschürzen feilgehalten – wer bierige Stimmung daheim schaffen will, kann sich die nötigen Utensilien zusammenkaufen.

Wobei die Sammler natürlich vor allem auf alte Stücke stolz sind: deren beste stehen längst in Museen. Und zwar so zahlreich, daß (unter anderem aus den Beständen des Wiener Museums für Volkskunde und des Carolino-Augusteum in Salzburg) vor einigen Jahren sogar eine Wanderausstellung über „Das schöne Biergefäß im Lauf der Jahrhunderte" gezeigt werden konnte.
Andere Sammlungen sind, wie gesagt, bescheidener. Kümmern sich etwas weniger um die kunsthandwerkliche Bedeutung der Brauereisouvenirs, dafür mehr um deren Originalität. Denn Bierwerbung war immer auch dann liebenswert, wenn die gute Idee teures Material ersetzen mußte. Noch heute hängen bei manchen Bierlokalen Emailleschilder mit der schlichten Aufschrift „Frisches Bier", weiß auf blauem Grund und ein überschäumendes Krügelglas daneben.
Apropos Emailleschilder: Die sind selten geworden, so wie die Kummets der Braurösser. Einst war es üblich, daß die Bierführer ihre stämmigen Pferde groß herausputzten, daß Prozessionen der mit Fässern behangenen Gespanne veranstaltet wurden. Im Zeitalter der stählernen KEG-Fässer und der riesigen Biertransporter ist das nicht mehr attraktiv, nur in wenigen Brauereien (etwa in Kaltenhausen bei Hallein) kann man solche Bierwagen sehen, ganz selten wird noch angespannt, um die Tradition zu beleben. Und mit den Bierkutschen und Holzfässern sind auch die Emailleschilder, jahrzehntelang im wahrsten Sinne „Aushängeschild" jedes Wirtshauses, verschwunden.
Waren früher die Buschenschenken durch das ausg'steckte Bündel Zweige als Weinlokale zu erkennen, hing einst der Bierzeiger, ein Gebilde ähnlich dem Davidstern, vor Gastwirtschaften. Dann wurde er von jenen emaillierten Bierschildern mit Brauereinamen abgelöst, die heute als Sammlerstücke gelten – heute sind es meist profane Plastikinschriften, die dem Gast anzeigen, was für Bier er in der jeweiligen Wirtschaft zu erwarten hat.
Das hängt mit einem Niedergang der Bierwerbung in den sechziger Jahren zusammen, als der Bierausstoß beinahe automatisch zu wachsen schien. Anfang der siebziger Jahre gab allein die damals auf den Markt drängende Mineralwassermarke „Römerquelle" soviel für die Werbung aus wie die gesamte österreichische Brauereiwirtschaft. Das war übrigens auch die Zeit, in der die Zahl der Brauereien ihren letzen großen Schrumpfungsprozeß durchmachte: 21,3 Prozent der Braustätten von 1970 waren 1980 bereits stillgelegt.
Immerhin: Aus der Zeit sind etliche Sammlerstücke übriggeblieben,

manche werden noch beim Altwarenhändler (und in seltenen Fällen auf dem Wiener Flohmarkt) feilgeboten, meist muß man aber schon zu Antiquitätenhändlern oder gar in Nobelgalerien gehen, um noch eines der rar gewordenen Emailleschilder zu ergattern.

Bodenständige Werbung um 1950

Als dann wieder kräftiger für 's Bier geworben wurde, haben viele Brauereien ihre Präsentation, ihr Logo und oft sogar die Marke geändert – was Sammlern nicht nur die Datierung der Objekte erleichtert, sondern auch einen reizvollen Vergleich bietet, wie etwa die Ottakringer von überschäumenden, mit dem Firmenschriftzug umkränzten Bierkrügeln zu ihrer Werbelinie des goldenen Fasses umgeschwenkt ist.

In Österreich gibt es mehrere Vereine, in denen Sammler von Biersouvenirs zusammenkommen: Der *Erste Österreichische Brauereisouvenir-Sammler-Club* trifft sich jeden zweiten Mittwoch im Monat ab 15 Uhr im „Gasthaus zum Goldenen Krug" (1150, Märzstraße 68). Vereinssitz (und ein traditionelles Sammlerdorado) ist die ehemals bedeutende Brauerstadt Linz, wo Johann Sochatzy den 1959 gegründeten Club leitet. Der Sitz ist in der Klosterstraße 7, 4020 Linz. Alljährlich gibt es ein Sammlertreffen bei einer österreichischen Brauerei.
Leo Pisker, der den Zweigverein der deutschen *Förderergemeinschaft von Brauerei-Werbemittel-Sammlern* in Wien leitet (1151, Postfach 606), veranstaltet jeweils am ersten und dritten Dienstag im Monat ab 16 Uhr ein Tauschtreffen im „Gasthaus zur Remise" (1140, Hütteldorferstraße 127). Beide Vereine bieten vor allem neu zum Hobby gestoßenen Interessenten eine kleine Starthilfe und versorgen sie mit schriftlichen Informationen – eine unerläßliche Hilfe beim Aufbau von Sammelkontakten nach Deutschland und bei der Einschätzung der eigenen Sammlung.
Auch die Studenten, seit jeher als Freunde guten Bieres bekannt, haben sich um bierige Sammlungen verdient gemacht: Die größte Bierflaschensammlung Europas hat die Studentenverbindung *Austria Danubia* (1190, Billrothstraße 82–84) zusammengetragen.
Eine Fundgrube für Betuchte ist die *Galerie Comes* Ecke Schönlaterngasse/Sonnenfelsgasse in der Wiener Innenstadt. In dem Haus im ehemaligen Studentenviertel (es stammt aus dem 16. Jahrhundert) hat sich vor einigen Jahren ein Unternehmen niedergelassen, das sehr liebevoll alle möglichen Antiquitäten aus der Werbebranche zusammengetragen hat – sehr oft sind auch Bierschilder im Angebot (zu erfragen unter der Wiener Telefonnummer 512 52 97).

Kunstvolle Darstellung des Braueralltags um 1900

Verband der Brauereien Österreichs
1030 Wien, Zaunergasse 1–3

Bier ist nicht gleich Bier. Dabei kann man nach verschiedenen Kriterien unterscheiden. So z. B. nach der Gärungsmethode zwischen untergärigen und obergärigen Bieren. Unterscheidungsmerkmale können auch die Rohstoffe und der Geschmack sein.

Die wichtigste Unterscheidung ist jene nach der Grädigkeit der Stammwürze. Der in Graden angegebene Stammwürzegehalt bezeichnet den Anteil der wertvollen Stoffe in der Bierwürze vor der Gärung, also Eiweiß, Maltose, Vitamine, Spurenelemente, Bitter- und Aromastoffe.

Oft wird der Stammwürzegehalt mit dem Alkoholgehalt verwechselt. Der Alkoholgehalt steht jedoch nur im Zusammenhang mit der Stammwürze, ist mit dieser aber nicht ident. Als Faustregel gilt: Stammwürze dividiert durch 3 ergibt den Alkoholgehalt in Gewichtsprozenten. Der Alkoholgehalt nach Volumsprozenten liegt etwas höher.

Bockbier, Starkbier
Biere mit mindestens 16° Stammwürze. Bockbier ist vollmundig, würzig, fein gehopft und alkoholreich, Farbe Bernstein, über 5 Gewichtsprozent (6,2 Vol. %) Alkohol; wird im allgemeinen zu Weihnachten und Ostern verkauft.
Auch die Bezeichnung „Porter", „Osterbock", „Weihnachtsbock" u. dgl. ist gebräuchlich.

Spezialbier
Biere mit mindestens 13° Stammwürze können als Spezialbier bezeichnet werden. Vollmundiger, würziger, hellgelber Biertyp. Alkolholgehalt über 4 Gewichtsprozent (5 Vol. %) Alkohol.

Lager-/Märzenbier
Ein für Österreich typischer, ausgewogen malziger, mild hopfenbitterer, untergäriger Biertyp mit 12 bis max. 12,8° Stammwürze, Farbe hellgelb.
Alkoholgehalt knapp um die 4 Gewichtsprozent (5 Vol. %) Alkohol.

Schankbier
Bier zwischen 10 und 12° Stammwürze, Alkoholgehalt 3,5 Gewichtsprozent (4,3 Vol. %) Alkohol.

Leichtbier
Bier mit höchstens 9° Stammwürze und höchstens 3,2 Gewichtsprozent (3,7 Vol. %) Alkohol. Dieser Biertyp ist relativ neu, im Geschmack nicht so intensiv wie die anderen Biertypen, leicht

(wenig Kalorien – wenig Alkohol) und wird bevorzugt etwas kühler getrunken als andere Biere. Farbe sehr hell.

Pilsbier
Untergäriges Bier, hellfärbig, wenig malzig, stärker gehopft. Stammwürzegehalt zwischen 11 und 13°.

Weizenbier
Mindestens 50% Weizenmalzanteil und üblicherweise im Stammwürzebereich zwischen 11 und 13°; allerdings auch bei entsprechendem Stammwürzegehalt als „Weizenbock" oder „Weizen leicht" möglich. Erfrischend spritzig, schwach gehopft und kohlensäurereich; sowohl blank als auch hefetrüb angeboten (obergäriges Bier).

Vollbier
Alle Biere zwischen 12 und 14° Stammwürze gelten als Vollbier, wobei hinsichtlich der Sachbezeichnung der spezifische Biertyp, also Weißbier, Pilsbier und Lagerbier, Vorrang hat.
Nur wenn auf ein bestimmtes Bier keine dieser spezifischen Bezeichnungen zutrifft, muß der Gattungsbegriff „Vollbier" zur Anwendung kommen.

Zwickl
Untergärige Biere werden überwiegend klar, also geklärt durch Filtration oder Absorption – zulässig sind nur physikalische Methoden – auf den Markt gebracht. Für ungefiltert verkaufte untergärige Biere ist z. B. die Bezeichnung „Zwickl" (zur sonstigen zutreffenden Sachbezeichnung) üblich.

Dunkles Bier
Dunkles Bier wird unter Verwendung spezieller Malze hergestellt. Zur Erzielung einer extrem dunklen Farbe wird auch Färbebier zugesetzt, das aus besonders dunklem Malz gewonnen wird. Da die Verbrauchererwartung bei dunklen Bieren überwiegend einen etwas süßeren Geschmack bevorzugt, ist eine Mitverwendung von Zucker zulässig und auch gebräuchlich. Meist liegen dunkle Biere im Stammwürzebereich zwischen 12 und 14°. Es gibt aber auch dunkles Bockbier.

Alkoholfreies Hopfen- und Malzgetränk
Der Volksmund nennt es „alkoholfreies Bier". Der Codex kennt ein solches aber nicht, da Bier als alkoholhältiges Getränk definiert ist, das mindestens 0,5 Vol. % Alkohol aufweist. Derartige Getränke werden daher in Österreich als „alkoholfreies Hopfen- und Malzgetränk" bezeichnet, was übrigens auch der international üblichen zollrechtlichen Erfassung entspricht.

Auf einen Blick

Biertyp/ -Sorte	*Charakteristik*	*Stamm-würze*	*Alkohol-gehalt*	*Farbe*
Bockbier, Starkbier	stark, vollmundig, würzig, fein gehopft, alkoholreich, wird im allgemeinen zu Weihnachten und Ostern verkauft	16° und mehr	über 6,25 Vol. %	bernstein
Spezialbier	vollmundig, ausgewogen würzig, fein gehopft	mind. 13°	über 5,0 Vol. %	hellgelb
Lager-/ Märzenbier	harmonisch, ausgewogen malzig, mild hopfenbitter	12 bis 12,8°	um 5,0 Vol. %	gelb
Schankbier	leicht, mild hopfenbitter	10 bis 12°	um 4,3 Vol. %	hellgelb
Pils	erfrischend, leicht, wenig malzig, angenehm hopfenbitter	11 bis 13°	4,0 bis 5,0 Vol. %	hellgelb
Dunkel	vollmundig, schwach gehopft	12–14 ° auch 16 °	um 5,0 Vol %	sehr dunkel
Weizen-/ Weißbier	erfrischend spritzig, kohlensäurereich, schwach gehopft, blank oder hefetrüb	üblicher-weise 11 bis 13 °	4,5 bis 5,5 Vol. %	hellgelb
Leichtbier	besonders leicht, um 1/3 weniger Alkohol und Kalorien als Lagerbier	unter 9°	höchstens 3,7 Vol. %	sehr hell

Kärnten

Nicht nur Faßbier, auch die Fässer brauchen Pflege

Österreichs südlichstes Bundesland hat jahrhundertelang nach einer anderen Technologie Bier gebraut als der Rest des Bundesgebietes: Hier gab es bis ins 2. Jahrzehnt des 20. Jahrhunderts zahlreiche Steinbierbrauereien. Dafür waren keine Sudpfannen nötig. Das Wasser wurde erhitzt, indem heiße Steine in einen Holzbottich geworfen wurden, was nebenbei einen rauchigen Geschmack ergab. Oft wurde sogar auf Hopfen verzichtet – er wurde durch eine Kräuter- und Wacholderzweigmischung ersetzt, die sogenannte „Grud". Dieses Bier hat ganz anders geschmeckt als unsere heutigen Biere – denn auch das Malz war nicht gedarrt. Gerste und Hafer wurden angekeimt, getrocknet und mitsamt den Keimen geschrotet. Es entstand ein stark moussierendes, doch recht bekömmliches Getränk. Es galt aber als unedel, Steinbierbrauer wurden daher nicht in die Brauerzunft aufgenommen.

Bleiburg
Brauerei Sorgendorf

9150 Bleiburg
04235 20 11

Eigentumsverhältnisse: Braustätte der Steirerbrau
Jährlicher Ausstoß: 87.480 hl
Biersorten: Aus dem historischen Gebäude der Sorgendorfer Brauerei kommt nur ein einziges Bier, das „Schloß-Bräu". Dieses im Vergleich zu anderen Gösser Bieren eher malzbetonte Märzenbier hat 12,2 Grad Stammwürze.
Braumeister Josef Wasner, der vor Jahren die Grieskirchner Brauerei ausgebaut hat, braut dieses Bier in einem klassischen Vier-Geräte-Sudwerk, dessen Maisch- und Läuterbottiche noch mit Holz verkleidet sind. Die letzten Holzfässer im Keller wurden erst 1985 durch neue Edelstahltanks ersetzt. Die Hauptgärung erfolgt nun in liegenden Tanks in sieben bis acht Tagen bei 8,5 bis 9 Grad Celsius.
Hervorragender Rohstoff für das „Schloß-Bräu" ist das 6,5 deutsche Härtegrade weiche Wasser aus dem Bleiburger Hausberg, dem Petzen. Das Malz kommt aus der Reininghaus-Mälzerei in Graz (etwas Reis wird auch dazugetan) und der Hopfen aus der Steiermark, der Hallertau und ein wenig auch aus Saaz.
Wie bei Gösser Bieren üblich, wird das „Schloß-Bräu" in der Flasche pasteurisiert.
Souvenirs: Das „Schloß-Bräu" wird vorläufig unter derselben Werbelinie wie das Gösser Bier beworben, derzeit gibt es an eigenen Souvenirs nur Bierdeckel und einen Halbliterkrug mit der Darstellung eines Schlosses. Dabei handelt es sich übrigens nicht um Sorgendorf, sondern um das Schloß Bleiburg.
Geschichte: Schloß Sorgendorf geht auf das 13. Jahrhundert zurück, der heutige Bau stammt aus dem 16. Jahrhundert. Er war in wechselndem Besitz verschiedener Adelsgeschlechter, acht Jahre lang auch in

dem der k. k. priv. Südbahngesellschaft und seit 1867 in dem der Familie Thurn-Valsassina. Diese Familie ist seit fast 400 Jahren in der Gegend beheimatet.
Die Biererzeugung dürfte im 17. Jahrhundert von den (späteren) Freiherrn von Stich begonnen worden sein. Sie besaßen Sorgendorf seit dem 30. Juli 1629 und in Bleiburg ein Stadthaus (das Gasthaus „Zur Krone", das ihr Wappen mit der Jahreszahl 1577 noch heute trägt), manche Bleiburger sprechen von der Brauerei Sorgendorf noch heute als der „Stich-Brauerei". Das Interesse der Südbahngesellschaft hing mit dem Bau der Strecke Marburg–Franzensfeste zusammen: Für die Arbeiter sollte gutes Bier dasein.
Um die Jahrhundertwende betrug der Ausstoß 14.000 hl, bei Ausbruch des Ersten Weltkriegs 29.500 hl. Nachdem die Famile Thurn-Valsassina die Brauerei fünf Jahrzehnte lang betrieben hatte, mußte sie sie 1917 stillegen. Zuletzt hatte sie nur mehr 4500 hl brauen können, dann war überhaupt kein Rohstoff mehr da. Für viele vergleichbare Brauereien hat diese Entwicklung das Aus bedeutet.
Die gräfliche Familie verpachtete jedoch die Brauerei 1918 mit Vorteil an die Gösser Brauerei – lange Zeit saßen Familienmitglieder im Auf-

Sorgendorf – ein Industriedenkmal in voller Funktion

sichtsrat. Vorteil auch für Gösser: Die Steirer konnten sich Transportkosten sparen. Als 1921/22 wieder aufgesperrt wurde, konnte man rasch an Vorkriegserfolge anschließen, 1928 waren es 45.000 hl.
Die Gösser Zweigbetriebe Falkenstein (Lienz) und Sorgendorf erzeugten im Braujahr 1929/30 gemeinsam bereits 72.000 hl. Der Zweite Weltkrieg bescherte Sorgendorf eine Ausweitung der (Dünn-)Bierproduktion beinahe auf das heutige Niveau: 78.000 hl im Jahr 1944. 1946 wurden in Sorgendorf 14.147 hl ausgestoßen, im Jahr darauf ging der Ausstoß wegen akuten Gerstenmangels um weitere 5000 hl zurück. Danach ging es bis in die achtziger Jahre aufwärts: 1960 braute man 46.000 hl, 1970 waren es 65.000 hl, 1980 82.000 hl – dann stand man vor der Alternative: große Investitionen oder Zusperren.
Daß die Brauerei erhalten blieb, war gleichzeitig auch eine Entscheidung für größere Eigenständigkeit – künftig soll sich das Sorgendorfer Bier nicht nur durch eine eigene Rezeptur, sondern auch durch eine von Gösser abgesetzte Werbung auszeichnen.
Sehenswürdigkeiten: Das *Schloß Sorgendorf*, das der Brauerei seinen Namen gegeben hat, liegt heute mitten im Betriebsgelände: Es ist das Büro des Braumeisters. Dieser weiß, daß Brauereiführungen die beste und billigste Werbung für sein Produkt sind – und als, wenn auch „nur" angestellter, „Schloßherr" führt er gerne durch die alte Anlage. Sie ist ein Industriedenkmal von besonderer Bedeutung für Kärnten, auch wenn von der ehemals bis zum Bahnhof führenden Feldbahn nur mehr wenige Meter Schienen liegen und die schöne Malzdarre (errichtet um die Jahrhundertwende) längst nicht mehr in Betrieb ist.
Ausflüge: Sorgendorf gehört zur Stadt Bleiburg, die über ein *Schloß* aus dem frühen 17. Jahrhundert verfügt. Genau genommen verfügt darüber Graf Thurn-Valsassina. Das dreigeschoßige Renaissanceschloß geht auf einen Bau der Grafen von Heunburg im 12. Jahrhundert zurück, von dem noch die gotische Kapelle erhalten ist. In dieser Kapelle befindet sich der Familienepitaph aus Bronze.
Die *Pfarrkirche* weist eine bemerkenswerte Deckengestaltung mit vier verschiedenen Gerippeformen und Fresken von 1580 auf.
Im Winter kann man auf dem Petzen (2114 m) Ski laufen, im Sommer gibt es hier geführte Wanderungen. In der Umgebung befinden sich mehrere Badeseen: Der nächstgelegene ist der Pirkdorfer Badesee, der bekannteste ist der *Klopeiner See*. Lohnend ist auch ein Abstecher zum Turnersee, wo ein *Vogelpark* mit 1000, teilweise exotischen Vögeln eingerichtet wurde (Auskunft: 04239 27 07).

Wo einkehren? Sorgendorf hat kein eigenes Braugasthaus, dafür gibt es hier eine andere Spezialität: Während die Gastronomie kein Zwickl-Bier erhält, können auf Bestellung Party-Fässer mit unfiltriertem Bier abgeholt werden.
Das Schloß-Bräu wird ausschließlich in Unter- und Mittelkärnten angeboten – dort wo man Gösser Schilder auf den Wirtshäusern sieht. In Bleiburg selbst ist das *Alte Brauhaus* (04235 20 26) das erste Haus am Platz, nämlich dem Hauptplatz. Es bietet eine sehr bemühte regionale Küche. In Völkermarkt gibt's das Schloß-Bräu in der *Bierklinik*.

Hirt
Brauerei Hirt GmbH

9322 Hirt
04268 20 50

Eigentumsverhältnisse: Privatbrauerei im Besitz der Familie Möller
Jährlicher Ausstoß: 120.000 hl
Biersorten: Braumeister Herbert Duschek ist seit 1950 im Betrieb, der gute Ruf des Hirter Biers ist nicht zuletzt sein persönliches Verdienst. Tatsächlich gründet er sich darauf, daß viele Kärntner in anderen Bundesländern nicht auf ihr Hirter, speziell das „Hirter Privat Pils", verzichten wollten. Es handelt sich um ein 12,3grädiges, feinhopfiges Bier, zu dem – wie bei allen Hirter Bieren – ausschließlich Saazer Hopfen verwendet wird. Das Wasser kommt mit 7 Härtegraden aus der Hanslbauerquelle, die am gegenüberliegenden Berghang entspringt – übrigens auf Familienbesitz.
Das Malz kommt aus der Stadlauer Malzfabrik. Den Suden wird etwas Reis zugesetzt. Der Qualität tut das keinen Abbruch, im Gegenteil. Denn das Bier erfährt hier jene Zuwendung, die es braucht: Nach sieben- bis zehntägiger Hauptgärung bei 6 bis 8 Grad verläßt das Bier die zylinderkonischen Gärtanks und darf in den Lagerfässern acht bis zehn Wochen reifen.

Mit einer Ausnahme: Der herbe, 16,2grädige „Festbock" reift vor Weihnachten und Ostern sechs Monate. An weiteren Sorten gibt es das „Export Pils" mit 12,8 Grad Stammwürze, für ein Spezialbier etwas zu schwach, vom Typ her aber abgerundet und voll. Um das „Hirter Märzen" zu verkosten, muß man sich schon in den Bezirk St. Veit begeben, denn es wird nur für den lokalen Bedarf gebraut – getreu der Philosophie, daß man ohnehin keine Billigbiere herstellen will. Die Palette hochpreisiger Spezialitäten wird noch durch das 13,2grädige „Hirter Morchl", das aus nicht mehr ganz nachvollziehbaren Gründen nach den Morchelpilzen benannt ist, kaum süß und nur leicht bitter schmeckt, ergänzt.
Die Hirter Biere werden nicht pasteurisiert oder stabilisiert, sie müssen daher innerhalb von vier Monaten verbraucht werden.
Souvenirs: Die Hirter Brauerei präsentiert sich seit 1968 mit dem Wappen der Salzburger Bischöfe, das auf Gläsern, Armbanduhren, einem Keramik-Bierkrug und einer 18teiligen Bierdeckelserie mit Kärntner Sagen prangt.
Geschichte: Man muß nicht alles wörtlich nehmen, was einem hier als Geschichte vermittelt wird. Etwa den Aufdruck eines Bierdeckels, der erzählt, daß zur Zeit der Türkenkriege die Burg der Ritter von Petersberg mit einem Faß Hirter Pils verrammelt gewesen wäre: Eine Türkenkugel hätte das Faß getroffen, „und ein Strahl herrlichen Gerstensaftes ergoß sich über die Angreifer. Bald lagen sie mit offenen Mündern am Rücken, vergaßen Ritter, Bauern und Jungfrauen und zogen schließlich ab, ohne einen weiteren Schuß abzufeuern". Man sieht, Kärntner Phantasie sind keine Grenzen gesetzt – der Historie zumindest insoweit, als der Pilsener Biertyp erst durch bayrische Braumeister im böhmischen Pilsen kreiert wurde. Und zwar im Jahr 1842, 150 Jahre nach den Türkenkriegen.
Macht nichts. Einen wahren Kern wird die Geschichte schon haben – und Hirter Bier hat es zur Zeit der Türkenkriege auch schon gegeben. Denn Hirter kann sich auf eine Geschichte berufen, die bis 1270 zurückreicht. Und diesmal urkundlich belegt: Es gab hier damals eine von nur sieben öffentlichen „Tabernas" in Kärnten und Oberkrain. Der Ort Hirt ist noch älter. Er wurde am 2. Februar 1042 dem Domstift zu Gurk geschenkt – von der heiligen Hemma, der Witwe des Grafen Wilhelm von Friesach.
Es ging hier aber nicht nur fromm zu: In Friesach wurde 1255 das erste öffentliche Badehaus gegründet. Es war nicht nur der Reinlichkeit,

Nur in künstlerischer Verklärung schön:
Die harte Arbeit der Brauburschen von früher

sondern vor allem körperlichen Genüssen gewidmet. Damals wurde hier Eisen geschmolzen. Noch heute gehört ein Hochofen, 1780 von Hagenauer gebaut, zum Gutsbesitz. Als das Gut 1790 an die Familie König (und 1826 an die Gewerkschaften Obersteiner) ging, haben die Eisenproduktion und die Landwirtschaft wesentlich größere Bedeutung gehabt als die Bierbrauerei, die damals noch Steinbier herstellte.
Die Familie Mayer, deren Nachkommen noch heute die Hirter Brauerei und der Braukeller gehören, erwarb das Gut 1846, erst vierzig Jahre später kam die Eisenschmelze dazu.

Hirt war eine von vielen Kärntner Kleinbrauereien – erst als in den zwanziger Jahren die Brauereien Steinbrucken und Silbereck schlossen, war sie die einzige im Bezirk. Der Aufschwung begann, als Hirt 1961/62 Pilsbiere auf den Markt brachte. Bis 1980 stieg der Ausstoß von 6000 hl auf 37.000 hl, im Lauf der achtziger Jahre hat er sich nochmals mehr als verdreifacht. Und das, obwohl die Hirter im Zweifel zu ihrer Philosophie „Qualität vor Quantität" stehen. Nach diesem Gesichtspunkt wurden in den letzten Jahren auch das Sudhaus – von der Straße her schön zu sehen – und der Keller auf die heutige Kapazität erweitert.

Sehenswürdigkeiten: Hirt ist ein hervorragendes Schlechtwetterprogramm für Kärnten-Urlauber. 5000 Besucher kommen jährlich mit dem „Schweinshaxen"-Express. Das ist eine organisierte Bustour, die zu einer *Brauereibesichtigung mit Bierseminar* und anschließender Einkehr in den Braukeller führt.

Die erst 1876 ausgeblasene *Eisenschmelze* gegenüber der Brauerei wird in kommenden Jahren in solche Touren einbezogen werden: Hier soll ein Brauereimuseum entstehen, das die harte Arbeit der Brauer dokumentiert.

Ausflüge: Hirt gehört heute zu Friesach. Und das war bis 1803 ein Stück Salzburg in Kärnten: 860 hatte es Ludwig der Deutsche dem Salzburger Erzbischof Adalwin geschenkt, 1124 bekam Friesach das erste Stadtrecht im heutigen Kärnten. Unter Erzbischof Eberhard II. (1200–1246) hatte es sich zur zweitgrößten Stadt des Erzstiftes entwikkelt, der Friesacher Pfennig war weltweites (also in der damaligen Alten Welt bis in die Levante gültiges) Zahlungsmittel. Noch heute hat die Stadt – als einzige im deutschen Sprachraum – einen *wasserführenden Stadtgraben*, die Stadtmauer wird saniert und verstärkt den Eindruck der mittelalterlichen Stadt mit der gewaltigen Burg auf dem Petersberg, in der das *Stadtmuseum* untergebracht ist. Bedeutsam ist auch die Stadtpfarrkirche *St. Bartholomäus*, eine (allerdings stark veränderte) romanische Pfeilerbasilika von 1130 bis 1167.

Im Gebiet der Stadtgemeinde gibt es rund 100 km Wanderwege, etwa nach *Zeltschach*, wo mit dem Pfarrhof einer der ältesten Profanbauten Kärntens und eine romanische Kirche von 1060 steht.

Südlich von Hirt lohnt für Eisenbahnfans ein Ausflug nach Mölbling, von wo aus von Juni bis Ende September Ausfahrten der dampfbetriebenen *Gurktalbahn* (Auskünfte bei Herrn Eizinger, 0463 25 6 01) starten.

Wo einkehren? Einen Großteil seines Ruhmes verdankt das Hirter Bier jenen Wienern, die halbwegs zwischen Adria und daheim im *Braukeller Hirt* (04268 25 24) einkehren, den die selbstbewußten Hirter für „das einzige Wirtshaus zwischen Wien und Venedig" halten. Jedenfalls ist es das einzige Lokal, in dem unfiltriertes Hirter Bier als „Brauer-Trunk" ausgeschenkt wird. Und es zeigt, wie man mit Bier die Küche verfeinern kann. Man hat reiche Erfahrung: Das Gashaus geht in seinem Kern auf einen Bau aus dem 16. Jahrhundert zurück. Wer sich übrigens durch die Lokale von Hirt und Friesach schlemmt, kann je 1000 im Schlemmerpaß eingetragene Schilling Konsumation ein Glas mit Friesacher Motiven beheben.
In Klagenfurt wird das Hirter Bier unter anderem in *Martins Pub* in der Karfreit-Straße und im *Zirbenstüberl* gezapft.
In Wien, wo das Image des Hirter Biers vor allem von Exilkärntnern gepflegt wird, ist sowohl das Pils als auch das Morchel unter anderem im Szene-Lokal *Debakel* (1080, Skodagasse 21, 408 63 36) erhältlich. Ein Wegbereiter des Hirter Pils (und der Kärntner Küche) in Wien war *Bei Max* (1010, Herrengasse 15, 63 73 59).

Stahl hat die einstige Holzfaß-Romantik abgelöst

Klagenfurt
Schleppe-Brauerei

Feldkirchner Straße 147
9020 Klagenfurt
0463 42 7 00

Eigentumsverhältnisse: Die „Brau- und Getränkeindustrie Gesellschaft m. b. H" ist eine Tochter der steirischen Brauereien Gösser und Reininghaus sowie der Vereinigten Kärntner Brauereien (an deren Braustätte Villach die Gösser und Reininghaus ebenfalls beteiligt sind).
Jährlicher Ausstoß: 61.100 hl
Biersorten: Die Schleppe-Brauerei verfügt am Fuße des Kreuzbergls über einen eigenen, nur sechs Meter tiefen Brunnen in unmittelbarer Nachbarschaft der Brauerei, aus dem besonders weiches Wasser (das mit 4,8 bis 5,5 Grad deutscher Härte ohne Aufbereitung verwendet werden kann) gefördert wird.
Rund 93 Prozent des Bierausstoßes der Schleppe-Brauerei sind Märzenbiere mit 12 Grad Stammwürze und blanker, gelber Farbe.
Braumeister Paul Mayr beschreibt sie als „leicht malzig, mild, hopfenbitter". Es handelt sich um die Sorten „Schleppe Märzen Bier" und „Wolfsberger Märzen Bier". Letzteres erinnert an die Braustätte in Wolfsberg, die 1973 aufgelassen wurde.
Das „Schleppe Pils" (früher unter dem Namen „Klagenfurter Stadt-Pils" vertrieben) macht etwa fünf Prozent der Produktion aus, es ist etwas spritziger als das Märzen, hat mehr natürliche Kohlensäure und ist stärker gehopft. Das „Doppelmalz" (früher nach dem Klagenfurter Wahrzeichen „Lindwurm-Doppelmalz" genannt) wird mit einem besonders dunklen Malz aus der Stadlauer Malzfabrik gebraut. Schließlich gibt es noch ein 16grädiges Starkbier, den „Herkules-Bock", der nach sechsmonatiger Lagerung zur Weihnachtszeit ausgeschenkt wird.
Souvenirs: In der Braugaststätte sind diverse Gläser, Krüge und Teller mit Werbemotiven erhältlich. Da sich der Schriftzug Schleppe in den letzten Jahrzehnten mehrfach verändert hat, ergibt sich eine Fülle verschiedener werblicher Sammelobjekte.

Geschichte: Der Name der Stadt leitet sich wirklich von einer hier einst bestehenden Furt durch die Glan her, an der Totenfrauen geklagt haben sollen. Sie ist eine Gründung Hermann von Spannheims (1170 bis 1190). Ab 1518 waren die Kärntner Landstände Privateigentümer der Stadt. Das Schleppe-Anwesen lag noch weit draußen im Bereich der Pfarre Tultschnig, in deren Zehentverzeichnis es erstmals 1607 erwähnt wird. Schon damals braute dort eine Familie Pirmann Bier. Wahrscheinlich war es – Kärntner Gepflogenheiten entsprechend – ein Steinbier.
Bekannt ist jedenfalls, daß das Schleppe-Einkehrgasthaus sehr gut ging – es existierte bis zum Ende des vorigen Jahrhunderts an derselben Stelle. Und die Familie Pirmann (die auch Met, Wachs und Honig verkaufte) besaß es bis 1784. Dann ging es (mitsamt der Hausbrauerei) an den Müller Josef Herzele, später an Franz Brunner und schließlich 1827 um 5.700 Gulden an den gelernten Kesselbierbrauer Franz Löschnigg. Der baute das Anwesen bis 1862 zu einer für damalige Begriffe hochmodernen Dampfbierbrauerei aus. Das Patent dafür hatte er (unentgeltlich, aber mit der Auflage, das Bier zu einem niedrigen Preis zu verkaufen) vom Grazer Freiherrn Alois von Königsbrunn erhalten.
1887 wurde die Brauerei von Josef Grömmer und seiner Frau Ursula (einem Weinwirteehepaar aus St. Wolfgang in Oberösterreich) übernommen und zu einem Industriebetrieb ausgebaut. Die 1893 errichteten Gebäude dienen heute noch der Brauerei. Es gab allerdings zahlreiche Um- und Zubauten (zuletzt 1989). Teile der alten Brauerei (wie etwa die Mälzerei) sind nicht mehr in Betrieb. Der Familienbesitz wurde in den sechziger Jahren an die Getränkeindustrie Ges. m. b. H. verkauft.
Sehenswürdigkeiten: Die Brauerei – sie kann nach Voranmeldung von Gruppen besichtigt werden – enthält neben der historischen Mälzerei und einem letzten hölzernen Lagerfaß, das zu Vergleichen mit neuer Technologie im Bierkeller herausfordert, ein kleines *Hausmuseum*. Darin wird vor allem die Technik des zunächst im bäuerlichen Bereich verbreiteten Brauens von Steinbier gezeigt. Auf Holzfeuer wurden fußballgroße Sandsteine erhitzt und in einen Maischbottich gelegt, in dem Wacholderzweige, Hopfen und Wasser eingelegt waren. Malz aus Gerste, Weizen und Hafer, zuvor auf (ebenfalls ausgestellten) Malzdarren aus Weidengeflecht bereitet, kam dazu – und immer neue heiße Steine und heißes Wasser. Das so gewonnene Jungbier wurde geläutert und etwa 17 Stunden lang mit Hefe vergoren. Das rauchig schmeckende

Gebräu mußte nach einigen Tagen der Nachgärung innerhalb einer Woche nach dem Brauvorgang getrunken werden. In Weidmansdorf bei Klagenfurt war bis 1917 die Steinbierbrauerei Holzleger in Betrieb – wahrscheinlich die letzte der Welt.
Die Landeshauptstadt Klagenfurt hat natürlich noch eine Reihe berühmterer Attraktionen: Vom *Dom* (ursprünglich eine protestantische Kirche von 1578) über die *Pfarrkirche* (1692 bis 1697 als Nachfolgerin eines Baus aus dem 13. Jahrhundert errichtet) zur ehemaligen *Zisterzienser-Stiftskirche Viktring* (dreischiffige Wandpfeilerbasilika von 1202) reicht die – unvollständige – Aufzählung bemerkenswerter sakraler Bauwerke. Dazu kommt das *Landhaus* (ein Renaissancebau von 1574, der noch heute seinem ursprünglichen Zweck als Sitz des Landtages gerecht wird), ein *Landesmuseum* und ein *Diözesanmuseum* (das mit der Magdalenscheibe die älteste Glasmalerei Österreichs birgt) sowie der *Lindwurmbrunnen* von 1593 auf dem Neuen Platz.
Am westlichen Stadtrand, in der Villacher Straße 241, liegt die Modellbau-Schau *Minimundus*, wo von Mai bis Oktober 1:25-Modelle berühmter Bauwerke, Schiffe und Eisenbahnen besichtigt werden können.
Von der Geschichte hiesiger Lebenslust erzählt die kleine, 1965 von Heinz Goll geschaffene Figur des *Wörthersee-Mandls* auf dem Dr. Arthur Lemisch-Platz in der Fußgeherzone der Innenstadt: „ ‚Und so ihr nit ablaßt von Fraß und Völlerey und andrer Sünd trifft Euch Gottes Zorn.' Sie hießen ihn einen Narren, er aber tat seyn Faß auf und die Stadt versoff – so ist worden der See von Wörth."
Ausflüge: Der biedermeierliche Sonderling Joseph Kyselak mochte der Stadt und ihrer Umgebung nicht viel abzugewinnen: „Die einzigen nahen Spaziergänge sind an den Ufern des nicht preiswürdigen Sees, der noch überdieß für Klagenfurt in Sanitäts-Hinsicht schädlich ist." Nun, die Zeiten haben sich geändert, der *Wörthersee* ist ein Tourismuszentrum ersten Ranges geworden (auf dem See gibt es von Klagenfurt aus einen Linienschiffsdienst zu den Urlaubsorten, teilweise sogar mit dem *Dampfschiff „Thalia"*, Kurse zu erfragen unter 0463 21 1 55). Und sauber ist er auch. In seiner Umgebung befinden sich zwei bemerkenswerte Feuchtbiotope: Die *Spintikteiche* bei St. Nikola im Keutschacher Seetal, die durch einen rund 15 Kilometer langen Wanderweg am Ostufer des Wörthersees mit den *Hallegger Teichen* verbunden sind. Beide Gebiete stehen unter Naturschutz.
Ein weiteres Naturschutzgebiet liegt im Hauptabsatzgebiet des

Die Schleppe-Brauerei in der Zwischenkriegszeit

Schleppe-Biers, in der Gegend, wo die slowenischsprachige Minderheit Kärntens daheim ist: Das *innere Bodental* am Fuße des Grenzberges Vertatscha, das über die Büchsenmachergemeinde *Ferlach* (hier gibt es ein nur von Juni bis September und nur wochentags geöffnetes Büchsenmacher-Museum, das die Entwicklung der Gewehre zeigt) und Windisch-Bleiberg erreicht werden kann. Es gibt Möglichkeiten zu Familienspaziergängen (zur Märchenwiese) und zu (grenzüberschreitenden) Hochgebirgstouren – je nach Geschmack und Ausdauer.
Erwähnenswert ist noch der Naturlehrpfad im *Erholungswald Kreuzbergl* und der Botanische Garten der Stadt – beides in unmittelbarer Nachbarschaft der Schleppe-Brauerei.
Wer Klagenfurt nach Norden verläßt (etwa auf der ehemaligen Bundesstraßen-Verbindung ins Murtal – oder auf dem Weg zur Brauerei Hirt) erreicht nach 8 Kilometern *Maria Saal*, wo die älteste Kirche des Landes steht. An der heute gotischen Fassade befindet sich unter anderem das Relief eines römischen Reisewagens, geschaffen im 3. Jahrhundert, das viele österreichische Lateinschulbücher ziert. Außerdem gibt es ein *Freilichtmuseum*, in dem die Ausgrabungen der römischen Provinzhauptstadt Virunum und eine volkskundliche Schausammlung zu sehen sind.

Wo einkehren: Die zur Brauerei gehörende Gaststätte ist der angeschlossene *Felsenkeller*. Er wird allerdings demnächst einer Autobahnzufahrt weichen müssen und durch eine neue Gaststätte ersetzt werden. Dort wird als neue Attraktion unfiltriertes (und daher nicht haltbares) Kellerbier ausgeschenkt werden.
Prinzipiell ist Schleppe-Bier nur im Umkreis von 60 Kilometern vom Schornstein der Brauerei erhältlich. Und das vorwiegend (60 Prozent ist Faßbier) in Gaststätten. Schon Kyselak wußte zu berichten: „In Klagenfurt gibt es so viele und gute Wirthshäuser, daß man einer Erholung in jedem derselben gewiß seyn kann.“ Schleppe-Bier ist in Klagenfurt recht weit verbreitet – etwa in der *Zauberhütte* in der Osterwitzgasse –, es ist auch im Rosental und im Lavanttal erhältlich. Der *Kirchenwirt* in *Windisch-Bleiberg* ist ein typisches Lokal für den slowenischsprachigen Teil des Landes, er bietet zum Bier den wohl besten Bauernspeck Österreichs an. Nördlich von Maria Saal, auf dem durch seine Ausgrabungen berühmten *Magdalensberg*, gibt es ebenfalls eine Gaststätte mit Schleppe-Bier.

Villach
Vereinigte Kärntner Brauereien AG

Brauhausgasse 6
9500 Villach
04242 27 7 77

Eigentumsverhältnisse: 50 Prozent Madelene Herberstein, je 25 Prozent Gösser und Gebrüder Reininghaus
Jährlicher Ausstoß: 310.000 hl
Biersorten: Braumeister Helmut Göltl kann für seine Biere zu etwa 20 Prozent auf eigenes Malz zurückgreifen: Es wird ganz traditionell nur in den Wintermonaten in einer Tennenmälzerei, die noch über eine steinerne Weiche verfügt, hergestellt. In Handarbeit. Die notwendige

Gerste kommt aus der Gegend um Laa an der Thaya und aus dem zur Burg Hochosterwitz gehörenden Gut. Das zugekaufte Malz kommt von Reininghaus und aus Stadlau, der Hopfen (in Form ganzer Dolden) aus Saaz sowie pelletiert aus der Hallertau.
Aus eigenem Wasser (es kommt aus vier Brunnen auf dem Gelände) wird in Villach vor allem das malzaromatische, helle und dem lokalen Geschmack gemäß schwach, aber mit Saazer Aromahopfen gehopfte „Märzen" mit 12,1 Grad gebraut. Dazu kommt ein ausgeprägt bitteres, 12grädiges „Glockner Pils", ein 13grädiges „Export" oder die etwas stärkere Gastronomiefüllung „Senator", ein malziges, wegen seiner geringeren Vergärung leicht süßliches und alkoholärmeres „Dunkel" mit 13,2 Grad und ein 16,1grädiger, dunkelgelber und eher bitterer „Festbock" für Weihnachten und Ostern. Dieses Bier wird sechs Monate lang gereift.
Ergänzt wird die Palette noch durch ein stark gehopftes Leichtbier, das hier „Sport" heißt und 8,2 Grad (beziehungsweise 3,5 Prozent Alkohol) aufweist.
Alle Biere werden nach der Abfüllung in den Flaschen pasteurisiert.
Souvenirs: In Kärnten ist die Villacher Brauerei durch ihre witzigen, mit Cartoons verzierten Bierdeckel bekannt. Ein anderes Sammlerstück ist der Nachdruck eines alten Plakates, auf dem ein schwarzhaariges Mädchen, intern „Donna Clara" genannt, schlicht für „Villacher Bier" wirbt. Außerdem gibt es Jahrgangskrüge mit der Darstellung jeweils einer Kärntner Bezirksstadt, einen Krug mit der Aufschrift „Bierologisch" und T-Shirts.
Geschichte: Der 1825 durch Österreich wandernde Joseph Kyselak berichtet, daß das Bier und der Wein in Villach in Bleigefäßen gereicht wurden: „Abgerechnet den sanitären Nutzen oder Schaden, kann ich mir dennoch die freiwillige Buße, den nothwendigen Hausbedarf in so schweren Gefäßen herbeizuschaffen, nicht anders erklären, als ungeschickte Hände zu verhindern, Gläser zu zerschlagen."
Dabei hatte Villach eine blühende Gastronomie, und die beiden Gasthäuser, auf die sich die Villacher Brauerei zurückführen läßt, sind bis ins 17. Jahrhundert zurückzuverfolgen. Zu dieser Zeit lag die Gegend, wo heute Bahnhof, Brauerei und Kongreßhaus sind, außerhalb der Stadt. In der Drauvorstadt gab es nur den befestigten Brückenkopf der Draubrücke – gegenüber der Befestigung die Kirche St. Nikolai, das Schiestl-Gasthaus und das Braugasthaus Fischer.
Das erstere hatte bis 1620 ein gewisser Urban Hamer inne. Die Grund-

stückstransaktionen seiner Nachfolger sind im 1620 angelegten „Anlaitbuch" von St. Nikolai aufgezeichnet. Von 1640 an zog im Gasthaus ein Urban Schiestl ein, erwarb „den Grund, darauf sein Haus, sein Hofstatt, Stall und Garten steht, so vorhero Vith Prembstaller, sein vorsidl innegehabt", um fünf Gulden und zwei Viertelkandeln Wein. Daß das Haus ein Gasthaus war (und bis ins 19. Jahrhundert als „Schiestl-Gasthaus" bekannt war), ist übrigens nur aus der Todesurkunde seiner Witwe Luzia zu erschließen. Auf die Familie Schiestl folgte 1730 Simon Schludermann – ein offenbar wohlhabender Wirt. 1738 wurden ihm vier Gulden Gewerbesteuer auferlegt – nur drei Wirte in der Stadt mußten mehr zahlen. Im Gasthaus „vulgo Schiestl" gab es einen Stall für 20 Pferde. Eine andere Steuerliste zeigt, daß in Schludermanns Gasthaus jährlich 25 Eimer welschen Weines und 36 Eimer Steinbier ausgeschenkt wurden. Im nämlichen Jahr 1751 gab es in Villach 22 Steinbierbrauereien, und Schludermann mußte zweieinhalbmal soviel Steuer zahlen wie sein Nachbar Jacob Fischer.
Dessen Wirtshaus kam dann um 1765 an den Färbermeister Matthias Grauer, der das Schiestl-Wirtshaus nach Schludermanns Tod am 20. Dezember 1762 in Anbetracht seiner treuen Kirchendienste um einen Gulden erhalten hatte. Das Braugasthaus Fischer war gleichzeitig eine Fleischhauerei – doch von einem seiner Besitzer, dem am 2. April 1713 verstorbenen Andreas Rautter, heißt es im Totenbuch, er sei „sensibus omnibus destitutus" verschieden, völlig von Sinnen oder, weniger höflich ausgedrückt: Er hat sich versoffen. Jacob Fischer hatte in Rautters Familie eingeheiratet. Der als „Preyer" im Theresianischen Gewerbesteuerregister von 1750 genannte Fischer war offenbar ein pfiffiger Steuervermeider: Trotz seines großen Stalles (für 70 Pferde), trotz seines Absatzes von 70 Eimern Steinbier und 15 Maßln Branntwein mußte er weniger zahlen als sein Nachbar. Andererseits hatte er sich anläßlich der Aufnahme seines Gewerbes als „cervisiarius" 1738 dazu verpflichten müssen, Steuerschulden bis 1696 zu bezahlen.
Die zusammengelegten Gasthäuser behielten stets das Recht auf Ausübung ihrer Gewerbe, „dafern sie wieder aufleben und zu einem realen Wert kommen sollten" – obwohl das Steinbierbrauen von einem Josef Rounacher um 1810 aufgegeben worden war. Ein halbes Jahrhundert lang wurde im Gasthaus „Zum Schiffwirt", dem heutigen Brau-Gasthaus, nicht gebraut.
Zu dieser Zeit wurde das Bier wohl von der (bis in die Mitte der neunziger Jahre des 19. Jahrhunderts bestehenden) Brauerei Kern in

Einst Stolz der Bierführer: Die gescheckten Rösser

der Widmanngasse bezogen. Erst 1858 errichtete der damals 47jährige Johann Fischer wieder eine Brauerei, dem Stand der Technik entsprechend eine Kesselbierbrauerei. Diese wurde am 25. März 1901 an Hans Koutnik, einen Schwiegersohn der Familie Fischer, verkauft und vom Braugasthaus getrennt.

1919 stellte Koutnik das Unternehmen auf eine neue Basis, holte Kapital von der Gösser, der Firma Gebrüder Reininghaus und der 1. Grazer Actien-Brauerei herein und gründete die Vereinigten Kärntner Brauereien. Die Villacher Brauerei gewann die Kunden der im Krieg stillgelegten Brauereien Kern (Villach), Lochs „Zur Glocke" (Klagenfurt) und der Truntschnig- und Antonius-Brauerei (Feldkirchen). 1925 kam noch die Brauerei Germek & Fröhlich in St. Ruprecht bei Villach dazu. 1926 wurden wieder 47.835 hl ausgestoßen, 1929 gar 56.056 hl.

Brachte die 1000-Mark-Sperre in den dreißiger Jahren einen Rückschlag, so gehörte das Unternehmen zunächst zu den Gewinnern des Zweiten Weltkriegs: Kriegsbedingt konnte es 1944 einen Rekord von 88.870 hl (allerdings Dünnbier) verbuchen, 1945 wurde die Brauerei allerdings ausgebombt. Nach zügigem Wiederaufbau wurden 1958 bereits 118.691 hl. ausgestoßen.

1981 vereinigte sich die Villacher Brauerei mit der Brauerei Kollnitz, die bis dahin (mit einem Ausstoß von 3000 hl) darauf spezialisiert war, die Großbaustellen der Kärntner Kraftwerke zu beliefern.

Sehenswürdigkeiten und Ausflüge: Die Villacher Brauerei pflegt die touristische Umgebung ihres Betriebes wie kaum eine andere.

Da ist einmal die Brauerei selbst. Die nächstgelegene Sehenswürdigkeit ist neu und eine Besonderheit: An der Draupromenade, wenige Meter vom Braugasthof entfernt, hat Rudolf Pirker 1987 das *Villacher Fahrzeugmuseum* eingerichtet, eine bemerkenswerte Sammlung von Autos, Motorrädern und Rollern aus den Jahren 1927 bis 1967. Pirker will nicht spektakuläre Luxuskarossen präsentieren, sondern das Alltagsbild des früheren Straßenverkehrs repräsentativ darstellen.

Drei Kilometer nordöstlich von Villach befindet sich die Burgruine *Landskron*, auf der von Juni bis September täglich (um 11, 16 und 18.30 Uhr) freifliegende Adler, Geier, Falken und Milane vorgeführt werden.

Wo einkehren? Die Villacher Brauerei beliefert traditionell nur den Kärntner und den oberitalienischen Markt (dieser macht etwa 10 Prozent aus, das ist dieselbe Menge, die ganz Österreich an Wein exportiert). Wer sich nach Villach begibt, kann im traditionsreichen *Brauhof* (der über eine hervorragende Küche mit leicht italienischem Einschlag verfügt) einkehren.

In Wien gibt es Villacher Bier nur in Flaschen – und bislang auch nur im *5er Krügerl* (1050, Schönbrunner Straße 72, 54 44 69).

Niederösterreich

Eigene Brauhäuser gehörten einst zum Stadtrecht

Niederöstereich, vielen nur als Weinland geläufig, ist das Heimatland der größten Brauerei Österreichs. Und der kleinsten.
Bierbrauen hat hier Tradition: Die Brauerei von Weitra, gegründet 1321, pocht darauf, die älteste in Österreich zu sein. Auch wenn das nicht ganz belegt ist, so ist das Weitraer Braurecht doch eines der interessantesten in Österreich: Es verweist darauf, daß das – städtische – Bierbrauen und Biertrinken eine sehr patriotische Wurzel hatte: Das Braurecht schuf eine der Einnahmequellen, die den Bürgern die Erhaltung der Fortifikationen ermöglichte. Hier, im nördlichen Grenzland, war man denn auch besonders patriotisch: Weitra hatte Mitte des 17. Jahrhunderts mehr Brauhäuser als heute in Wien und Niederösterreich zu finden sind. Allerdings gab – und gibt es im Grenzland auch hervorragendes Brauwasser.

Hainfeld
Brauerei Hainfeld
Karl Riedmüller
GmbH & Co KG

Wiener Straße 8
3170 Hainfeld
02764 350

Eigentumsverhältnisse: Familienbetrieb
Jährlicher Ausstoß: 13.500 hl
Biersorten: „Um die Güte fragt heute keiner mehr, nur nach dem Preis", klagt Karl Riedmüller. Und versucht mit seinem Familienbetrieb gegen den Strom zu schwimmen: Er schaut sich um jeden einzelnen Sud selber um und ist sich, wenn im Sommer bei einem Volksfest in der Umgebung das Bier ausgeht, nicht zu gut, selber ein paar Fässer nachzuliefern. Der persönliche Kontakt zu den Kunden sei halt entscheidend. Zumeist liefert Riedmüller aber Flaschenbier – Hauptsorte ist das „Hainfelder Lagerbier", ein Märzenbier, nach bayrischem Reinheitsgebot aus eigenem Brunnenwasser, Mühlviertler, bayrischem und Saazer Hopfen und Stadlauer Malz gebraut. Dazu kommen das 13grädige „Hainfelder Spezialbier", das ebenfalls 13grädige „Dunkel", das dem Geschmack eines Märzenbieres nahekommt, und das 16grädige „Weihnachtsbier", ein eher dunkler, malziger, aber nicht süßer Bock.
Die Familie Riedmüller hat ihren Betrieb, der 1945 total zerstört war, modern wiederaufgebaut und die technischen Einrichtungen in den letzten Jahren völlig erneuert. Die Biere werden in zylinderkonischen Tanks bei 6 Grad angestellt und acht bis zehn Tage lang schonend vergoren.
Souvenirs: Vom Hainfelder Bier, das in den letzten Jahren die Aufschrift der Gläser geändert hat (jetzt steht „225 Jahre Brautradition" drauf) gibt es nur wenige Souvenirs, allerdings recht attraktive Abziehbilder.
Geschichte: 1120 wurde „Haginvelt" erstmals durch eine Kirchengründung der steirischen Otakare, eines Ministerialengeschlechts, er-

wähnt – sechzig Jahre später war hier bereits ein Markt. Ab 1369 bestand in Hainfeld auch eine eigene Gerichtsbarkeit.
Der wirtschaftliche Aufschwung (unterbrochen durch Kriegswirrnisse wie den Türkensturm 1529 und die Napoleonischen Kriege und zuletzt durch die Zerstörung der Stadt durch die SS) war zunächst von Hammerwerken, später von der metallverarbeitenden Industrie getragen.
Die industrielle Struktur und die Bierkultur, die haben hier in Hainfeld etwas gemeinsam – und ein bisserl hängt es mit dem Hainfelder Bier zusammen, daß sich die Sozialisten zum Jahreswechsel 1888/89 in Hainfeld zu ihrem Einigungsparteitag treffen konnten.
Hainfeld hatte nämlich eine recht aktive und zahlenmäßig bedeutende Arbeiterschaft, vertreten durch den Schneider Anton Stacherl, die gerne Gastgeber des Parteitags sein wollte. Zumal Victor Adler den Parteitag im Bezirk Lilienfeld abhalten wollte. Hier war der liberale Leopold Graf Auersperg Bezirkshauptmann – er kam schließlich selbst mehr als Gast, denn als behördliche Aufsicht zum historischen Ereignis. Erst aber versuchte er, die Weisung der Landesstatthalterei durchzusetzen, den Parteitag zu unterbinden.
Die Obrigkeit hatte die Rechnung allerdings im wahrsten Sinne ohne den Wirt gemacht: Der Gastwirt Zehetner in der Hauptstraße 29 hatte nämlich die Arbeiterschaft als treue Gäste gewonnen, da sie hier ihre

Die Liebe zum Hainfelder Bier machte Geschichte

lokalen Versammlungen abhalten konnten. Und diese Stammgäste drohten auszubleiben, wenn sich Zehetner dem Wunsch der Obrigkeit beugen würde, die 80 Parteitagsdelegierten auszuladen. „Die Macht des Bierkrügels, die der Arbeiterbewegung so viele Schwierigkeiten macht, hat sich wieder einmal zugunsten der Versammlungsfreiheit ausgewirkt", hat Franz Kreuzer über diese Begebenheit berichtet.
Die Macht des Bierkrügels war hier aber schon viel älter. Im Bräustüberl findet sich die Jahreszahl 1687 auf einem Deckenbalken, eine Braugerechtigkeit für die „Glanzmühle" ist mit 1752 datiert. Im Herbst 1757 wurde das erste Hainfelder Bier ausgeschenkt. 1808 kaufte Karolus Johannes Riedmüller, Sohn eines „Chyrurg in Weyr" die Brauerei mitsamt der zugehörigen Säge, Mühle und Landwirtschaft, seine Brüder kauften sich in Wieselburg und Waidhofen an der Ybbs ein.
Es ist überliefert, daß das Bier mit Ochsengespannen bis an die Wiener Stadt- genauer wohl: die Wiener Verzehrsteuergrenze gebracht wurde. Um 1900 waren damit sieben Pferde- und vier Ochsengespanne beschäftigt. Schon damals wurde eine Kühlung (und Eisfabrikation) in der Brauerei eingebaut, die Energie dafür kommt von einem eigenen Kleinkraftwerk am Ramsaubach.
Nach der Zerstörung von 1945 stand die Brauerei bis 1951 still – dann konnte Riedmüller wieder ein für damalige Verhältnisse besonders helles und schwach gehopftes Bier anbieten.
Sehenswürdigkeiten und Ausflüge: Beim Gründungsparteitag der Sozialdemokratie mußte Hainfeld über 100 Fremde aus den 13 Kronländern des Reiches und dem Ausland aufnehmen – heute stehen gerade halb so viele Gästebetten zur Verfügung wie damals. Und doch pflegt das (an architektonischen Reizen nur einen Chor aus dem 14. Jahrhundert bietende) Städtchen seine touristische Tradition.
Schließlich haben die Naturfreunde im benachbarten Rohrbach 1898 die inzwischen drittälteste Ortsgruppe der Welt gegründet, die Hainfelder Arbeiter folgten mit ihrer Naturfreunde-Gruppe 1917.
Zu ihrem Gebiet gehört ein hübscher, in vier Stunden zu bewältigender *Dreihütten-Weg*, der wegen der gemütlichen Einkehrmöglichkeiten angeblich zu einem lokalen Bermuda-Dreieck geworden ist. Für anspruchsvollere Wanderer empfiehlt sich der (ein kurzes Stück auf derselben Route verlaufende) *Waldmark-Weg*, dessen 300 Kilometer Rundkurs 13 Tage erfordern – dafür führt dieser Weg auch zum Ötscher, nach Lilienfeld und Wilhelmsburg. Ebenfalls auf derselben Strecke (und weiter auf den Vollberg) verläuft eine Variante des *Voralpenwegs*,

der hier die Nummer 404 trägt und der bis nach Berchtesgaden führt. Lokal bedeutender ist der *Waldlehrpfad,* einer der ersten Österreichs. Er beginnt beim Rathaus, wo auch eine informative Broschüre erhältlich ist.

Wo einkehren? Gleich neben der Brauerei befindet sich das *Bräustüberl* (02764 76 40), mit einem gemütlichen Kachelofen und einigen Brauerutensilien als Dekoration. Das Hainfelder Bier ist aber auch in den anderen Wirtschaften der Kleinstadt und der Umgebung erhältlich.

In Wien bekommt man es in der *Loibner Weinstube* (1120, Schönbrunnerstraße 233). Auf Bestellung kann man das Hainfelder Bier auch in Holzfässern mit 25 oder 50 l bekommen.

Laa an der Thaya
Hubertus-Bräu
Johann Kühtreiber

Hubertusgasse 1
2136 Laa
02522 246 und 346

Eigentumsverhältnisse: Die Johann Kühtreiber OHG ist im Familienbesitz.

Jährlicher Ausstoß: ca. 75.000 hl

Biersorten: Die Hubertus-Brauerei braut in ihrem 1988 neu errichteten Sudhaus ausschließlich nach dem Reinheitsgebot, verwendet dafür Wasser aus eigenen Brunnen, Stadlauer Malz, Hefe aus eigener Reinzucht und Saazer und Hallertauer Aromahopfen. Die Biere gären in speziell isolierten Tanks innerhalb von zehn Tagen mit Temperaturen von 6 bis 8 Grad ansteigend: Dadurch wird geschmacklich ein „Holzfaß-Effekt" erzeugt.

„Hubertus Märzen" ist ein hopfenmildes, leicht malziges Lager mit 12 Grad Stammwürze, das auch unter der Markenbezeichnung „Gerstengold" in den Raiffeisen-Lagerhäusern vertrieben wird. „Hubertus

Dunkel" ist malzig-süß und hat 12,5 Grad Stammwürze, „Hubertus Pils", ein schlankes, hopfiges Bier und das ein wenig stärkere, etwas länger gelagerte „Herrnpils" haben 12,5 beziehungsweise 13 Grad – sie orientieren sich nach dem Vorbild des Original Pilsener Bieres, sind daher in Farbe und Geschmack voller als andere Pils-Biere. Die drei letztgenannten Biere sind – ebenso wie der (im Sommer für Weihnachten eingebraute) „Festbock" auch als Faßbiere erhältlich, das Herrnpils gibt es auch im Partyfaß.

Souvenirs: Die Hubertus-Brauerei ist in den letzten Jahren von ihrem bekannten kreisrunden Logo mit dem braunen Hirschsymbol in der Mitte abgegangen und hat mit mehreren anderen Gestaltungen experimentiert. Daher gibt es eine Fülle neuen (und noch erhältlichen alten) Werbematerials zu sammeln. Noch ist ein Restposten von 0,2-l-Bechergläsern mit dem alten Symbol erhältlich, dazu ein Festkrug aus Steinzeug mit Zinndeckel um 480 Schilling. Außerdem gibt es preiswerte Geschenkkartons mit einer Auswahl an Bieren und passenden Gläsern. Als besondere Rarität gelten – 1968 verwendete – Etiketten für einen mit Rechtschreibfehler ausgestatteten „Weinachtsbock" und die vor einigen Jahren als Sammlerstücke aufgelegten Gläser mit Trachtendarstellungen.

Geschichte: In der um 1200 von den Babenbergern als Festung angelegten und 1250 zur Stadt erhobenen Siedlung wurde sicher schon vor 1454 Bier gebraut. Das damals vom Böhmenkönig Ladislaus Postumus verliehene Braurecht der Stadt dürfte eher eine Bestätigung eines exklusiven Rechtes der Bürgerschaft bedeutet haben. Jedenfalls mußten die Bürger dafür eine Naturalsteuer – ein Faß Bier zu allen Festtagen – entrichten. Wie groß das Faß gewesen sein mag, ist nicht mehr nachzuprüfen, wohl aber die Tatsache, daß die Brauerei stets verpachtet war: 1688 nahm die Stadt für 686 gebraute Eimer Bier (das entspräche einem Ausstoß von rund 400 hl) 68 Gulden Pacht ein. 1847 beschloß die Stadt, das heruntergewirtschaftete Brauhaus an die Brauerei im Nachbarbezirk Znaim zu verkaufen.

Doch das Geschäft platzte in letzter Minute, was dem damaligen Bürgermeister Anton Kühtreiber viel Spott einbrachte. Er nahm sich's zu Herzen, konvertierte vom leidenschaftlichen Weinbeißer zum Biertrinker und kaufte die Brauerei selbst. Er war rasch erfolgreich, und die Brauerei wurde bald zu klein. Von 1899 bis 1902 wurde am heutigen Standort ein neuer Betrieb errichtet. Die Mälzerei der alten Brauerei blieb bis 1979 in Betrieb. Der Ziegelbau von 1888 ist heute noch zu

Von einem Weinbeißer aufgebaut: Hubertus-Brauerei

sehen. An ihrem Platz hatte sich Johann Kühtreiber 1893 eigenhändig mit der Wünschelrute auf Wassersuche begeben. Er erbohrte tatsächlich in 237 Meter Tiefe eine artesische Quelle – doch das daraus gebraute Bier, so gestand er enttäuscht, sei „nicht zum Saufen gewesen". Erst in den sechziger Jahren erwies sich, wie wertvoll die gelösten Mineralien sind, und seit 1973 wird das Wasser als „Vitus Mineralwasser" verkauft.

Zu diesem Zeitpunkt hatte sich die Brauerei von schweren Rückschlägen bereits erholt: Da Laa seit 1918 Grenzstadt ist (und diese Grenze seit 1945 auch wirtschaftlich dicht war) hat sie etwa 45 Prozent ihres früheren Marktes eingebüßt. Zum Ausgleich wurde das Absatzgebiet in den Süden, vor allem im Weinviertel und in Wien erweitert.

Sehenswürdigkeiten: Die Stadt Laa verfügt über ein kleines, aber recht sehenswertes *Biermuseum* (in der Burg, 02522 501, geöffnet an Wochenenden von 14 bis 16 Uhr oder nach Vereinbarung). Es zeigt historische Geräte der Bierproduktion, kuriose Bierwerbung und Biergefäße. Auch die *Brauerei* selbst kann gegen Voranmeldung besucht werden.

Vor der Burg befindet sich das „dörfliche" Zentrum der Stadt, ein

Anger, auf dem gelegentlich Volksfeste (zu denen das Hubertusbräu Bier und Volksfestmobiliar beisteuert) stattfinden. Der innerstädtische *Kulturwanderweg* führt dann weiter zum *Pfarrhof*, der am 10. Juli 1809 Schlafstätte von Kaiser Napoleon (vier Tage nach der Schlacht bei Wagram und zwei Tage vor dem Friedensschluß in Znaim) war. Zu sehen sind weiters die frühgotische Pfarrkirche und der rechteckige Stadtplatz, Zentrum des „bürgerlichen Stadtteils". Dort befindet sich auch das *Alte Rathaus*, in dessen ehrwürdigen und gutrestaurierten Mauern sich das *Südmährer-Museum* befindet, das die Gemeinden unmittelbar jenseits der Grenze und den dortigen Alltag vor der Vertreibung 1945 darstellt (an Sonn- und Feiertagen im Sommer vormittags geöffnet – oder gegen Voranmeldung: 02522 501 oder 534).

Ausflüge: Rund um Laa wurden in den letzten Jahren einige Ausflugswege für Fußgeher angelegt – etwa entlang des *Mühlbaches*, der auf einer Brücke die Pulkau kreuzt.

Profiliert hat sich Laa in den letzten Jahren aber als Zentrum des *Fahrrad-Tourismus*. In der Weinviertler Stadt treffen einander vier (hauptsächlich auf Nebenstraßen verlaufende und gut ausgeschilderte) Radwanderwege: Der *Leiserbergweg* ist mit immer noch knapp 50 Kilometern der kürzeste der vier, er beginnt in Stockerau und führt über den Naturpark Leiser Berge nach Laa. Der *Manhartsbergweg* führt von Krems über Eggenburg, Pulkau und *Retz* (bekannt wegen seiner in den sandigen Untergrund der Stadt gegrabenen Weinkeller) hierher. Der *Heldenbergweg* beginnt in Tulln, führt am vom exzentrischen Armeelieferanten Gottfried Josef Pargfrieder als Radetzky-Grabstätte eingerichteten Heldenberg vorbei über *Schöngrabern* (eine der bedeutendsten romanischen Kirchen Österreichs) und *Mailberg* (Malteser-Schloß und Museum) nach Laa. Auf diesen beiden Wegen kommt man durch mehrere Ortschaften (etwa Seefeld, Großkadolz und Untermarkersdorf) mit bemerkenswerten *Bildstöcken*: Sie stammen aus der Zeit um 1500 und tragen am Ende des Schaftes vier steinerne Menschenköpfe – Abwehrsymbole gegen das Böse, die in dieser Form nur in dieser Gegend zu finden sind. Schließlich gibt es noch den *Weinviertelweg* von Marchegg über Mistelbach und Poysdorf nach Laa.

Ein weiterer einmaliger Bildstock steht in *Loosdorf*: Dort wurde vor dem hübschen Schloß (das übrigens eine Bio-Landwirtschaft von 350 Hektar verwaltet) im Jahr 1989 eine Umwelt-Madonna aufgestellt: Sie soll die Bevölkerung vor den Gefahren der Atomkraftwerke jenseits der Grenze bewahren.

In Sichtweite von Laa befindet sich die Kalkklippe mit der *Burgruine Staaz*. Einen Ausflug in die früheste Geschichte (die Laaer Ebene ist seit 6000 Jahren besiedelt) bietet ein Abstecher ins *Museum für Urgeschichte* im 22 Kilometer entfernten *Schloß Asparn an der Zaya* (geöffnet 1. April bis 31. Oktober, 02574 239), in dem das Leben unserer Stein- und Bronzezeitlichen Vorfahren rekonstruiert wird. Im benachbarten *Michelstetten* befindet sich das kuriose *Schulmuseum* (April bis Oktober an Samstagnachmittagen, 02577 281 oder 240) sowie eine vor 907 errichtete Wehrkirche.

Wo einkehren? Die Hubertus-Brauerei verfügt über keinen Braugasthof. Das Bier ist aber in der bezirksweit als Gastronomie- und Disco-Zentrum bekannten Stadt überall erhältlich. Besonders gepflegt im *Gasthaus Weiler* (Staatsbahnstraße 60, 02522 379), das sich durch im September stattfindende „Böhmische Wochen" einen Namen gemacht hat.

In Wien gibt es das Hubertus-Bräu unter anderem im – in den letzten Jahren recht nobel gewordenen – *Stadtbeisl* (1010, Naglergasse 21, 533 33 23) und im stilvoll renovierten Keller des Gasthauses *Pfudl* (1010, Bäckerstraße 22, 52 67 05).

Piesting
Brauerei Josef Lehn

Gutensteiner Straße 48
2753 Piesting
02633 22 03

Eigentumsverhältnisse: OHG im Besitz von Karl und Josef Lehn
Jährlicher Ausstoß: knapp 8000 hl
Biersorten: Hauptsorte ist das „Lager" mit 12 Grad – vielleicht das urtümlichste, vollmundigste Lagerbier Österreichs. Es ist trotz Rohfruchtzugabe auf Grund der hier verwendeten Sudhaustechnik relativ dunkel, schmeckt besonders kräftig und ist schwach gehopft. Bekann-

ter ist trotzdem das „Gambrinus", ein 13grädiges Spezialbier. Außerdem gibt es ein eher süßes, 13,6grädiges dunkles Bier, das „Petz-Bräu". Das „Weihnachtsbräu" ist ein kräftiger, leicht süßlicher 16,5grädiger Bock.

Alle diese Biere braut Josef Lehn mit Stadlauer Malz, Koch-Malz, Mühlviertler und Hallertauer Hopfen und Wasser aus eigenem Brunnen. Es hat 16 Härtegrade und wird beim Sud aufbereitet. Das Bier wird hier noch in offenen Bottichen vergoren, sieben bis zehn Tage lang bei Temperaturen zwischen 6 und 8,7 Grad.

Zusätzlich hat die Piestinger Brauerei seit 1987 eine kleine (die Sude sind jeweils nur 3 hl), aber feine Produktion obergäriger Biere aufgenommen. Dabei handelt es sich um jeweils 12grädiges Alt- und Weißbier.

Souvenirs: Nachdem die Familie Lehn die sehr schön blau-weiß-gelb gestalteten Emailleschilder verschenkt hat, nachdem es auch kaum mehr Piestinger Biergläser gibt, sind die Souvenirs von dieser Brauerei rar geworden.

Es gibt jedoch Bierdeckel des Freihaus, deren Gestaltung von denen der Brauerei-Präsentation abweicht.

Geschichte: Das Triesting- und das Piestingtal sind uraltes Siedlungsgebiet. Die Namen stammen aus dem Slawischen: „tescina" heißt „die Tosende", „besinica" „die Rasende" – Namen, die erstmals in einer Schenkungsurkunde von 1020 genannt sind. Damals schenkte Kaiser Heinrich III. fünf Königshuben an das Kloster Tegernsee.

Hier ist altes Grenzland, dessen strategisch bedeutsame Taleingänge immer wieder (zuletzt vom 4. bis 27. April 1945) umkämpft waren. Das Gemeindewappen vom 20. Mai 1533 erinnert an diese kriegerische Tradition – ein brennender weißer Turm mit dem österreichischen Bindenschild und zwei Schwertern symbolisieren die Zerstörung im Türkenkrieg 1529.

Schon vorher hatte Piesting als Heimat großer Künstler von sich reden gemacht: 1455 wurde hier Benedikt Ried von Piesting geboren, einer der größten Baumeister der Spätgotik, der 1493 bis 1502 den Wladislawsaal und den Ludwigstrakt der Prager Burg erbaute. Aus dem Tal stammt auch der Maler Leopold Kupelwieser.

Und es ist altes Industrieland. Schon die Slawen haben hier Eisen verhüttet.

In Piesting befand sich auch ein Zentrum der Harzverarbeitung, eine sehr frühe Form der chemischen Industrie: Aus Föhrenharz wurde

Pech (unter anderem zum Abdichten der Bierfässer) und Terpentin gewonnen. Der 1975 stillgelegte Betrieb erlangte in den letzten Jahren Berühmtheit, weil er Zwischenlager jener schrottreifen Anlage war, die später (vom Eigentümer der Konditorei Demel, Udo Proksch, hochversichert) an Bord der Lucona untergegangen ist.
Bier galt am östlichen Rand der Alpen lange als dem Wein an Qualität unterlegen – und der Streit zwischen Weinbauern und Biersiedern ist bei Perchtoldsdorf durch den Weißen Stein manifest: Er wird zum Gedenken an einen hier angeblich „von rohen Bierbrauern" erschlagenen Weinhauer immer wieder angestrichen. Auch im Piestingtal wurde Wein angebaut, wobei vor allem zwischen 1515 und 1564 die Zahl der Weinberge sprunghaft stieg, auf schließlich 450. Neben dem Wein, der von minderer Qualität gewesen sein dürfte, wurde viel Most getrunken – und in Most wurden auch viele Naturalabgaben entrichtet, wie den Hernsteiner Urbaren zu entnehmen ist.
In Piesting, wo es lange keine gewerbliche Brauerei gegeben hat, wird Bier in einer Handwerksordung der Hammerschmiede vom 14. Februar 1720 erwähnt, wo es unter Punkt 39 heißt, daß bei Verteuerung des Weines den Schmiedgesellen das ihnen als Teil der Entlohnung

Einzig krisenfester Betrieb im Tal: Brauerei Lehn

zustehende Seidel Wein in Ausnahmefällen durch Bier ersetzt werden kann.
Die Brauerei – sie liegt am östlichen Ortsausgang – wurde im Jahr 1824 gegründet. Und gilt als einziger krisenfester Betrieb des Marktes Piesting. Dabei hat sie ihre Entstehung selber einer Krise zu verdanken. Es ging um eine Eisenfabrikation, die durch mehrfachen Besitzerwechsel, vor allem aber durch die Invasion der Franzosen 1809 und den 1811 erklärten Staatsbankrott in arge wirtschaftliche Bedrängnis gekommen war. Beim dritten Versuch, das „Ganzlehen und Hammerwerk in Piesting Nr. 83" zu versteigern, schlug Johann Nepomuk Müller, Pächter der Herrschaft Schönau, mit 30.000 Gulden zu. Müller war das, was man heute einen innovativen Geschäftsmann nennen würde: Er stellte auf Kleineisenwaren (wie Kartoffelausstecher, Gartenmesser und Schafscheren) um, wollte als erster „Dampf- und Luftdruckwägen" bauen und errichtete die Brauerei. Doch Müller hatte sich verspekuliert, schließlich fehlte ihm sogar das Geld für die Einrichtung, die ein Wirt und ein Fleischhauer als Pächter beibringen mußten. 1829 wurde die Brauerei aus Müllers Konkursmasse (die damals nur mehr 15.155 Gulden wert war, Müllers Gläubiger verloren 90 Prozent!) verkauft, kam an den Wiener Neustädter Anton Jast, der fünf Jahre später an den Pächter des Wiener Neustädter Brauhauses, Ignaz Betzler, weiterverkaufte. Am 3. April 1841 wurde dann der Kaufvertrag mit dem Himberger Bierwirt und Bierversilberer Tiberius Lehn abgeschlossen, der das Brauhaus für seinen Sohn Joseph, einen gelernten „Bräumeister", erwarb.
Seither ist das Unternehmen Familienbesitz, das heutige Brauhaus, ein Industriedenkmal wie so viele in der Umgebung, wurde zwischen 1894 und 1904 erbaut. Damals gab es hier auch eine eigene Mälzerei, die bis 1929 und dann wieder in den fünfziger Jahren in Betrieb war.
Sehenswürdigkeiten und Ausflüge: Während das nach schweren Kriegsschäden wiederaufgebaute Ortszentrum keine besonderen Sehenswürdigkeiten bietet, bezeugt das Tal seine Tradition als Kulturlandschaft – sie erschließt sich unter anderem über einen 125 Kilometer langen Rundwanderweg.
Knapp südlich von Piesting liegt *Dreistetten*, wo im Heimatmuseum „Scherrerwirt" (02633 25 90) paläontologische Funde, Waffen aus dem Dreißigjährigen Krieg, Hausrat und Dokumente zur Ortsgeschichte zu sehen sind.
In der Nähe befindet sich auch die *Burgruine Starhemberg* aus dem

12. Jahrhundert, eine der imposantesten Ruinen Österreichs, von Piesting aus in knapp einer Dreiviertelstunde zu erreichen. Etwas abseits von Piesting liegt die alte Herrschaft *Hernstein*, wo der Ringstraßenarchitekt Theophil Hansen 1880 ein Schloß in englischem Stil errichtete – es dient heute als Manager-Schmiede. Die dahinter liegende Burgruine geht zumindest auf das Jahr 1125 zurück.

Tiefer im Tal liegt *Pernitz*, dessen Pfarrkirche von 1968 den aus dem 15. Jahrhundert stammenden Chor der alten Kirche integriert hat. Von Pernitz aus gibt es hübsche Spaziergänge zu den Mirafällen und weiter zur Steinwandklamm, in der es einen (gesicherten) Steig zur als *Türkenloch* bekannten Höhle gibt.

Noch weiter taleinwärts kommt man zur Raimund-Villa und nach *Gutenstein*, wo ein *Waldbauernmuseum* (Besichtigung womöglich nach Voranmeldung unter 026 34 313) den Nebenerwerb der hiesigen Bauern in der vorindustriellen Zeit darstellt. Außerdem gibt es in Gutenstein eine Raimund-Gedenkstätte – der Dichter von Original-Zaubermärchen († 1836) ist hier begraben.

Von Gutenstein aus lohnt ein Ausflug auf den *Mariahilferberg*, wo eine barocke Wallfahrtskirche von 1724 steht. Das Gnadenbild, es zeigt eine auf Blech gemalte Mariazeller Schutzmantelmadonna, stammt wahrscheinlich von 1661. Und schon damals soll hier ein Eremit gehaust haben – die Einsiedlergrotte kann im Verlauf einer kleinen Wanderung besichtigt werden.

Wo einkehren? Piestinger Bier hat vor allem lokale Bedeutung. An Ort und Stelle ist es etwa im *Gasthaus Taus*, auch bekannt als *Schwarzwirtin* (obwohl die Wirtin eigentlich Margit Gruber heißt), erhältlich (02633 37 38).

In Wien wird es im (nach dem ehemals an dieser Stelle stehenden riesigen Wohnblock benannten) *Freihaus* (1040, Schleifmühlgasse 7, 587 16 65) ausgeschenkt, einem In-Lokal, das vor allem von Studenten der nahen Technischen Universität frequentiert wird.

Erwähnenswert ist noch, daß Piestinger Bier auf Bestellung auch in Holzfässern erhältlich ist.

Schrems Bierbrauerei Karl Theodor Trojan

3943 Schrems
02853 275

Eigentumsverhältnisse: Einzelfirma im Besitz der Familie Trojan
Jährlicher Ausstoß: 24.000 hl
Biersorten: Die slawische Bezeichnung „Schremelize", unter der die Stadt erstmals 1179 genannt wurde, bedeutet „Steinwasser".
Ein treffender Name: Das Wasser aus der örtlichen Wasserversorgung ist besonders weich und kann direkt zum Brauen verwendet werden. Rund 85 Prozent der Schremser Bieres sind vom Typ „Edelmärzen", ein untergäriges Vollbier mit 12,2 Grad Stammwürze, vollmundig-süffig, dezent gehopft. „Spezial Gold" hat 13,5 Grad und ist mehr hopfenbetont, vor allem durch den Einsatz von Saazer Aromahopfen. Zusätzlich braut Juniorchef Karl Theodor Trojan (der wie sein Großvater, der Namensgeber der Firma, heißt) ein „Doppelmalz" und ein 17grädiges „Weihnachtsbräu", das sein Aroma durch Hallertauer und Saazer Hopfen sowie eine viermonatige Lagerung gewinnt. Dieses Bier ist auf dem Etikett durch einen Weihnachtsmann gekennzeichnet, der trotz seiner kitschigen Gestaltung bereits vier Etikettenänderungen überlebt hat.
Souvenirs: 1989 hat die Brauerei Trojan ihre graphische Präsentation geändert, die noch in Verwendung stehenden Biergläser mit der roten Raute werden also langsam zu Raritäten. Emailleschilder sind das ohnehin schon, sie werden seit Jahren nicht mehr hergestellt. Die Bierflaschen, in die der Name der Brauerei geprägt war, sind noch länger verschwunden. Allerdings gibt es Tonkrüge mit dem Motiv des alten Brauhauses.
Geschichte: Bier zu brauen war ursprünglich ein Vorrecht der Grundherrschaft Schrems. Dementsprechend ist das wuchtige Gebäude der Malzdarre in Schrems auch gleich gegenüber dem Schloß an der Braunau (sie fließt übrigens nicht der Donau, sondern der Elbe zu) gelegen. Es stammt aus der Mitte des 18. Jahrhunderts und wurde erst

kürzlich als modernes Wohnhaus adaptiert. Die Brauerei ist bereits 1904 ausgezogen, als Theodor Trojan – im Alter von immerhin fast 70 Jahren – erkannte, daß nur eine moderne Dampfbrauerei Zukunft haben kann. Er siedelte den modernen Betrieb etwas außerhalb, jenseits des Parks an.
Bis dahin war das Bier noch handwerklich hergestellt worden – Brauknechte mußten die Schwerarbeit des Rührens und Schöpfens vollbringen. Eine Tätigkeit, die in Schrems seit 1410 nachgewiesen ist: Jedenfalls ist einem der wenigen beim Großfeuer 1871 übriggebliebenen Dokumente zu entnehmen, daß damals ein Bierbrauer in einen Rechtsstreit verwickelt war. Überliefert ist auch, daß 1666 in Schrems 300 Eimer Bier gebraut wurden, das entspricht etwa 168 hl.
Überliefert ist auch, daß Jakob Trojan, dessen Familie sich schon in Böhmen mit dem Bierbrauen beschäftigt hatte, 1838 das Brauhaus gegenüber dem Schloß erworben hat. Um den Kaufpreis von 10.200 Gulden. Mit dreimonatiger Unterbrechung (im Nachkriegsjahr 1946) braut die Familie Trojan seither das Schremser Bier. Übrigens in der erklärten Absicht, ein gleichbleibendes Produkt herzustellen, das regionaltypisch ist – es habe keinen Sinn, sich Modetrends zu unterwerfen.
Sehenswürdigkeiten: Der Industrieort Schrems bietet selbst wenig Attraktionen – obwohl er viel zur Verschönerung anderer Städte beiträgt:

Die alte Brauerei wurde ein Wohnhaus

Denn aus Schremser Granit ist die Pflasterung der Wiener Kärntner Straße, die Verkleidungen der Stadtbahn und U-Bahn sowie viele Denkmäler. Bemerkenswert ist außer der *alten Brauerei* und dem gegenüberliegenden *Schloß* (von 1635, mehrfach umgebaut, heute eine Schule) der Hauptplatz mit einem *spätgotischen Pranger* und einem ehemaligen *Kornmetzen.* Der schwere Steintrog diente früher als geeichtes Hohlmaß, später als Vogeltränke, bevor er auf seinen heutigen Platz kam.

Auf dem Kirchenplatz, gleich nebenan, gibt es ein *Stadtmuseum* (02853 45 40), das Exponate aus der (Industrie-)Geschichte von Schrems zeigt: Dabei kann man unter anderem einen nachgebildeten Steinbruch oder altes landwirtschaftliches Gerät bewundern. Außerdem gibt es in der Umgebung mehrere Beispiele früher *Industriearchitektur,* vor allem Mühlen aus der späten Barockzeit.

Ausflüge: Schrems liegt in der leicht hügeligen Landschaft des nördlichen Waldviertels, einer für Radtouren und Fußwanderungen hervorragend geeigneten Gegend. Am Weg nach Amaliendorf befindet sich ein *Wackelstein,* er soll 42 Tonnen schwer sein, ein anderes steinernes Naturdenkmal ist das Grafenhäusl, aufgeschichtete Granitblöcke in Form eines Hünengrabes. In der Nähe von Schrems befindet sich auch ein durch Wanderwege gut erschlossenes *Hochmoor.*

Elf Kilometer nördlich liegt *Heidenreichstein,* das die größte und besterhaltene *Wasserburg* in Niederösterreich, eine aus einer romanischen Basilika hervorgegangene Pfarrkirche sowie einen bemerkenswerten Pranger hat. Daran hängt eine Glocke von 1688, ein sogenanntes *„Pierglöckel"*: Durch Schlagen dieser Glocke (im Sommer um neun Uhr abends, im Winter gar schon um acht) wurde die Sperrstunde verkündet – und wer die Sperrstunde übertrat, mußte damit rechnen, selber an den Pranger gekettet zu werden.

Westlich von Schrems liegt der *Naturpark Blockheide,* ein 140 Hektar großes Schutzgebiet, in dem es einen Aussichtsturm (mit schönem Blick über die Grenze zur ČSFR), ein kleines Museum der Granitbearbeitung sowie viele oft zu kuriosen Formen erodierte *Granitblöcke und Wackelsteine.* Die zahlreichen Hinweistafeln sind von einem Heidenmännlein geschmückt, einer lokalen Sagenfigur, die den Waldviertlern Reichtum gebracht hätte, wenn man sie nicht verspottet hätte.

Daß die Gegend tatsächlich einmal reicher war als in ihrer heutigen Grenzlage beweist das Stadtbild von *Gmünd,* acht Kilometer von Schrems entfernt. Hier steht auf dem Hauptplatz – neben den zahlrei-

chen, für das Waldviertel typischen *Sgraffitohäusern* – ein *Glas- und Steinmuseum* (geöffnet an Sonn- und Feiertagen vormittags, von Mai bis September auch unter der Woche, 02852 25 06). Es enthält eine Sammlung der früher im Waldviertel hergestellten prunkvollen Gläser und Flaschen (einige Nachbildungen werden verkauft) und eine Dokumentation des hoch entwickelten Zunftwesens, unter anderem einen mit Blumendekor reich verzierten *Zunfthumpen* der Steinmetze aus Zinn.
Wo einkehren? Die Schremser Brauerei verfügt über keinen eigenen Braugasthof, doch ist Schremser Bier etwa beim *Gasthof Schönauer* und im *Waldviertler Hof* auf dem Hauptplatz, beim *Gasthaus zur Blockheide* in Gmünd-Grillenstein sowie im Cafe *Ullrich* in Heidenreichstein erhältlich.

Schwechat
Brauerei Schwechat

Brauhausstraße 8
2320 Schwechat
77 76 81

Eigentumsverhältnisse: Braustätte der Österreichischen Brau-AG
Jährlicher Ausstoß: etwa 1 Million hl
Biersorten: In Österreichs viertgrößter Braustätte ist das „Lager" daheim – ein 12,1grädiges Märzenbier, das ein ausgewogenes Malzaroma und ein – in den letzten Jahren feiner gewordenes – Hopfenaroma hat. Das gehaltvollere „Steffl Export" (die Weiterführung einer Marke des Ende 1959 stillgelegten Wiener Stadtbräu in Rannersdorf) mit 13,1 Grad ist stärker gehopft. Ebenso die „Hopfenperle" – vier Hopfengaben, davon drei mit Saazer und Tettnanger Aromahopfen, sorgen für den kräftigen Geschmack dieses nicht sehr vollen 12,4grädigen Edelmärzen. Dazu kommt das nicht zu herbe „Schwechater Pils" und der 16,2grädige, etwas süßliche „Festbock".
Der Festbock wird acht bis zwölf Wochen gelagert, die Hopfenperle fünf bis sechs, die übrigen Biere etwa vier Wochen. Mit Ausnahme der

Dosen- und Exportbiere (150.000 hl gehen allein nach Ungarn) wird das Bier in Schwechat nicht pasteurisiert. Das Wasser für das Schwechater Bier kommt aus sieben brauereieigenen Brunnen, die bis zu 80 Meter tief sind und etwa 10 Grad hartes Wasser liefern – dieses wird aufbereitet. Der Grundhopfen kommt aus Jugoslawien und aus dem Mühlviertel, das Malz wird in einer eigenen Mälzerei hergestellt.
Ein besonderes, kräftiger schmeckendes Malz wird für das 1988 eingeführte „Möven" verwendet, das Leichtbier der Brau-AG. Für dieses Bier wird auch kein Reis eingesetzt und ausschließlich Saazer Aromahopfen. Dagegen wird beim (für Supermärkte gebrauten) „Schützenbräu" (11 Grad Stammwürze) ausschließlich jugoslawischer Hopfenextrakt genommen.
Ebenso wie das „Schützenbräu" ist das „Skol international" eher im Billigsegment angesiedelt. Es wurde ab April 1967 eingeführt. Im Jahr davor hatte sich die damals noch selbständige Schwechater AG an Skol International Limited, Bahamas, beteiligt – einem Unternehmen, das in 14 Ländern ein gleiches, 12,5 Grad starkes und in Richtung eines Pils gehopftes Bier auf den Markt brachte. Später wurde die Grädigkeit des Skol zurückgenommen, es ist heute ein helles, etwas derb wirkendes Pils von 10,4 Grad.
Souvenirs: Der Schwechater Schriftzug wurde in den sechziger Jahren modernisiert, aus dieser Zeit tauchen noch ab und zu zweierlei Emailletafeln auf: Die alten mit der weiß-schwarzen Schrift auf rotem Grund und neuere, die schon den sachlicheren Schriftzug und das Bierglas im Kreis („Ein Glas mit Schwung") zeigen. Schwechater hat auch Tonkrüge (bis zu 5 l Inhalt, beidhändig zu stemmen) sowie Nachbildungen historischer Bierkrüge: Die Zinndeckelkrüge zeigen etwa die ersten Logos von der Hopfenperle sowie der Wiener Neustädter und der St. Marxer Brauereien.
Geschichte: Das Schwechater Brauhaus wurde 1632 von Peter Descrolier, dem „Camerdiener und Camerzahlmeister des Erzherzog Matthias", am Frauenfelde zu Schwechat gegründet. Und es war zu diesem Zeitpunkt bereits das vierte Brauhaus, das in Schwechat entstand. 1593 hatte der Schwechater Marktrichter Friedrich Wäschl das spätere „Figdor-Brauhaus" eingerichtet, auch der niederösterreichische Landschaftssekretär Matthias Ritter von Lehner betrieb spätestens 1599 ein Dominikal-Brauhaus, dazu gab es ab 1625 eine Gasthausbrauerei im (späteren) Ochsenwirtshaus und möglicherweise noch eine im Schloß Kettenhof.

Der letzte der einst 50 Bierwaggons von Schwechat

Die Klein-Schwechater Brauerei wurde mehrfach durch Türken und Kuruzzen zerstört und wechselte noch öfter den Besitzer. Jedenfalls begann am 22. Oktober 1796 die Ära Dreher in Klein-Schwechat – der damals 61jährige Franz Anton Dreher erwarb das Brauhaus „samt 46 Joch Äcker im Frauenfeld und 32 Joch im untern Feld, ferner zwei Tagwerk Wiesen an der Liesing, eineinhalb Tagwerk Garten und dem Herbergshäusl".

Dreher war aus Schwaben, aus Pfullendorf nördlich des Bodensees, gekommen, hatte sich in Wien als Bierkellner, in Ober-Lanzendorf als Brauereipächter sein Geld verdient und war schließlich Pächter des „Brauhaus im Unteren Werd". Diese Brauerei in der heutigen Leopoldstadt gehörte seit 1536 dem Wiener Bürgerspital. Dreher blieb bis 1812 ihr Pächter, 45 Jahre später wurde der Betrieb stillgelegt. Dreher galt als „Senior der sämtlichen Herren Bräumeister der k. k. Haupt- und Residenzstadt Wien" – erst in Seniorentagen zeugte er seinen 1810 geborenen Sohn Anton.

Dieser blieb dem Gewerbe treu, auch wenn die wirtschaftlichen Voraussetzungen – nach den Napoleonischen Kriegen gab es eine enorme Geldentwertung – nicht zum besten standen und sein Lehrherr Meichl in Simmering ihm jede Befähigung absprach. Bei Meichl hatte der junge Dreher aber den Sohn des Spatenbräubesitzers in München kennengelernt – gemeinsam wollten die jungen Männer das damals technisch überlegene England bereisen.

1837, als Anton Dreher und sein Münchner Freund Gabriel Sedlmayr von ihrer Studienreise nach England zurückgekommen waren, betrug der Ausstoß der Brauerei Klein-Schwechat schon beachtliche 25.500 Eimer – und das, obwohl der Betrieb ziemlich heruntergekommen war, als ihn Dreher am Karfreitag des vorhergehenden Jahres von seiner Mutter gepachtet hatte. Noch braute Dreher obergäriges Bier, er nannte es „Kaiserbier": Es soll vergleichweise recht süffig gewesen sein, aber von guter Qualität war keines der damals üblichen obergärigen Biere, die mitsamt der Hefe ins Faß kamen und gleich anschließend beim Wirten einige Tage nachvergoren wurden.

Der Durchbruch gelang 1841, als Anton Dreher erkannte, daß für sein untergäriges Bier, eben das „Lager" oder „Wiener Typ" vor allem eines entscheidend war: die Kühlung.

Zum technischen Verständnis kam Sinn für Marketing: Zweimal konnte Kaiser Franz Joseph für einen Betriebsbesuch in Schwechat gewonnen werden, 1861 und 1893 – dem Monarchen wurden zwei durch die fortgeschrittene Technik völlig verschiedene Brauereien gezeigt.

Denn Drehers Erfolg beruhte auf Innovation. Er legte als erster riesige Keller an und lagerte Eis ein. Eine Million Meterzentner Natureis, das im Bedarfsfall mit Pferdegespannen und (im milden Winter 1872/73) mit der Eisenbahn aus der Steiermark und Mähren herangekarrt wurde.

Ein kostspieliges Unterfangen. 80.000 Gulden kostete diese Form der Kühlung 1872/73 – denn die erste Kühlmaschine wurde erst 1877 aufgestellt. Carl von Linde hatte diesen Prototyp für Drehers Brauerei in Triest gebaut, österreichische Brauereibesitzer animierten ihn, 1879 die „Gesellschaft Linde's Eismaschinen" zu gründen, der Linde elf Jahre lang vorstand, während 1000 Eismaschinen gebaut wurden. Dann widmete er sich wieder der Forschung, konstruierte eine Maschine zur Verflüssigung von Luft – Grundlage der Gewinnung von Edelgasen, Luftstickstoff und Sauerstoff.

Zu dieser Zeit war Drehers Brauimperium auf die gesamte Monarchie ausgedehnt worden: 384.000 Gulden hatte er sich 1859 Herrschaft, Schloß und Brauerei Michelob bei Saaz kosten lassen. (Nach dem Ersten Weltkrieg wurde Michelob stillgelegt, der Name lebt aber in einer Biersorte von Anheuser-Busch in den USA weiter.)

1862 kaufte Dreher die neuerbaute Brauerei Steinbruch bei Budapest. Im Jahr darauf, am Stefanitag 1863, erlag Anton Dreher sen. einem Herzanfall. Seine Verwalter Franz Aich und August Deiglmayer führten den Betrieb für den damals 14jährigen Sohn weiter, erwarben 1865 das Popperbrauhaus in Schwechat (das ehemalige Dominikal-Brauhaus von 1599), 1869 das Figdor-Brauhaus in Schwechat und die neue Brauerei Triest. (Triest, nach dem Ersten Weltkrieg aus dem Konzern ausgegliedert, produziert noch heute „Dreher"-Bier.)

In der Zwischenzeit war das „Klein-Schwechater Lagerbier" zu einem enormen Erfolgsprodukt geworden: Im Revolutionsjahr 1848 setzte Dreher 110.160 Eimer ab, damit war sein Ausstoß eineinviertelmal so groß wie der der größten Brauerei der Umgebung, dem Brauhaus Liesing (gegründet 1839, stillgelegt 1974).

1850 waren es bereits 150.000 Eimer und neun Jahre später 400.000 Eimer. Noch ein Jahrzehnt später, 1869, lag der Ausstoß bei 703.356 Eimern, also 393.879 hl. Der Aufstieg zur größten Brauerei war unaufhaltsam: 1880 braute man 412.730 hl, 1897 bereits 739.639 hl. Das heißt, daß Schwechat schon um die Jahrhundertwende so bedeutend war, wie Zipf es heute ist.

Anton Dreher jun. galt als „Bierkaiser" von Wien – und obwohl ihn Kaiser Franz Joseph anläßlich einer Jagd als „lieber Herr von Dreher" ansprach, bewarb er sich nicht um das Adelsprädikat. Der „Bieradel" reichte ihm.

Bis zum Ersten Weltkrieg wurden 50 Bierniederlagen, von Prag und Mährisch-Ostrau über Berlin und Hamburg bis Paris, New York und Bombay, errichtet. 1913 betrug der Ausstoß 621.398 hl. In diesem Jahr kam es zu einer bis dahin beispiellosen Fusion: Die 1905 gegründete Anton Drehers Brauereien AG schloß sich mit Adolf Ignaz Mautner von Markhof & Söhne (Brauerei St. Marx, stillgelegt 1916) und der Brauerei Simmering (stillgelegt 1930) zusammen.

Gemeinsam kamen die „Vereinigten Brauereien" auf 1,276.751 hl. Der Schwechater Ausstoß ging im Krieg, 1916/17, auf 94.200 hl zurück. Erst am 29. Juni 1921 gab es wieder Lagerbier, vorher nur dünnes Kriegsbier – 1921/22 652.262 hl.

1925 erreichte man die Millionengrenze – ein Jahr später wurde das

Unternehmen umstruktuiert: Eugen Dreher, der letzte Erbe der Brauerfamilie, verkaufte sein Aktienpaket an ein Bankenkonsortium unter Führung der Creditanstalt – 1935 erwarb die Familie Mautner-Markhof dieses Paket.
Zu den „Vereinigten Brauereien" stießen 1927 Hütteldorf (stillgelegt 1932), 1928 Jedlesee (stillgelegt 1930) und Waidhofen an der Thaya, 1936 St. Georg in Floridsdorf.
„Im ersten Geschäftsjahr nach der Wiedervereinigung Österreichs mit dem deutschen Reich 1938/39" hielt man nach einem damals verfaßten Jubelband bei 1,028.923 hl. Damit war Schwechat die „größte Einzelbraustätte des Deutschen Reiches" – deutsche Großbanken wollten sie unter ihre Kontrolle bringen, Vorstandsvorsitzender Manfred Mautner-Markhof wurde mehrfach von der Gestapo verhaftet.
Noch während des Krieges wurde eine Vergrößerung der Flaschenfüllkapazität (1941: 350.000 Flaschen pro Tag) in Auftrag gegeben, „da die derzeitige Leistung für den Friedensbedarf nicht genügen wird", ebenso wurden neue Malzsilos angelegt. 1941 achtete man – „laut dem in ganz Deutschland in Geltung stehenden 'Reinheitsgesetz'" – darauf, keine Rohfrucht zu verwenden. Nur zum „Zweck, den weltweiten Ruf des deutschen Bieres, der nicht zuletzt von Schwechat seinen Ausgang nahm, auch weiterhin zu erhalten und zu mehren". Der Betrieb Schwechat wurde denn auch „mit dem Gaudiplom für hervorragende Leistungen ausgezeichnet".
Schon zwei Jahre später, der Ausstoß lag über einer Million, war man froh, der Würze Zucker zusetzen zu dürfen – 1944 war auch das verboten, der Ausstoß halbiert und die Grädigkeit des Bieres auf 2,5 zurückgenommen worden. Dabei waren mehr als die Hälfte der Mitarbeiter eingerückt – und es waren Rüstungsbetriebe der Steyr-Werke einquartiert, was die Brauerei zum Ziel von Bombenangriffen machte.
Nach dem Krieg wurden zunächst Bierbestände abverkauft, dann, ab 28. Juni 1945, konnte auch wieder gebraut werden. Zwar gab es – wegen Material- und Energiemangels – immer wieder Braupausen, doch der Biermarkt wuchs beständig. Bis Mitte der fünfziger Jahre vor allem im Osten Österreichs. 1949 wurde erstmals wieder ein Bockbier gebraut, nach heutigen Begriffen ein Doppelbock mit 19 Grad.
Bereits 1969 gab es Bestrebungen, Schwechater, Zipf und die Brau-AG zu fusionieren, tatsächlich erfolgte der Zusammenschluß aber erst per 1. Jänner 1978, nachdem die siebziger Jahre mehrere Rückschläge für Schwechater gebracht hatten.

SEIT Gösser 1860
Gösser
Gold
Gösser
Gold
ÖSTERREICH

Die gewaltige Rauchhaube krönte einst das Sudhaus

Sehenswürdigkeiten und Ausflüge: Die Schwechater Brauerei kann nach Voranmeldung besucht werden: Sie ist flächenmäßig die größte im Land – und dem Ausstoß nach die viertgrößte. Dazu kommt, daß sie die Dosenfüllung für sämtliche Brau-AG-Biere übernommen hat – trotzdem ist der Dosenanteil weit unter 10 Prozent.
Schwechat weist Bauteile aus allen Epochen auf: Ein *Gartenpavillion* aus maria-theresianischer Zeit steht neben der unterirdischen Mälzerei und

dem „neuen" Sudhaus, einem *typischen Industriebau* der fünfziger Jahre. Es verfügt über kupferne Maisch-, Läuter- und Sudgefäße, die in einem riesigen verglasten, mit trichterartigen Lampen und einem Mosaikfußboden ausgestatteten Gebäude untergebracht sind. Dahinter das alte Sudhaus, das ein wenig an einen Tempel der Industriekultur erinnert.
Bemerkenswert auch der *Garagenbau* aus den zwanziger Jahren mit seiner hölzernen Dachkonstruktion.
Gegenüber dem Sudhaus steht auch eine Plastik, die zwei Ochsen zeigt: Eine Erinnerung an die ungarischen Wasserbüffel, die um die Jahrhundertwende auf dem Gelände eingesetzt waren.
Südlich der Brauerei stehen noch Teile des ehemaligen Brauhauses der Stadt Wien in *Rannersdorf* – wobei der 1901 gebaute Mälzereitrakt nach Stillegung des Stadtbräus bis 1979 in Betrieb war. Schwechat verfügt nicht nur über viel Industrie (neben der Brauerei vor allem die Petrochemie) und den Flughafen, sondern auch über ein kleines *Museum* (77 81 59), ebenfalls in Rannersdorf: Es dokumentiert die Geschichte und die Wirtschaft von Schwechat und Umgebung.
Wichtige Exponate der Brauereigeschichte (soweit sie nicht in den Schauräumen der Brauerei stehen) finden sich heute im *Technischen Museum* in Wien (83 36 10): Dort steht heute an zentraler Stelle jene Dampfmaschine, die Dreher 1850 installiert hatte.
Wo einkehren? Ein typisches Wiener Beisel – mit Schanigarten und Wiener Küche – ist das Gasthaus *Zu den drei Hacken* (1010, Singerstraße 28, 52 58 95). In der gleichen Kategorie rangiert der *Göttweiger Stiftskeller* (1010, Spiegelgasse 9, 512 78 17). Vornehmer geht es in der *„k & k Pilsmaut"* (1010, Franz Josefs-Kai 23, 533 13 81) zu – nur hier gibt es ein Schwechater Zwickl-Pils, dazu eine kleine Auswahl „bieriger" Speisen. Traditionelle Schwechater Bierlokale sind auch das Gasthaus *Leupold* am Schottentor (mitsamt dem Nobelrestaurant *Kupferdachl*, 63 93 81) sowie die *Schubert-Stüberln*, denen neuerdings ein *Bier-Kabinett* (63 71 87) angeschlossen wurde. Beide Lokale reichen auch Zwickl-Bier. Der *Pistauer* auf der Simmeringer Hauptstraße 50 (1110, 74 21 60) fungiert als quasi nächstgelegenes Traditionsgasthaus zur Brauerei. Schwechat verfügt nämlich über kein eigenes Braugasthaus (worüber das *Gasthaus Trabitsch* in der Wiener Straße 21 tröstet). Und der *Schwechater Hof* im dritten Bezirk auf der Landstraßer Hauptstraße, 1859 von Dreher selbst gegründet, von Karl Lueger als Versammlungsort geschätzt, ist leider gesperrt worden.

Unterradlberg Privatbrauerei Fritz Egger GmbH

Gambrinusstraße 2
3105 Unterradlberg
02742 65 5 44

Eigentumsverhältnisse: Familienbetrieb im Besitz der Brüder Fritz, Michael und Edmund Egger
Jährlicher Ausstoß: ca. 300.000 hl
Biersorten: Egger Bier hat sich den Namen „Natur-Bräu" schützen lassen und verteidigt ihn selbst gegen kleinste Mitbewerber. Gemeint ist mit dem „Natur-Bräu" ein Lagerbier von 12,2 Grad mit einem erfrischenden, etwas malzigen Geschmack. Fritz Egger beteuert, daß er streng nach dem Reinheitsgebot von 1516 braut, also keine Rohfrucht verwendet: Hopfen, Wasser und Malz – und sonst nix! Das Wasser, das wird freimütig zugegeben, das bedarf der Enthärtung auf 10 Grad, bevor es fürs Brauen taugt. Es kommt mit 21 deutschen Härtegraden aus eigenen Tiefbrunnen. Mit diesem Wasser, Mühlviertler und Hallertauer Hopfen sowie eigener Hefe entstehen hier legendäre Biere.
Legendär deshalb, weil ihnen die Konkurrenz alle möglichen und unmöglichen Dinge nachsagt. In der Brauerei wird der Konkurrenzneid tatsächlich ins Reich der Legende verwiesen: Die Würze wird hier bei 7 bis 8 Grad Celsius angestellt, sieben Tage lang vergoren und vier bis sechs Wochen gelagert.
Nach einer Filtration (und ohne Pasteurisation) wird eine Haltbarkeit von sechs Monaten versprochen. Die Flaschen werden vor dem Füllen evakuiert und mit Kohlensäure „vorgespannt", sodaß es keine Oxidation, die den Geschmack beeinträchtigen würde, geben kann.
Neben dem „Natur-Bräu" gibt es noch das „Egger Leicht", das als erstes Leichtbier auf dem österreichischen Markt eingeführt wurde. Es hat 9 Grad Stammwürze und 3,5 Prozent Alkohol. Und, so vermeldet die Brauerei Egger stolz, 45 Prozent Marktanteil unter den Leichtbie-

ren. In 0,33-l-Einwegflaschen wird das herbe, aber dennoch malzige „Egger Pils" als hochpreisige Bierspezialität angeboten.

Souvenirs: Ältere Egger-Werbeartikel (die noch aus Tirol stammen) haben längst Seltenheitswert. Mit der neuen Präsentation des Egger-Bieres sind auch etliche Sammlerstücke geschaffen worden, so ein Glaskrug mit zwei Henkeln, und (für treue Kunden) 3-l-Magnumflaschen mit Bier.

Egger-Bier hat sich im Lebensmittelhandel rasch eine Position geschaffen, indem die Brauerei biertypische Beigaben wie Bierglas oder Feuerzeug mit eingebautem Flaschenöffner als Zugabe zu einer Kiste Bier gegeben hat.

Geschichte: Das Gründungsjahr 1978 gibt nur einen Teil der Geschichte des Egger-Bieres wieder. In diesem Jahr wurde die neue Brauerei in Unterradlberg eröffnet. Von der Familie Egger – und die hatte bereits eine lange Brautradition.

Die Geschichte beginnt in Kufstein, im Jahr 1650. Da wurde die Vorstadtbrauerei des „Pierpreu" Hans Gwercher erstmals erwähnt – als einer von vier Betrieben. Gwerchers Haus konnte sich wiederum auf Vorgängerbetriebe bis ins 15. Jahrhundert zurück berufen. Der Betrieb, der seit dem 19. Jahrhundert der Familie Egger gehörte, wurde 1976 an die Brau-AG verkauft – und zwar ohne die übliche Klausel, die eine weitere Betätigung des Verkäufers im Brauerei-Business verbietet.

Als Egger am 1. August 1977 die neue Brauerei zu bauen begann, mußte er sich ausländischer Lieferanten bedienen – Österreicher wollten dem erklärt respektlosen Branchen-Außenseiter nicht oder nur zu teuer liefern. So kam Unterradlberg, im 19. Jahrhundert vor allem als Standort der Textilindustrie bekannt, zu einer Brauerei. Im Raum St. Pölten war allerdings schon länger gebraut worden. In der Stadt gab es früher drei Brauereien: 1850 waren davon noch zwei verblieben, wobei der Ausstoß des Brauhauses am Hauptplatz mit rund 100.000 l berechnet wurde. Ecke Klostergasse – Ofnergasse lag die Brauerei Schneckel, deren letzter Inhaber 1875 Karl Guttmann war.

Den Betrieb am Hauptplatz übernahm 1879 der bisherige Leiter der St. Pauli-Brauerei in Hamburg, Rudolf Winger, verlegte ihn in die Franziskanergasse. Wingers Brauerei wurde 1931 der Brau-AG angeschlossen und stillgelegt.

Sehenswürdigkeiten: Unterradlberg ist ein Ort, der seine Bekanntheit ausschließlich dem Aufdruck auf den Egger-Etiketten verdankt. Den

Besucherstrom auch: Etwa 10.000 Biertrinker kommen pro Jahr in die moderne *Brauerei*, die zwar keine besonderen architektonischen Reize (und wegen der modernen Technik nicht einmal besonders viel Romantik) zu bieten hat, wohl aber durch ihre Dimensionen und den hohen technischen Standard zu beeindrucken vermag. Außerdem wird die Bierproduktion auch auf *Video* demonstriert. Eine Voranmeldung ist jedoch unbedingt nötig.

Ausflüge: Die Landeshauptstadt St. Pölten, ihr Name stammt von einem dem hl. Hippolyt geweihten Kloster, erlebte ihre erste Blüte in der Barockzeit, die zweite als Industriestadt.

Einen guten Überblick gibt das *Historische Museum* (Prandtauerstraße 2, 02742 25 31 465) und das bedeutendere *Diözesanmuseum*. Dieses birgt Kunstwerke von Martin und Bartolomeo Altomonte, Paul Troger (Deckenfresken der Stiftsbibliothek) und Daniel Gran. Den besten Gesamteindruck gewinnt man vom *Rathausplatz* aus: Die Dreifaltigkeitssäule von Andreas Gruber, das Rathaus mit seinen Elementen aus Gotik (Sitznischen in der Einfahrt), Renaissance (Portal) und Barock (Fassade, Turmhaube) und die Karmeliterinnenkirche.

Östlich von St. Pölten liegt *Pottenbrunn*, in dessen Schloß sich das *Zinnfigurenmuseum* (02785 23 37) befindet: In 50 Dioramen stehen rund 35.000 Zinnsoldaten (und -zivilisten) in Schlachtformation – dazu gibt es immer wieder Sonderausstellungen.

Pottenbrunn war früher selbst Standort einer Brauerei: Im Jahr 1743 braute hier Georg Falkh, dessen Betrieb jedoch zu Beginn des 19. Jahrhunderts erlosch. 1882 wurde neu begonnen, „Pottenbrunner Pilsner" gebraut – das barocke Lusthaus diente als Bierhalle. Der Braubetrieb wurde 1904 eingestellt und an die Wieselburger Brauerei verkauft.

Wo einkehren? Auch wenn Egger-Bier nur 15 Prozent Faßbier-Anteil hat – auf die Wirte, die Fritz Egger beliefert, ist er stolz.

In Wien ist es etwa *Nikys Kuchlmasterei*, ein luxuriöses Lokal mit Neuer Wiener Küche in der Oberen Weißgerberstraße 6 (1030, 712 44 18), gleich hinter dem Rechnungshof. In der Wiener Innenstadt ist Egger im *Café-Restaurant Burgtheater* in der Teinfaltstraße 3 (1010, 533 55 56) vertreten.

Weitra
Brauerei Pöpperl – Weitra-Bräu

Sparkassenplatz 160
3970 Weitra
02856 23 87

Eigentumsverhältnisse: Hermann Pöpperl
Jährlicher Ausstoß: 7000 hl
Biersorten: Aus Hermann Pöpperls Privatbrauerei am Rande der Weitraer Altstadt kommen nur zwei Sorten – unpasteurisiertes – Bier: Das „Weitra Bräu Hell“ mit 12 Grad Stammwürze macht etwa 93 Prozent des Ausstoßes aus, dazu kommt das „Weitra Bräu Pils“ mit 12,5 Grad Stammwürze. Das Wasser kommt aus der örtlichen Wasserleitung – mit minimalen Nitratwerten und nur zwei Grad deutscher Härte. Beide Biere aus der Pöpperl-Brauerei zeichnen sich durch besondere Milde aus, da sie nach offener Gärung im Bottich fünf bis sechs Wochen bei niedriger Temperatur und niedrigem Spundungsdruck reifen und daher wenig Kohlensäure enthalten.
Es ist ungerecht, diesen bekömmlichen Bieren vorzuhalten, daß sie wenig Schaum bilden. Pöpperl hält dem die Reinheit der Biere – keine künstliche Chemie, nichts anderes als Hopfen, Malz und Wasser – als Argument entgegen. Daran hält er lieber fest als an künstlicher Schaumschlägerei. Ebenso, wie er am 12grädigen Vollbiertyp festhält: „Warum sollte ich auf Spezialbier umsteigen?“ Seine Kunden seien zufrieden, weil man vom Hellen (mit 4,9 Prozent Alkohol) ruhig etwas mehr trinken kann als von den (noch dazu teureren) Spezialbieren anderer Brauer.
Souvenirs: Der geringe Umsatz des „Weitra-Bräu“ (das zu drei Viertel an Stammkundschaft in der Gastronomie geht) bringt mit sich, daß nur relativ wenige verschiedene Werbemittel im Umlauf sind. Es gibt drei Sorten Biergläser, Abziehbilder mit dem Stadtwappen in verschiedenen Größen und bisher erst ein Motiv einer Bierdeckelserie, die (beginnend mit dem Stadtplatz) die Herkunftsstadt präsentiert.

Brauhotel Weitra

Rathausplatz 6
3970 Weitra
02856 29 36

Jährlicher Ausstoß: ca. 100 hl
Biersorten: Seit 1988 hat man im Brauhotel das Brauprivileg wiederbelebt. Seither produziert Hermann Pöpperl als Teilhaber des Hotels im mittelalterlichen Gewölbe ein „Hausbier“. Es wird mit einer computergesteuerten Kleinstanlage unter Verwendung von etwas dunklerem Malz hergestellt, im Brauereikeller nachvergoren und unfiltriert ausgeschenkt. In einem Nachbargewölbe wird Brot gebacken. Im Brauhotel finden samstags um 20 Uhr (doch nicht jede Woche) Bierfeste statt, bei denen nicht nur zu einem Pauschalpreis Bier und Brauwürstel angeboten werden, sondern auch der Brauvorgang vorgeführt wird.
Souvenirs: Das Brauhotel hat Biergläser mit einer folkloristischen Darstellung von Bierbrauer und Biertrinkern.

Geschichte: Weitra (ursprünglich Witrahe = breiter Bach, was sich auf den Fluß Lainsitz bezieht) ist eine planmäßige Gründung des Kuenringers Hadmar II. aus den Jahren 1201 bis 1208. Da die Kuenringer oftmals in Opposition zu den Landesfürsten standen und dabei unterlagen, wurden Stadt und Burg schon in ihrer frühen Geschichte mehrfach verwüstet, später litt die noch heute wehrhaft wirkende Stadt durch ihre Grenzlage unter Einfällen von Hussiten, Böhmen, Schweden und Franzosen. „Gott bewahr die Stadt“, haben die vom Schicksal geprüften Bürger auf den 1566 erneuerten Stadtturm geschrieben. Hart war in diesem Teil des Waldviertels nicht nur die Geschichte, sondern auch das Überleben in der (erst zur Zeit der Stadtgründung besiedelten) umliegenden Natur: Beim nahen Dorf Wultschau wurde noch am 30. September 1664 eine Frau von Wölfen zerrissen. (An diese Begebenheit erinnert ein Marterl an der Straße von Wultschau nach Harbach,

das die Gestalt einer sich windenden Frau hat – eine Legende will wissen, daß es damit aber eine andere Bewandnis habe: Eine Grundbesitzerin, die nächtens Grenzsteine versetzt habe, hätte einen Meineid geschworen und sei daraufhin zu eben jener merkwürdigen Figur erstarrt.)
Gemeinsam mit dem Stadtrecht erhielt Weitra von König Friedrich dem Schönen, dem Gegenkönig Ludwigs von Bayern, am 26. Mai 1321 das Privileg zum Bierbrauen. Da ausdrücklich untersagt wurde, innerhalb einer Meilenzone um die Stadt zu brauen, ist sicher, daß schon vor 1321 hier gebraut wurde.
Die Bürger des Kleinstädtchens nutzen das Privileg jedenfalls weidlich aus: 33 bürgerliche Brauhäuser (unter denen man sich kleinste Hausbrauereien vorstellen muß), dazu ein städtisches und ein herrschaftliches Hofbräuhaus hat es zur Blüte des Brauwesens (just im Kriegsjahr 1645) in Weitra gegeben. Im zweiten Viertel des sechzehnten Jahrhunderts hatte es für Weitras Braumeister und Brauknechte bereits eine Zunftordnung gegeben – in der Zunft waren sämtliche Brauer des Viertels ober dem Mannhartsberg inkorporiert. Und die „Österreichische National Encyklopädie" von 1837 berichtet, daß sich „hier die älteste Brauer-Innung in Niederösterreich (befindet), bey welcher selbst die Wiener lange Zeit ihre Prüfung ablegen mußten."
Das Haus am Rathausplatz 6 wurde am 1. Oktober 1805 einem Michael Riederer gegen 3500 Gulden Ablöse in Erbpacht gegeben, 1912 kam dieses ehemalige Hofbräuhaus an die Familie Pöpperl. Im heutigen Brauhotel wurde dann noch bis 1965 der gesamte Ausstoß an Weitra-Bräu hergestellt: Die böhmische Steinweiche für das Getreide ist heute das Tauchbecken zur hoteleigenen Sauna, die Malzdarre dient dem 60-Betten-Haus heute als Stiegenhaus.
Sehenswürdigkeiten: Wenn man einem Städtchen das Attribut „verträumt" geben will, dann ist das bei Weitra besonders gerechtfertigt. Im Zentrum liegt der *Rathausplatz* mit einer Dreifaltigkeits-(Pest-)Säule von 1747, *Sgraffitohäusern* (Mitte des 16. Jahrhunderts) und barocken Fassaden (hinter denen sich oft gotische und Renaissance-Baukerne verbergen). Darüber, das Stadtbild beherrschend, das 1584 bis 1606 erbaute *Schloß* mit Renaissance-Portal, schönem Brunnen, einer Kapelle (die eine hölzerne Madonna von zirka 1500 birgt) und einem kleinen Schloßtheater.
Die *Peter-und-Paul-Pfarrkirche* zeigt Formen der Romanik (Langhauswände aus dem 13. Jahrhundert), der Gotik (Netzrippengewölbe, Glas-

fenster der Seitenkapelle, Reliefbild und Fresken) und des Barock (Heiligenkreuz-Kapelle, Hochaltar). Erhalten ist auch der barockisierte Bau des *Bürgerspitals* aus der Mitte des 14. Jahrhunderts.
In Oberbrühl wurde 1990 ein *Webereimuseum* eingerichtet, das die ehemals hier bestehende Textilfabrik „Hackl & Söhne" (1845–1906) dokumentiert – Anfragen unter 02856 24 51.
Besonders stimmungsvoll ist Weitra am ersten Adventwochenende – an dem traditionell ein Adventmarkt stattfindet.
Ausflüge: Weitra liegt nicht nur eine knappe Tagesetappe vom *Nebelstein* entfernt am österreichischen Grenzlandweg (er führt Richtung Altweitra und Gmünd weiter und endet nach etwa 700 Kilometern in Bad Radkersburg), sondern auch an einer der letzten erhaltenen Schmalspurbahnlinien (von der große Teile – die Äste nach Heidenreichstein und Litschau – bereits eingestellt wurden). Bis Groß-Gerungs fahren die Züge noch – und zwar über den landschaftlich reizvollen *kleinen Semmering*. Hier soll es die gesündeste Luft Österreichs geben. Eine besondere Attraktion dieser Linie sind die Fahrten mit Dampftraktion an Samstagen, Sonn- und Feiertagen. Mit dabei ist dann auch das „Waldviertler Jausenwagerl", in dem auch Weitraer Bier ausgeschenkt wird.
Sieben Kilometer südlich von Weitra liegt *Großschönau*, ebenfalls eine Kuenringer-Gründung mit romanisch-gotischer Pfarrkirche. Die Ortschaft hat sich in den letzten Jahren durch eine jeweils im Mai stattfindende Bioenergie-Messe einen Namen gemacht. Hier gibt es auch Kurse für Wünschelrutengeher sowie einen entsprechenden Lehrpfad.
Wo einkehren? Das „Hausbier" ist ausschließlich im *Brauhotel* in Weitra erhältlich. Die beiden anderen Sorten gibt es dort natürlich ebenfalls – und noch in einigen anderen Gaststätten in der Umgebung.
In Wien bekommt man Bier aus Weitra an Werktagen im *Gasthaus Nudel und Strudel* (1010 Wien, Schottenbastei 4, 533 61 28), einem im Originalzustand erhaltenen Beisel mit holzbeheiztem Kachelofen, Schanigarten und altösterreichischer Küche.

Wieselburg
Brauerei Wieselburg

Dr. Beurle-Straße
3250 Wieselburg
07416 21 0 10

Eigentumsverhältnisse: Braustätte der Österreichischen Brau-AG
Jährlicher Ausstoß: 1,1 bis 1,2 Mio. hl
Biersorten: Braumeister Helmut Lindinger ist stolz, in der größten Braustätte Österreichs zu arbeiten. Daß Wieselburg sich aus einer kleinen Braustätte zu einem solchen Großbetrieb entwickelt hat, ist selbst vielen Bierfreunden unbekannt. Denn unter Kennern, vor allem im Wiener Raum, hat das „Wieselburger Spezial" einen Namen, als ob es aus einer kleinen, sehr spezialisierten Braustätte käme.
Und diesen Hauch der Exklusivität will er sich erhalten – hatte doch das „Wieselburger Spezial" auch jene Jahre überdauert, in denen in der Brau-AG vor allem der Firmenname oder das „Kaiser" propagiert wurden. Das „Wieselburger Spezial" ist 13,2 Grad stark, und wendet sich an jene Wiener, die keine Pilstrinker sind. Sie bekommen ein stark kohlensäurehaltiges, malzbetontes Bier. Zusätzlich gibt es das „Wieselburger Gold", ein mit 12,5 Grad etwas stärkeres (aber stärker gehopftes) Märzenbier.
Natürlich kommt aus der größten Brauerei der Brau-AG auch die Palette der „Kaiser"-Biere: Sie werden seit 1988 auch in Flaschen als „Faßtyp" angeboten. Dahinter steckt eine Technologie, die bereits im Lagerfaß den Druck mißt und einstellt, sodaß das mit geringerem Druck gespundete Bier weniger Kohlensäure aufnimmt – es ist daher angenehmer zu trinken.
Die „Kaiser"-Biere sind das „Kaiser Märzen" (12 Grad, sehr vollmundig), das „Kaiser Premium" (pilsartig und mit Saazer und Hallertauer Hopfen fein gehopft, 12,4 Grad), das „Kaiser Goldquell Spezial" (etwas weniger gehopft, 13,2 Grad), das „Kaiser Kur-Pils" (ein besonders trokkenes, 12,1grädiges Pils für die Gastronomie) und das schwach ge-

hopfte, mild-süßliche, mit 4,7 Volumsprozenten relativ alkoholarme „Doppelmalz". Dazu kommt der 16,3grädige „Festbock", der ähnlich stark gehopft ist wie das „Premium", aber sehr voll und leicht süßlich schmeckt.
Zusätzlich wird in Wieselburg für den westösterreichischen Markt das „Schwechater Lager" und für die Gastronomie das gehaltvolle „Steffl Export" in Lizenz gebraut, für den ostösterreichischen Markt das preisgünstige „Schützenbräu".
Der Hopfen für diese Biere kommt aus Saaz, dem Mühlviertel, der Hallertau und Jugoslawien. Das Malz wird aus niederösterreichischer Gerste in den Brau-AG-Mälzereien in Liesing und Schwechat hergestellt – wobei die Biere der „Wieselburger"-Linie einen besonders kräftigen Malzgeschmack mitbekommen. Das 15 Grad harte Wasser schließlich wird aus einer Grundwasserlinse unter dem Voralpengebiet gepumpt und auf 8 Härtegrade eingestellt.
Lindinger braut 45 Sude zu 650 hl pro Woche, das Bier hat bei der Hauptgärung (zwischen 5 und knapp 10 Grad Celsius) acht bis neun Tage Zeit, für die Nachgärung sechs bis 12 Wochen. Sämtliche Biere werden durch Kurzzeiterhitzung haltbar gemacht.
Souvenirs: Die „Kaiser"-Logos wurden 1988 auf den „Faßtyp" umgestellt, die „Wieselburger"-Etiketten ein Jahr später auf einen neuen, nostalgisch angehauchten Schriftzug. Dieser findet sich auch auf den nur für Wieselburger Biere gestylten Humpen. Den stärksten Wieselburg-Bezug hat der noch erhältliche Krug „Wieselburg 10 Jahre Stadt 1976–1986" sowie die Kassetten der Betriebsmusikkapelle. Außerdem gibt es Spiegel und T-Shirts.
Geschichte: Das Brauwesen läßt sich in Wieselburg bis ins 16. Jahrhundert zurückverfolgen. In einer Verfügung des Sigmund Graf Niklas von Auersperg heißt es 1568: „Zu meinem Prewhaus ist jedweder meiner Untertanen jährlich zween druckte Metzen Hopfen zu geben schuldig".
Auersperg war Inhaber der Herrschaft Altschloß Purgstall, zu deren Landgericht Wieselburg seit 1415 gehörte. Unter einem gefüllten (also mit zusammengedrückten Hopfendolden randvoll gemachten) Metzen ist ein Gefäß mit 61,5 l Inhalt zu verstehen. Die einzige Braustätte der Pfarre Wieselburg befand sich damals nicht im heutigen Stadtgebiet, sondern gehörte einem Matthias Dirrnhuber in Brunning, etwa vier Kilometer entfernt.
Das Kirchenbuch von Wieselburg vermerkt, daß am 8. Juli 1650 dem

Preuer zu Prunning Matthias und seiner Frau Ursula Dirrnhuber ein Kind namens Magdalena geboren wurde. am 11. August 1654 ist „Matthias Thiernhuber Zu Prunning“ im Alter von 48 Jahren begraben worden.
Dirrnhubers Witwe Ursula heiratete 1655 den aus „Paiern“ zugewanderten Brauer Paul Daninger, dessen Nachfolger Georg Prämbserm, ein „Gastgeb und Pürrpreuer“, die Brauerei in die Stadt verlegte.
Das Kirchenbuch von Wieselburg vermerkt über dessen Schwiegersohn 1711: „Eodem Die copuliert worden der Ehrbare Junge Gesöll Christoph Stainkellner, seines Handwerchs ein Pürrpreuer, des Ehrvesten Herrn Christoph Stainkellner, Bürger und Pürrpreuer zu Scheibbs noch im Leben und der Maria Christina, dessen Ehewirtin, wohl-ehelich gezeugter Sohn, mit der Tugendsamen Jungfrau Maria Elisabeth Prämbserin, des Ehrngeachteten Herrn Georg Prämbser, Pürrpreuers zu Marbach, noch im Leben und der Magdalena, dessen Ehewirtin, wohl-ehelich erzeugter Tochter.“
Im Pfarrbuch des Nachbarortes Petzenkirchen findet sich unter dem 21. März 1770 der Name Josephi Schauer, bürgerlicher Bräuermeister zu Wieselburg. Um diese Zeit nahm das Brauwesen – bedingt durch eine Klimaverschiebung – bedeutenden Aufschwung: Der zumindest seit 1262 (als hier ein Weinzehent eingehoben wurde) erwiesene Weinbau wurde unmöglich.
Dieser Josef Schauer und seine dritte Gattin Cäcilia sind auch die ersten grundbücherlich auf die Brauerei Wieselburg eingetragenen Eigentümer. Sie erweiterten 1811 den Betrieb um die benachbarte Viertel-Hofstatt des Schuhmachers Sigmund Auretzholzer.
Aus dieser Zeit ist auch der Bierpreis überliefert: eineinhalb Gulden kostete der Eimer – das waren 56 l. 1811 war das Jahr der Währungsreform nach dem durch die Napoleonischen Kriege verursachten Staatsbankrott. Zu jener Zeit verdiente ein Knecht oder eine Magd in Niederösterreich jährlich 50 Gulden, ein Kutscher 60 Gulden.
Zwölf Jahre später, am 9. Jänner 1823, verkaufte die Witwe Cäcilia Schauer Brauerei, Wirtschaftshof und Gastwirtschaft um 3.600 Gulden an Franz Schauer, der noch im selben Jahr an Nepomuk Mutzer weiterverkaufte – Mutzer blieb bis zu seinem Tode 1860, zwei Jahre nach dem großen Brand des Marktes Wieselburg, Eigentümer.
Am 15. Juli 1860 erwarb Josef Riedmüller, ein Sohn des Brauereibesitzers von Waidhofen an der Ybbs und Bruder des Brauereibesitzers in Hainfeld, die Wieselburger Brauerei, die immer noch von der Feuers-

Wieselburgs alte Brauerei um 1930

brunst 1858 beschädigt war. Der 28jährige Riedmüller mußte damals 12.000 Gulden berappen – etwa das Jahresgehalt eines Spitzenbeamten oder Generals jener Zeit. Und Riedmüller errichtete, wie die Chronik berichtet, ein neues, „sehr ordentliches Breyhaus nebst notwendigen Kellereien, großem Pferdestall und Remisen für die Transportwagen".
Riedmüllers Gattin Juliane, geborene Pilshofer aus Ysper im Waldviertel, heiratete im Herbst 1875 Caspar Bartenstein, einen Vorarlberger, der damals Brauführer in Waidhofen an der Ybbs war. Bartenstein erweiterte die Kapazität von 4500 Eimer (2700 hl) innerhalb von zehn Jahren auf 13.400 hl und verdoppelte sie nochmals bis 1890. 1900 betrug der Ausstoß gar schon 60.000 hl.
Bartenstein war so recht ein Kapitalistentyp des 19. Jahrhunderts, seine Leidenschaft galt nicht zuletzt den Pferderennen: Zunächst fuhr er mit seinen „Juckern", wie er die Braurösser nannte, im Renntempo zur Bahnstation Kemmelbach, später ließ er eine Rennbahn in Wieselburg errichten, und seine Stute „Grete N." wurde 1908 Siegerin im Wiener Derby.

Die Brauerei wurde modernisiert: 1896 kam ein E-Werk („bei 170 Pferde-Wasserkraft“) in Breiteneich dazu; es wurde 1967 auf 220 kW erweitert und ist noch heute in Betrieb – während es aber einst auch die umliegenden Ortschaften elektrisch versorgte, kann es heute kaum mehr den Strombedarf der Brauerei befriedigen.
Einen halben Kilometer von der Brauerei entfernt wurde der Lagerkeller „Kellerstöckl“ errichtet – mit dem (damaligen) Brauhaus durch eine Bier-, Starkstrom- und Warmwasserleitung verbunden. Auch rechtlich wurde sie moderner: 1904 wurde die „Wieselburger Aktienbrauerei, vorm. K. Bartenstein“ mit einem Stammkapital von 1,660.000 Kronen gegründet – zu Preisen von 1983 wären das gut 67 Millionen Schilling.
1888 wurde ein Nachbargebäude dazugekauft, das seit damals den Braugasthof beherbergt – ein Gasthaus, in dem ein Deckenbalken die Jahreszahl 1748 trägt.
Nach Bartensteins Tod (1912, damals betrug der Ausstoß 75.000 hl) ging die Expansion weiter, die AG kaufte Brauereien in Kröllendorf und Krems (1903), Melk und Pottenbrunn (1904), Riedmüllers Brauerei in Waidhofen 1909, Amstetten 1915, Gruber & Lehner in Enns 1918, Steyr 1919, Rosenau 1921 und Gresten 1923 auf und war am 1. Jänner 1925 Gründungsbetrieb der Brau-AG. Nach mehreren Rückschlägen erreichte der Betrieb 1953 die 100.000-hl-Grenze, 1960 150.000 hl und überschritt 1964 die 200.000-hl-Marke.
1971 bis 1973 wurde die damals modernste Brauerei Europas östlich der Stadt errichtet, an das umweltfreundliche Erdgasnetz angeschlossen – und bereits mehrfach mit neuer Technik nachgerüstet.
Sehenswürdigkeiten und Ausflüge: Wieselburg ist bekannt für sein seit 1928 jeweils zu Peter und Paul stattfindendes *Volksfest*, das sich in den letzten Jahren zu einer Gewerbe- und Landwirtschaftsmesse ersten Ranges entwickelt hat.
Die Kleinstadt verfügt über ein urgeschichtliches Museum (die *Stefan-Denk-Sammlung* im Rathaus, 07416 23 19). Über vierzig Jahre lang beherbergte Wieselburg auch die Figuren, die im letzten Weltkrieg von der Albrechtsrampe in Wien entfernt wurden. Sie wurden 1869 von Johann Meixner geschaffen und stellen die Nebenflüsse der Donau dar – sie wurden 1989 an ihren ursprünglichen Aufstellungsort am Danubiusbrunnen in Wien zurückgebracht.
Wieselburg versteht sich auch als „Tor zum Ötscherland“, von hier sind es nur wenige Kilometer nach *Scheibbs*, wo der Voralpenweg die

alten Handelswege entlang der Erlauf kreuzt (an dieser Stelle befindet sich eine der hl. Magdalena geweihte, dreischiffige Hallenkirche). Flußaufwärts gab es schon früh Industrie (Hammerwerke), hier war einmal der Fortschritt zuhause: 1886 hatte Scheibbs das erste öffentliche E-Werk Österreichs, ein Jahr vor Salzburg.

Weiter im Tal befindet sich die *Kartause Gaming*, eine gewaltige Klosteranlage von 1330, die 1782 aufgehoben wurde und die zeitweise für Ausstellungen und ein Chopin-Festival genutzt wird. In der Gaminger Pfarrkirche spielte Mozart 1762. Gaming (oder das noch näher zum Ötscher gelegene, allerdings durch Skitourismus belastete Lackenhof) ist auch Ausgangspunkt für Wanderungen in den *Naturpark Ötscher-Tormäuer*.

Wo einkehren? Die Geschichte Wieselburgs ist eine der Brände, die seines Braugasthauses auch: 1748 wurde das abgebrannte Haus Nr. 24 von Familie Riegler, Gastwirte und Bäcker, wieder aufgebaut. Es ist der Kern des *Brauhofs* (07416 22 29), der nach dem Brand vom 28. August 1932 wiederaufgebaut wurde und in jener Zeit mit Sgraffitos und Dekkengemälden von Walter Prinzl verziert wurde. Hier und nur über das Wochenende gibt es unfiltriertes Wieselburger Zwicklbier, im gegenüberliegenden ehemaligen Brauereigebäude befindet sich ein Souvenirladen.

In ganz Ostösterreich kommt Kaiser-Bier aus Wieselburg. Selbst im Ötscherland ist das Kaiser-Bier verbreiteter als das als „Wieselburger" ausgewiesene Bier. Besonders empfehlenswert ist der *Gasthof Fahrnberger* in Lassing, am Fuße des Hochkars. Hier gibt es nicht nur Bierspezialitäten (wie das für ausgewählte Betriebe gefüllte „Frühlingsbräu"), sondern auch hervorragende Verfeinerungen bodenständiger Küche.

In Wien gibt es das „Wieselburger" traditionell in der *Wieselburger Bierinsel* (Prater 11, 24 94 60), einem Lokal, das nicht nur von Praterbesuchern wegen seines umfänglichen Angebots an Brau-AG-Bieren geschätzt wird.

Winzendorf Hausbrauerei Walter Sparber

Hauptstraße 137
2722 Winzendorf am Steinfeld
02638 27 3 73

Eigentumsverhältnisse: Brauerei von Walter Sparber und Erhard Bauer
Jährlicher Ausstoß: ca. 90 hl
Biersorten: Das „Emmerberg-Bräu" ist ein 12grädiges Märzenbier, mit dem Sparber beweisen will, daß Märzen nicht unbedingt ein Maurergetränk sein muß. Wobei er als Imbißwirt nichts gegen Maurer hat, wohl aber gegen einheitlich schmeckende Industriebiere. Da nur einmal im Monat gebraut wird, gibt es beim „Emmerberg-Bräu" gewisse Geschmacksunterschiede von Sud zu Sud: Das Bier schmeckt durch die Verwendung von unaufbereitetem Wasser mit 17 Härtegraden recht kräftig, da die Hefe in der Flasche bleibt, ist es dennoch sehr süffig.
Das Wasser nimmt Sparber aus der Ortswasserleitung – und diese wird aus der Wiesbrunner Quelle, einem noch unbelasteten Wasservorkommen in der ökologisch bedrängten Region des Wiener Beckens gespeist. Als „echtes Bio-Bier" besteht Sparbers Bräu nur aus Hopfen und Malz aus kontrolliert biologischem Anbau. Der Hopfen kommt von der Sarleinsbacher Kräutergenossenschaft, das Malz von der Neumarkter Lammsbräu. Dieser fränkische Betrieb hat sich bereits Mitte der achtziger Jahre dazu entschlossen, mit Bio-Bauern Verträge über biologischem Gerstenanbau zu schließen. Künftig soll auch österreichische Bio-Gerste vermälzt werden.
Gelegentlich wird in Winzendorf auch ein Sud eines „Emmerberg-Bock" gebraut. Besonders stolz sind die Hausbrauer darauf, daß ihr Bier durch die biologische Anbaumethode nicht nur das Grundwasser schont, sondern auch selbst eine minimale Nitratbelastung aufweist.
Souvenirs: Die polygonen Literflaschen, jede mit Porzellanverschluß und einer Informationsbroschüre versehen, sind schon wegen ihrer Schönheit Sammelobjekte (auch wenn das ihr Eigentümer, der immer

wieder nachkaufen muß, nicht gerne sieht). Biergläser gibt es für das Emmerberg-Bräu erst gar nicht, wohl aber handgemachte Tonkrüge mit dem Siegel der Brauerei.

Geschichte: Kein Brauer Österreichs beruft sich auf eine so lange Geschichte wie Walter Sparber. Er bemüht sogar die alten Sumerer als Zeugen: Diese ersten Bierbrauer der Weltgeschichte nahmen Brote als Grundstoff ihres Bieres. Die Weizensorte, aus denen diese Brote gebakken wurden, hieß Emmer.

Tatsächlich ist die Geschichte der Winzendorfer Hausbrauerei viel kürzer: Die Bier-Fans Sparber und Bauer kauften sich im Dezember 1986 die ersten Bücher, um nachzulesen, wie man Bier macht. Machten einige Versuche im Suppentopf. Und befanden schließlich, daß das Gebräu auch anderen schmecken könnte. So wurde im Gartenhaus ein Sudhaus aufgebaut. Die Kühlung erfolgte zunächst in flachen Gefäßen, die über Nacht im Garten als Kühlschiff herhalten mußten.

Sehenswürdigkeiten und Ausflüge: Wenn man nach Winzendorf kommt, ist man in einer Neuen Welt. Das hat weder mit Amerika zu tun, noch mit besonderer Innovationsfreude – die Gegend westlich der Ortschaft heißt einfach so.

„Professionell, aber nicht fabriksmäßig" wird hier gebraut, erklärt Sparber. Die Bierfans bedienen sich eines aufwendigen Dekoktions-2-Maischverfahrens, haben eine offene, direkt beheizte Sudpfanne, in der der Sud noch händisch gerührt wird. Die aufwendige Handarbeit soll ein auch ohne Schönung überaus haltbares Vollwertbier garantieren.

Daß dieses Bier den Namen Emmerberg trägt, hat nichts mit den schon erwähnten Emmer-Broten, sondern mit einer Ruine in der Nähe zu tun. Ausgangspunkt für eine Wanderung dorthin ist Winzendorf, dessen *gotische Pfarrkirche* prächtige Grabsteine der Familie Teufel aus der zweiten Hälfte des 16. Jahrhunderts birgt. Ein markierter Wanderweg führt zur Prossetschlucht und weiter, an der Teichmühle vorbei, zur *Burgruine Emmerberg*. Einige Teile des Gebäudes sind in ihrer früheren Funktion noch zu erkennen.

In Bad Fischau befindet sich das *Höhlenmuseum Eisensteinhöhle* (geöffnet an Wochenenden Mai bis Oktober), das die Entdeckung und Erforschung der Höhle sowie die Ausrüstung der Forscher dokumentiert.

Wo einkehren? Sparbers Bier ist derzeit nicht in der Gastronomie erhältlich. Außer beim Produzenten kann man es in guten Bio-Läden (beliefert durch *Lebenszeichen* in 1070 Wien, Stuckgasse 13) erhalten, etwa bei *Yin-Yang* (1070, Kirchengasse 42a).

Zwettl
Brauerei Zwettl
Karl Schwarz GmbH

Postfach 1
Syrnauer Straße 22–25
3910 Zwettl
02822 24 11

Eigentumsverhältnisse: Familienbetrieb
Jährlicher Ausstoß: 160.000 hl
Biersorten: Braumeister Heinz Aigner, aus dem Bierland Oberösterreich und nach Tätigkeit in Deutschland nach Zwettl übersiedelt, verfolgt eine eigene Philosophie. Zwettler Bier versteht sich trotz geringem Zusatz von Reis als bewußt traditionell: Das Wasser aus dem Zigeunerbrünndl, den Waldviertler Hopfen und die auf der landwirtschaftlichen Fachschule Edelhof rückgezüchtete Braugerste – das sind Grundstoffe, die eben nur diese Brauerei hat. Aigner versucht, daraus ein ortstypisches Bier zu machen. Mit modernster Technik – er vergärt bei 8 bis 10 Grad in geschlossenen Tanks, denn dadurch können Infektionen und vor allem Oxidation mit Luftsauerstoff ausgeschlossen werden. Eine Neueinführung war das „Landbier", ein würziges, aber leichtes (ursprünglich 11 Grad starkes, jetzt mit 12 Grad eingebrautes) bernsteinfarbenes Lagerbier.
Berühmt wurde die Zwettler Brauerei dadurch, daß sie ausgewählten Wirten – in Frage kommen nur solche, die einen besonders hohen Umsatz haben – 12grädiges „Zwickl"-Bier vom Faß anbot. Dieses unfiltrierte Bier muß (weil darin noch aktive Hefereste und besonders viel Vitamin B enthalten sind) besonders frisch beim Konsumenten ankommen. Weitere Sorten sind das „Waldviertler Stiftsbräu", ein 10,5grädiges Schankbier für den Handel. Das „Zwettler Märzen" hat ebenso 12 Grad wie das „Dunkle" und das „Export". Der „Kuenringer Bock" wird zu Weihnachten und Ostern vertrieben – als Gastronomiespezialität auch als „Zwickl-Bock". Ergänzt wird das Angebot noch um ein „Goldzwerg-Pils Privat" mit ebenfalls 12 Grad.
Die neue Spitzensorte ist ebenfalls ein Pilsbier mit 12,5 Grad: Das

„Zwettler Original 1890". Es versucht sich an jene hellen untergärigen Biere anzulehnen, die um die Jahrhundertwende das Bier salonfähig machten und den Ruf des bitteren Pilsener Typs begründeten. Der verwendete Hopfen „Zwettler Perle" wird von Bauern der Umgebung exklusiv für die Zwettler Brauerei angebaut.

Souvenirs: Zu den üblichen Sammelobjekten wie Biergläsern – für das „Original 1890" wurde eigens die um 1890 übliche Berliner Bierstange (ein Becherglas mit breitem Fuß) wiederaufgelegt – kommen Uhren, (neu angefertigte) Emailleschilder und Spiegel. Bemerkenswert ist das Schicksal der 0,33-l-Bügelflaschen, in die gelegentlich die „Zwettler Privatfüllung" gefüllt wird. Diese Flaschen mit 12grädigem Vollbier gehen wegen ihrer kleinen Auflage fast ausschließlich an Sammler.
Ein weiteres „trinkbares Souvenir" ist der (aus Pilsbier destillierte) Bierschnaps.

Geschichte: Die Stadt Zwettl geht auf eine ursprünglich slawische Ansiedlung zurück („swietlaja" bedeutet „heller Fluß") wurde im 10. und 11. Jahrhundert von deutschen Ansiedlern übernommen. Das Zisterzienserstift ist eine kuenringische Gründung von 1138 – und es fügt sich in die mittelalterliche Mystik, daß der Name des Ordensgründers Bernhard von Clairveaux so treffend mit dem Zwettls zusammenpaßt.
Zwettl, von dessen Stadtmauern heute noch beträchtliche Teile erhalten sind, wurde mehrfach verwüstet, nach einer Renovierung 1988 präsentiert sich die Stadt auch von neuzeitlichen Verwüstungen befreit.
Als Geburtsjahr des Zwettler Bieres gilt das Jahr 1708. Da wurde vom Schickenhof, einem Meierhof des Stiftes, in den Kellerräumen einer Schenke in der Syrnauer Straße eine Brauerei errichtet. Es handelte sich um eine reine Hausbrauerei, die sogenannte „Stiegenbrauerei". Ihr Standort ist derselbe, an dem heute noch das Zwettler Bier gebraut wird. Aus dem Jahr 1800 ist überliefert, daß die Kuenringerstadt über sieben Brauereien verfügte, ein halbes Jahrhundert später, 1854, hatte die Zwettler Brauerinnung 28 Meister. Zu ihnen gehörten allerdings auch die Braumeister der Schloßbrauerei Rapottenstein und der Brauereien Großgerungs, Allentsteig und Schweiggers.
Die Stiegenbrauerei gehörte ab 1860 einem Bierbrauer namens Zaunmüller, der sie 30 Jahre später an den Bayern Georg Schwarz, den Urgroßvater des heutigen Inhabers, verkaufte. „Gott gebe Glück und Segen drein", war der alte Brauerspruch, den Schwarz an den Beginn seines „Brau-Büchlein" stellte – als die Brauerei gerade 923 hl Jahresausstoß hatte. Innerhalb von zehn Jahren, inzwischen hatte Carl

Schwarz die Geschäfte übernommen, war das Unternehmen der Elektrizitätswerke-Genossenschaft beigetreten, die Eintragung im Brau-Büchlein lautet: „4692 hl Jahresumsatz. Es gibt nur mehr eine Zwettler Brauerei."

Zum Aufschwung der Brauerei trägt auch das Militär bei – Großmanöver und Bahnbau lassen schon im Jahr der Stadtwappenverleihung an die Brauerei (1905) den Absatz hochschnellen. Besonders deutlich wird aber der Einfluß nach der Krise der dreißiger Jahre: Da war der Ausstoß von 6015 hl (1930) auf 2839 (1937) zurückgeangen. Erst als der Truppenübungsplatz Döllersheim errichtet wurde, kam wieder Geld in die Gegend. Und Durst: Im Kriegsjahr 1943 wurde die Rekordmarke von 23.226 hl erreicht. Allerdings handelte es sich um 2grädiges Dünnbier – „aber immerhin", notiert die Chronik. Zwei Jahre später, am 8. Mai 1945, sind dann die Russen da, der Betrieb wird geplündert. „Wie soll das weitergehen?" schreibt Heinrich Schwarz in seinem Büchlein.

Tatsächlich ist der Betrieb jahrelang gefährdet, erst ein Ausbau in den sechziger und siebziger Jahren ermöglicht ihm den Vorstoß in die Klasse der Mittelbrauereien. 1972 wird die Ausstoßmenge von 1943 übertroffen, jetzt aber mit dem Billigbier „Waldmark" und einer immer größer werdenden Palette von hochpreisigen Qualitätsbieren. Der Austritt aus dem Bierkartell 1979 bringt dann den Durchbruch.

Sehenswürdigkeiten: Während vor allem das Stift Zwettl, drei Kilometer außerhalb der Stadt, bekannt ist, ist der in den letzten Jahren renovierte Ortskern ein bislang noch weniger beachtetes Touristenziel. Die Stadt verfügt über eine romanische *Pfarrkirche* (Gotisierung 1490), eine spätgotische Bürgerspitalkirche, ein Rathaus von 1493 sowie das *Anton-Museum* (Landstraße 65, 02822 23 43), eine volkskundliche Sammlung, die in einem Stadtturm aus dem 13. Jahrhundert untergebracht ist.

Einzigartig auf der Welt ist das (nur im Sommer oder gegen Anmeldung auf der Hohen Warte in Wien, 36 44 53 Kl. 247, geöffnete) *Museum für Medizinmeteorologie* in *Zwettl-Dürnhof*, zwei Kilometer nördlich der Stadt. In einem Bau, der von außen wie ein Kirchlein aussieht (er birgt tatsächlich auch zwei Kapellen), wird über die Zusammenhänge von Witterung, Allergien und Wetterfühligkeit informiert, aber auch über Dämonen- und Wunderglauben aufgeklärt.

Der Dürnhof ist ein (nach dem letzten Krieg verwüsteter) Meierhof von *Stift Zwettl* (02822 23 91), das ebenfalls besichtigt werden kann: Der 90 Meter hohe Turm überragt die gesamte Anlage, die dreischiffige Hal-

Die Stiegenbrauerei um die Jahrhundertwende

lenkirche Maria Himmelfahrt birgt Altäre von Josef Munggenast, Paul Troger und dem Kremser Schmidt. Auch andere Teile des Stiftes, darunter ein *Stiftsmuseum,* können mit Führung besichtigt werden.
Ausflüge: Östlich von Zwettl liegt die Stauwurzel des Stausees Ottenstein, von dem aus man auf dem Kamptal-Stauseen-Weg fast 70 Kilometer den Kamp entlang bis zur *Rosenburg* wandern kann. Bis *Krumau* – wo eine 1172 erstmals erwähnte Burg das Kamptal beherrscht – ist dieser Weg auch als Radweg verwendbar. Er führt unter anderem am *Schloß Ottenstein* vorbei, das auf eine Burg aus dem 12. Jahrhundert zurückgeht und eine Besichtigung lohnt.
Durch Zwettl führt auch der Kuenringerweg (Nummer 611), auf dem man in etwa zweieinhalb Stunden das *Schloß Rosenau* mit seinem von Mitte April bis Mitte November geöffneten *Freimaurermuseum* (02822 82 21) erreicht. Weiter führt dieser Weg nach Groß Gerungs. Will man von Rosenau zu Fuß zurückgehen, bietet sich ein lokaler Weg an, der vom Kuenringerweg bei Syrafeld nach Süden Richtung Kamptal abzweigt und schließlich in der Nähe des Zigeunerbrünndls und der

Schwarzalm den Fluß quert: Von hier kommt das Wasser, aus dem das Zwettler Bier gebraut wird.
Wem das Museum für Medizinmeteorologie gefallen hat und über die Zusammenhänge von Wetter- und Strahlenfühligkeit mehr wissen will, kann auch einen Ausflug nach *Großschönau* versuchen. Die Ortschaft hat sich ganz der Bio-Energie verschrieben.
Wo einkehren? Der zur Brauerei gehörende Gasthof, die *Schwarz-Alm* (02822 31 74 oder 32 3 65) liegt etwas außerhalb von Zwettl: Zur Alm muß man von der Straße Richtung Ottenschlag nach etwa zwei Kilometern nach rechts abbiegen. Sie liegt hinter einem kleinen Waldstück oberhalb des Kamp.
In der Stadt selbst führen (fast) alle Gasthöfe das lokale Bier, wegen seiner gepflegten Küche besonders zu erwähnen ist der *Schwarze Kater* auf der Landstraße 15 (02822 24 10).
In Wien konnte sich das Zwettler Bier zunächst über den Handel durchsetzen – was das Problem mit sich bringt, zu Unrecht als Billigbier klassifiziert zu werden. Umso bemühter ist man aber, gepflegtes Faßbier anzubieten – etwa im *Alten Blumenstock* (1010, Ballgasse 6, 513 17 04), der auf das Jahr 1604 zurückzugehen behauptet.
Zum Abschluß bleibt die Besonderheit zu erwähnen, daß Zwettler Bier auf Wunsch auch in Holzfässer gefüllt wird.

Oberösterreich

Unbekannt, doch hochinteressant: Brauereimuseum Linz

Oberösterreich ist ein klassisches Bierland – und dafür ist nicht nur der jahrhundertelange bayrische Einfluß verantwortlich: Das Klima begünstigte den Anbau von Hopfen, die Klöster ließen sich schon vor Jahrhunderten Bier liefern. Später brauten sie selbst – und Oberösterreich ist Heimat der einzigen Stiftsbrauerei Österreichs. Die Landeshauptstadt Linz war seit 1362 im Besitz eines eigenen Brauhauses. In den ersten drei Jahrzehnten des 20. Jahrhunderts hat die Linzer Poschacher Brau AG mehr als 50 kleinere Brauereien aufgekauft. Auch die Poschacher Brauerei ist nicht mehr – an ihrer Stelle steht die Generaldirektion der Österreichischen Brau-AG. Und ein vorzügliches Museum: Es kann, weil es sich auf Werksgelände befindet, nur nach Voranmeldung (0732 54 4 51) besichtigt werden.

Aigen im Mühlkreis
Stiftsbrauerei Schlägl

Schlägl 1
4160 Aigen
07281 234

Eigentumsverhältnisse: Die Brauerei befindet sich – als einzige Österreichs – ausschließlich in Stiftsbesitz.
Jährlicher Ausstoß: 30.000 hl
Biersorten: Die Patres wissen zu feiern. Für Weihnachten wird in der dem Stift benachbarten Brauerei nach altem klösterlichem Rezept ein „Doppel-Bock" mit 19 Grad Stammwürze gebraut. Eines der stärksten Biere Österreichs und jedenfalls der stärkste Festbock des Landes: Er ist bernsteinfarben, vollmundig, kaum süß und hat eine ausgeprägte Hopfennote. Er wird in offenen Bottichen zehn Tage vergoren und in Felsenkellern, die um 1852 dreijährige Sprengarbeiten erforderten, zwölf Wochen lang gelagert.
Die Grundstoffe dafür sind Mühlviertler und Hallertauer Hopfen, Stadlauer Malz und Wasser, das aus einer Böhmerwaldquelle mit 2 Härtegraden sowie etwas härterem Wasser aus der Ortsleitung genommen wird. Jegliche Aufbereitung entfällt, ebenso die Verwendung von Rohfrucht.
Als „weltmeisterliches" Bier wird vom Schlägler Kämmerer Markus Rubasch auch das „Kristall" gelobt, ein würziges Spezialbier mit abgerundetem Geschmack und 13,4 Grad, sowie das schlanke, doch nicht zu helle und nach westösterreichischen Maßstäben wenig bittere „Abtei-Pils" mit 12,5 Grad. Seit 1989, seinem dreißigsten Jahr im Betrieb, produziert Braumeister Siegfried Wagner auch ein „Kloster-Bräu leicht", das mit 8 Grad und speziellen Malzen ebenfalls auf der Pils-Linie liegt. Dazu kommt noch ein leicht süßliches „Doppel-Malz" mit 13 Grad und das erfrischende „Märzen", ein 12grädiges, mittelhelles Lagerbier, das in einigen Lokalen auch als Zwickl-Bier erhältlich ist.

Souvenirs: Neben verschiedenen an den Biertyp angepaßten Gläsern bietet die Stiftsbrauerei auch Tonkrüge mit und ohne Deckel an, auf denen das Stift in alten Ansichten dargestellt ist. Ein Sonderdruck der „Geschichte der Stiftsbrauerei Schlägl" ist derzeit in Neubearbeitung.
Geschichte: Vom Schlägler Bier ist bekannt, daß es 1580 bei einem Zusammentreffen des Passauer Bischofs mit dem Prälaten von Schlägl getrunken wurde. Diese Jahreszahl wird auf den Bierdeckeln als Gründungsjahr angegeben. Fälschlicherweise, wie man heute weiß.
Denn im Prämonstratenser-Stift Schlägl, das 1218 im Auftrag des Passauer Bischofs von Mönchen aus Mühlhausen in Böhmen gegründet wurde, gab es schon viel länger ein Brauwesen. Das kann nicht nur daraus geschlossen werden, daß im eine Tagesreise entfernten, also praktisch „benachbarten" Wilhering nachweislich seit 1258 Bier gebraut wurde.
Man muß auch wissen, daß die geistlichen Grundherren in jener Zeit von den Bauern „Bierdienst" verlangten. Als Teil der Abgaben mußte Bier abgeliefert werden. Kremsmünster bezog beispielsweise zwischen 1162 und 1299 von 145 Höfen 102 Fuder und 5 „urnae" Bier, das sind 3065 Eimer oder 1734 hl. In St. Florian waren 1378 27 Bauernhuben verpflichtet, zum Martinsfest am 11. November Bier abzuliefern. Das hatte unterschiedliche Qualität, und aus dem Urbar von St. Florian geht auch hervor, daß statt dessen Geld gezahlt werden konnte. Denn anstelle Naturalien zu konsumieren, stellte man das Bräu lieber unter eigener Kontrolle her, was auch in Schlägl so gewesen sein muß. Ein hauptamtlicher Bräuer existierte hier aber erst 1566, mit einem Spitzenjahresgehalt von 9 Gulden.
Im Markt Aigen hatten sich schon im 15. Jahrhundert andere Brauer etabliert: Am 15. Juli 1525 verzichtete Propst Siegmund Zerer auf den Anspruch, daß ihm bei Steuerhinterziehung der Brauer der ganze Sud abzuliefern wäre. Er hatte zwar festgelegt, daß ihm je Sud „ain Khandl Costbier" abzuliefern wäre, wer diese Abgabe aber versäumte, dem wurde bei Entdeckung maximal ein Fäßchen Bier beschlagnahmt. Diese Milde dürfte beweisen, daß der Grundherr auf die Naturalsteuer gar nicht angewiesen war.
1576 besaß das (damals noch ganz anders aussehende) Stift bereits eine Mälzerei, ein Brauhaus, einen Weinkeller und einen „affter bier keller", in denen 181 Eimer Wein und „vier vaß habernbier", etwa 25 hl Haferbier, Platz fanden.
Für das Braujahr 1584/85 ist die Erzeugung von 135 Eimer Rotbier (aus

Gerste) belegt, 116 Eimer Weißbier (für das das Stift teilweise den Weizen zulieferte) wurden von den vier Aigener Brauhäusern zugekauft. Ein Jahr später wurde das Bräuhaus mit einem gemauerten Gewölbe versehen und in der Mälzerei ein Steinboden angelegt, 1634 wurde die Brauerei nochmals neu gebaut. Dieser Bau samt seiner Einrichtung war dann bis 1884 in Betrieb, dann wurde nochmals umgebaut, und erst 70 Jahre danach wurde die Brauerei aus dem eigentlichen Klosterbau abgesiedelt.
Im Braujahr 1632/33 (es wurde hier nicht von September bis September, sondern von 3. April bis 3. April gerechnet) wurden 1485 Eimer Weißbier und 396 Eimer Braunbier in Schlägl gebraut und zum Teil bereits über ein größeres Vertriebsgebiet verkauft.
1719 gab es (neben dem Stift) in Aigen neun Brauhäuser, 1728 waren es noch sechs, von denen eines der Marktkommune gehörte. Diese Brauereien bestanden auch 1795 – mit einem Ausstoß von insgesamt 5624 Eimern. Für das Stift werden 3514 Eimer angegeben, wovon aber der größte Teil selbst verbraucht oder als Deputat weitergegeben wurde.
Die Ausstoßzahlen blieben über die nächsten 150 Jahre konstant, auch wenn 1919 Rübenbier gebraut werden mußte und die Brauerei dann von den Nazis enteignet wurde. Erst nach Übersiedlung ins ehemalige Zehentgebäude – 1954 – stieg der Ausstoß sprunghaft.
1917 und 1922 kaufte die Poschacher Brauerei AG die Betriebe Gruber und Sonnleitner in Aigen auf, was die Verbreitung des Brau-AG-Bieres in dieser Ecke des Mühlviertels erklärt. Die Schlägler wiesen mehrere Übernahmsangebote zurück.
Sehenswürdigkeiten: Die *Brauerei* ist nach Ansicht von Stiftskämmerer Rubasch „keine Schaubrauerei", wer dennoch Einlaß findet, bekommt (neben den modernen, elektronisch gesteuerten Anlagen in einem eigenen Gebäude) das Sudwerk aus den fünfziger Jahren und die historischen Keller zu sehen.
Als Sehenswürdigkeit bedeutender ist natürlich das Stift selbst. Die *Stiftskirche Mariä Himmelfahrt* stammt aus dem 13. Jahrhundert, dieser Eindruck blieb trotz Barockisierung teilweise erhalten. Forscher vermuten, daß die romanische *Krypta* um 1584 als „wein- und pierkheller" gedient habe. Wenig pietätvoll, aber recht praktisch.
Im Stift befindet sich aus eine *Gemäldegalerie*, unter anderem mit Altarbildern des 15. Jahrhunderts, sowie eine Stiftsbibliothek.
Ausflüge: Aigen-Schlägl ist durch seine Lage am *Nordwaldkammweg* ein hervorragendes Wandergebiet. Dieser Weg führt im Norden an der

Klösterliches Sudhaus aus den fünfziger Jahren

Gemeinde vorbei, reicht nach Osten über die Bierstadt Freistadt bis zum Nebelstein und setzt sich von dort im Grenzlandweg (Bierstädte Weitra, Schrems, Wien) und schließlich im südalpinen Weitwanderweg fort, der unter anderem in die Bierstadt Bleiburg führt. Das würde allerdings 40 Tageswanderungen erfordern. Nach Westen ist es kürzer, da ist es eine gemütliche Tageswanderung nach Bayern, zum *Dreisesselberg*. Dieser Weg führt entlang der ĊSFR-Grenze vorbei am *Schwarzenberg-Schwemmkanal* (1789 wurde hier der erste Tunnel Europas gebaut) und am *Moldaublick* zum Skigebiet Hochficht und zur deutschen Grenze.

Auch im Tal läßt es sich gemütlich wandern – etwa entlang der Großen Mühl nach Ulrichsberg im Westen und durch die Auen bei der Furtmühle nach Haslach im Osten.

Kurz hinter der Mühle kommt man an Hopfengärten vorbei. Haslach war für zweierlei bekannt: Für sein Bier (die Braukommune war seit 1320 aktiv) und für seine Weber. Im Markt befinden sich drei Museen: Das *Webereimuseum* (07289 71 5 93) dokumentiert das Handwerk, das dem Marktflecken einst besonderen Wohlstand gesichert hat, die Geschichte des Marktes wird im *Alten Turm* gezeigt, und schließlich gibt es neuerdings auch ein *Greißler-Museum* (7289 72 1 73), das den Einzelhandel früherer Zeiten anschaulich macht. Ein heute noch florierendes

Handwerk wird im Markt von einer *Leinölmühle* betrieben – das Produkt ist besonders gesund für Herzkranke. Leinöl schmeckt vorzüglich in Salaten und zu Kartoffeln. Und es macht Durst auf Bier.
Wo einkehren? In den ehemaligen Brauereiräumen im Stift ist heute die *Weinstube* des Stiftes Schlägl untergebracht, die ihrem Namen zum Trotz als Braugaststätte fungiert. Im Markt Aigen empfiehlt sich der *Gasthof Schiffner* (07281 310).
Hauptabsatzgebiet für das Kloster-Bräu ist das obere Mühlviertel, allerdings weiß man auch im Stift Kremsmünster das Bier der Konfratres zu schätzen: In der *Stiftsschenke* wird das Bier aus Schlägl kredenzt.
In Linz wird das Kloster-Bräu im *Goldenen Anker* in der Hofgasse 5 sowie im *Schlägler Stüberl* in der Franckstraße (hier gibt es auch das Zwickl-Bier) gezapft.

Altheim
Brauerei Raschhofer

Braunauer Straße 12
4950 Altheim
07723 22 0 50

Eigentumsverhältnisse: Georg Raschhofer
Jährlicher Ausstoß: 35.000 hl
Biersorten: Georg Raschhofer verfügt über einen eigenen, 80 Meter tiefen Brunnen mit 8 Grad hartem Wasser. Er hat damit seinen alteingessenen und damals jährlich 6000 hl produzierenden Betrieb nach 1970 zu einer hochmodernen Brauerei ausgebaut, die beinahe vollautomatisch läuft. Seine drei Biere „Raschhofer Märzen", ein 12grädiges, goldgelbes und mildes Lagerbier, das vollmundigere und trotzdem sehr erfrischende „Raschhofer Export" (ein bernsteinfarbenes, 13grädiges Spezialbier) sowie das für Weihnachten eingebraute „Raschhofer Festbier", ein 16grädiger Bock, werden computergesteuert gebraut. Selbst die dreimalige Hopfengabe in Form von Extrakt und Pellets läuft

programmiert ab – so kommt Raschhofer mit sechs Beschäftigten aus. Technik beherrscht auch den Keller: Die Würze wird mit 6 Grad Celsius (in offenen Bottichen) angestellt und erreicht 8,5 Grad. Dann kommt das Jungbier für mindestens drei Monate zur Nachgärung, wird dann in einer ebenfalls automatisierten Filterstraße gefiltert (aber nicht pasteurisiert) und kommt dann ins Faß (ca. 10 Prozent) oder in die Flasche.

Souvenirs: Das traditionelle Logo mit der von links unten nach rechts oben verlaufenden Schrift und der im linken oberen Eck dargestellten, hopfenumkränzten Marke „RBA" ist zwar noch auf einigen Preistafeln zu sehen, wurde aber in letzter Zeit durch die ovale Wortbildmarke mit den beiden Pferden ersetzt. Sie ist auch auf Gläsern und Tonkrügen zu sehen.

Brauerei Franz Wurmhöringer

Marktplatz 10–11
4950 Altheim
07723 22 04

Eigentumsverhältnisse: Familienbesitz von Franz Wurmhöringer junior und senior

Jährlicher Ausstoß: 48.000 hl

Biersorten: 1963 war die Brauerei Wurmhöringer noch ein Kleinbetrieb mit 2000 hl Ausstoß. Ihr Aufstieg gründet sich auf den Erfolg von drei Sorten: dem 12grädigen „Märzen-Bier" (einem Lager, das vor 30 Jahren noch die einzige Sorte war), dem 13grädigen, vollmundigeren „Spezial-Bier" und einem 17grädigen Bock. Diese Biere kommen übrigens zu 95 Prozent in Flaschen auf den Markt.

Neuerdings kommt noch ein knapp 9grädiges Leichtbier dazu, das im Seniorchef Erinnerungen an die Nachkriegszeit weckt: „Da haben uns die Leute gefragt, wann es endlich wieder richtiges Bier gibt – und wir

konnten nur Dünnbier machen. Aber heute wollen die Leut' nicht dick werden und täten am liebsten braunes Wasser saufen." So weit soll es aber hier nicht kommen. Zwar verfügt die Brauerei über eigenes Wasser (mit 10 Grad Härte, es wird nur quarzsandfiltriert und nicht weiter aufbereitet), doch Bier soll schon daraus werden: Dazu wurde an das Sudhaus ein moderner Gärkeller angebaut, wo das Bier bei 7 bis 8 Grad mit eigener Reinzuchthefe vergoren wird und anschließend sechs Wochen zur Nachgärung kommt.
Souvenirs: Das Wurmhöringer Bier schmückt sich mit dem traditionellen Familienwappen, das auf (wein-)bäuerliche Tradition hinweist: Rebstock und Traube, die die beiden Männer auf dem Wappen halten, könnten allerdings auch die ganz ähnlich wachsenden Hopfendolden symbolisieren. Neben Biergläsern gibt es vor allem das originelle Bierfilzl, das einen „Ausweis" darstellt, der der Ehefrau bei der Heimkehr vorzuzeigen sei.

Geschichte: Der Name Altheim soll nach der Völkerwanderung entstanden sein, als die Bewohner wieder in ihr „altes Heim" zurückkehren konnten. Obwohl in einer Verkaufsurkunde von 1447 Altheim bereits als „Markt" bezeichnet wird, stammt die Markterhebungsurkunde, mit der auch das Wappen verliehen wurde, erst vom 6. Juli 1581. Dazwischen fällt der „Weberkrieg" zwischen Altheim und Braunau. Altheim gilt in der Folge als „befreiter Flecken", der unter anderem das „Zapfrecht" besaß. Man hatte in Altheim, das damals eine Hofmark war, schon im 13. Jahrhundert gebraut – und zwar jedes größere Anwesen für sich.
Fünf Bierbrauer mit einem Ausstoß von insgesamt 8341 Eimern, immerhin 4670 hl, sind 1795/97 erwähnt. Noch 1865, das Innviertel war bereits 86 Jahre österreichisches Gebiet, zählte man für die damals 1094 Einwohner zehn Bierschenken und fünf Brauereien.
Die Altheimer Brauereien hielten sich immer unabhängig vom Bierkartell und bauten vor allem in den siebziger und achtziger Jahren kräftig aus. Die Brauerei Wurmhöringer kann auf eine knapp ältere Tradition zurückblicken als die benachbarte Familie Raschhofer. Ihre Braustätte wird kontinuierlich seit 1633 betrieben. Seit 1652 ist der Betrieb Familienbesitz – 1795 produzierte er 1634 Eimer Bier. Ein großer Stammbaum im Büro der Brauerei (der übrigens auch eine eigene Spedition angeschlossen ist) veranschaulicht die Übergabe von „Bräuhaus samt Ökonomia".

Ausweis der Wurmhöringer-Freunde

Die Ökonomia, also die Landwirtschaft, war bis 1972 ein Teil des Betriebs – die Familie Wurmhöringer (die seit 1885 dem Besitz der Spindlers durch Heirat der Witwe Maria Spindler den Namen gab) waren die letzten „Acker-Bürger" auf dem Marktplatz.
Südlich von Altheim liegt Aspach, dessen Brautradition bis 1989 aufrecht blieb: Schon 1795 hatte der Bierausstoß der hiesigen Schloßbrauerei 4656 Eimer betragen. 1857 wurde von Georg Raschhofer ein uralter unterirdischer Gang entdeckt, der zum Schloß und einer Gruftkapelle, angeblich aus frühchristlicher Zeit, führte. Raschhofer war Besitzer der seit dem 17. Jahrhundert bekannten Mettenhamer Taverne, dem heutigen Gasthaus Zwink in Aspach. Diese war schon damals mit Altheim verbunden – so gehörte sie kurze Zeit dem Bierbrauerehepaar Anna und Michael Huber, den größten Brauern von Altheim. Johann Georg

Raschhofer war ein Adoptivkind jener Familie, die Huber das Gasthaus abgekauft hatte. 1853 wurde das Schloß (mitsamt der Brauerei) dazugekauft. Das Schloß wurde zur Kuranstalt, die Brauerei bestand noch bis 1928/29 – unter dem Namen Zwink. Das waren die Brauersleute aus Mauerkirchen, die den Aspacher Besitz übernommen hatten, als Georg Raschhofer nach Altheim geheiratet hatte.
In Aspach braute noch eine andere Familie: Dirmayer, später Gurtner. In der vierten Gurtner-Generation gab es aber keinen männlichen Erben. Um den Betrieb zu erhalten, „hat man meinem Großvater die Kreszentia Gurtner untergeschoben", wie es der letzte Aspacher Brauherr Kurt Hofmann deftig formuliert. Dieser Großvater war ein weitgereister Mann: Hans Hofmann stammte aus Braunau, wo zur Jahrhundertwende noch acht Brauereien bestanden. Hofmann war 1904 nach den USA ausgewandert, hatte in Milwaukee und San Franzisko als Brauбursche gearbeitet. Auf Heimaturlaub 1909 blieb er bei der besagten Kreszentia. Nach Krieg, Kriegsgefangenschaft und Revolutionswirren kam er nach Aspach zurück, baute die Brauerei aus und den Braugasthof neu. 1928 – in Aspach erzielte Hofmann inzwischen knapp 2000 hl – mußte der Hofmannsche Stammbetrieb in Braunau sperren. 61 Jahre später führten Fehlinvestitionen die Aspacher Brauerei Hofmann in den Konkurs.
Die Brauerei Raschhofer gab es ebenfalls schon im Dreißigjährigen Krieg, sie ist seit 1645 dokumentiert. 1777 kam sie in den Besitz jener Familie, die seit 1869 den Namen Raschhofer führt und den Betrieb selbst im Kriegsjahr 1941 ausweiten konnte. Damals übernahm die Familie Raschhofer nach bewegter wirtschaftlicher Entwicklung in den dreißiger Jahren die Stiftsbrauerei Reichersberg, deren Brauhaus von 1350 stammte. Noch 1931 betrug der Ausstoß von Stift Reichersberg 1291 hl, die Produktion von Georg Raschhofer 1310 hl. 1932/33 war Raschhofer mit 1916 hl der größte Brauer am Ort. 1937/38 (vor dem Einmarsch deutscher Truppen hatte Hitler Österreich mit der 1000-Mark-Sperre die touristische Basis entzogen) war aber das Brauwesen arg getroffen worden: Raschhofer stieß nur noch 211 hl aus. Wurmhöringer produzierte zwar 2121 hl, doch hatte inzwischen der dritte Anbieter am Ort, Hugo Baumgartner, der 1930/31 noch auf 1438 hl gekommen war, aufgeben müssen. Zum Familienbesitz Raschhofers gehört übrigens noch heute eine 72 Hektar große Landwirtschaft.
Sehenswürdigkeiten und Ausflüge: Altheim bestreitet ganz offiziell, ein Fremdenverkehrsort zu sein. Aber stolz ist man doch auf die zwei

Brauereien, in denen es gelegentlich Führungen und Tage der offenen Tür gibt.
Im Markt befindet sich eine auf das fünfte Jahrhundert zurückgehende *Pfarrkirche St. Laurenz* mit romanischem Kern und Erweiterungen von 1516 bis 1539. Die Marktkirche *St. Sebastian* von 1635 wurde nach der überstandenen Pest zum Dank errichtet, damals bestand hier auch eine Sebastians-Bruderschaft. Die Nebenkirche *St. Ulrich* stammt von 1143 und hat eine bemerkenswerte Kapelle von 1785.
Nördlich von Altheim fließt der Inn, dessen Auen trotz bestehender Kraftwerke zu Naturschutzgebieten erklärt wurden. Hier kommen verschiedene seltene Vogelarten, darunter der Milan und der Seeadler vor.
Etwa drei Kilometer von Altheim entfernt liegt *Mühlheim,* von wo aus man schöne Auspaziergänge unternehmen kann. Ein anderer Ausflug in das *Naturschutzgebiet* bietet sich von Reichersberg aus an, er beginnt am besten beim Bootsanlegeplatz hinter dem Stift. Das *Augustiner-Chorherrenstift Reichersberg* (13 Kilometer von Altheim entfernt) ist natürlich eine Sehenswürdigkeit für sich: 1084 gegründet, fungiert es heute nebenbei auch als Bildungs- und Kulturzentrum sowie als Museum. Die in ihren Ausmaßen beeindruckenden Bauten (der Stiftshof ist 123 Meter lang) stammen aus dem zweiten Viertel des 17. Jahrhunderts, die Stiftskirche St. Michael ist für ihre Deckenfresken und die Rokokoaltäre bekannt.
Aspach, ein Dutzend Kilometer südlich von Altheim, lohnt einen Abstecher. Das ehemalige Braugasthaus Hofmann ist zwar seit 1970 nicht mehr in Funktion, sein Äußeres ist allerdings kulturhistorisch äußerst bedeutsam. Es trägt einen Fries von Engelbert Daringer aus dem Jahr 1926: Die Trachtendarstellungen auf diesem *Innviertler Hochzeitsfries* (auf dem auch die Brauersleute verewigt sind) gilt als einmaliges Zeitdokument.
Wo einkehren? Die aus Altheim kommenden Biere werden vorwiegend in Flaschen abgefüllt. Frisch gezapft werden sie nur in der engsten Umgebung.
Wurmhöringer Faßbier gibt es unter anderem in der eigenen *Braugaststätte* auf dem Marktplatz. Gleich nebenan befindet sich die – verpachtete – Braugaststätte von Georg Raschhofer. Raschhofer Bier gibt es übrigens auch in den Reichersberger *Stiftsstuben,* beim Altheimer *Kirchenwirt* und verschiedenen Gaststätten des Inn- und Hausruckviertels.

Eggelsberg-Gundertshausen Brauerei Schnaitl KG

Gundertshausen
5142 Eggelsberg
07748 66 82

Eigentumsverhältnisse: Familienbetrieb
Jährlicher Ausstoß: 25.000 hl
Biersorten: Als Spitzensorte gilt das vom „Konsument" hervorragend bewertete „Schnaitl Pils", 12 Grad stark, goldgelb, bitter und nicht zu voll. Das „Hopfengold" ist ein wenig volles Premiumbier (12,1 Grad) mit starkem Hopfenaroma.
Das „Bayrisch Dunkel" (12,2 Grad) ist sehr dunkel, aber nur im Abgang ein wenig süß. Zum Weihnachtsfest hin wird ein „Festbock" gebraut, 16,6 Grad und 7 Volumsprozente stark, für den Typ erstaunlich trocken und stark gehopft.
Braumeister Wolfgang Schmiedbauer nimmt das Wasser für das Schnaitl-Bier aus einem 65 Meter tiefen Brunnen, enthärtet es und verbraut es mit Tettnanger und Hallertauer Hopfen und Plohberger und Stadlauer Malz: Das Bier wird sechs Tage lang in geschlossenen Tanks vergoren und dann gereift, es wird doppelt filtriert und in mit Kohlensäure vorgespannte Flaschen gefüllt. Dadurch bleibt es auch ohne Erhitzung relativ gut haltbar.
Auch ein Schankbier von 11 Grad kommt aus der Schnaitl-Brauerei: Das „Riegertinger" hat seinen Namen von der Schloßbrauerei Riegerting, die 1981 von Schnaitl übernommen wurde. Aus diesem Haus stammt auch die Rezeptur für das „Schnaitl Florian": Es ist 12,2 Grad stark und angenehm gehopft.
Souvenirs: Mit Ausnahme des „Riegertinger", das überhaupt nicht beworben wird, präsentieren sich die Schnaitl-Biere seit 1989 in einer einheitlichen Aufmachung. Es gibt Spiegel, Tonkrüge und Uhren.
Geschichte: Die Brauerei von Gundertshausen ist ein typisches Beispiel, wie aus einem Mauthaus mit der Zeit eine Brauerei geworden ist.

Die erste Taverne von Eggelsberg soll sich auf dem Weinberg, auf dem halben Weg zwischen Eggelsberg und Gundertshausen befunden haben – möglicherweise waren die Wirte gleichzeitig mit der Führung des dort ebenfalls bestehenden Mauthauses betraut.
Im Jahr 1492 zog der Wirt Hans (sein Familienname ist nicht sicher überliefert, könnte jedoch Heidenthaler gelautet haben) vom Weinberg hinunter nach Gundertshausen. Die Mautstelle wanderte mit. Versuche, eine Braukonzession zu erlangen, scheiterten jedoch – so wurde Franz Geyer 1804 mit der Begründung abgewiesen, daß kein lokaler Bedarf gegeben sei.
Die Gastwirtschaft ist mehrfach abgebrannt – zuletzt 1841. Der damalige Besitzer, Matthias Würzinger, errichtete im folgenden Jahr eine Brauerei, die der Hauptbetrieb neben dem noch heute bestehenden Gasthof wurde. Seither ist die Brauerei Familienbesitz: Würzinger, der auch das neugotische Kirchlein neben der Brauerei errichten ließ, begründete die Tradition, er gab den Betrieb 1862 an den Neffen Franz Schnaitl weiter. Diesen hatte er 15jährig im Jahre 1832 in seinen Betrieb genommen. Noch eine andere Tradition begründete Würzinger: Er begann seinem Betrieb eine solide Basis zu schaffen, indem er mit anderen Brauereien fusionierte. Als erste kaufte er die von Neukirchen an der Enknach im Jahr 1856.
Franz Schnaitl hatte das Handwerk in Henndorf und im Augustinerbräu München erlernt – und er hatte den Braubetrieb von Anfang an technisch geleitet. 1846 betrug der Ausstoß bereits 6000 Eimer, 1890 waren es 7248 hl.
Schnaitl war mit Therese König verheiratet, der Brauerstochter aus Fillmannsbach, einige Kilometer nördlich von Gundertshausen. Fillmannsbach ging ebenfalls aus einer (1441 gegründeten) Taverne hervor – auch diese Taverne erhielt erst 1847 das Braurecht. Die Familie König übte es noch 1938 mit 2884 hl Ausstoß aus. Auch sein Sohn Matthias heiratete später eine Tochter aus der Familie König, die (über Vermittlung Schnaitls) 1869 das Bräuhaus Ostermiething erworben hatte. In der Umgebung gab es noch mehrere andere Braustätten, zwei weitere allein mit der Postadresse Eggelsberg: In Ibm bestand seit 1817 eine Brauerei der gräflichen Familie Teufenbach, in Webersdorf (Gemeinde Geretsberg) die der Familie Kreuzhuber. Die Brauerei Oichten befand sich in der Gemeinde Feldkirchen.
Sohn, Enkel und Urenkel von Franz Schnaitl – alle mit Vornamen Matthias – führten den Betrieb weiter und bauten ihn nach und nach aus:

1910 lag der Ausstoß bereits bei 13.000 hl, sank jedoch in den dreißiger Jahren auf 4588 hl.

In den vierziger Jahren erwarb der Enkel von Franz Schnaitl, Matthias, zwei Kleinstbrauereien (mit einer Kapazität von je 600 hl), Kreuzhubers „Waldbräu" und die Brauerei der Gebrüder Stockhammer in Oichten, sowie die Stiftsbrauerei Michaelbeuern. Später kam dann noch die schon im 18. Jahrhundert belegte Höhnharter Brauerei, die einstmals (mit 6409 hl im Jahr 1930/31) bedeutende Schloßbrauerei Riegerting und schließlich (1985) die 1630 gegründete Brauerei Noppinger in Oberndorf in den Besitz der Brauerei Schnaitl.

Sehenswürdigkeiten und Ausflüge: In Gundertshausen gibt es natürlich einmal die Brauerei zu sehen, die nach Voranmeldung gerne hergezeigt wird. Sie verbindet mit ihrem schon von außen einzusehenden *Sudhaus* und dem bäuerlich wirkenden Innenhof (der unter anderem einen Taubenschlag birgt) ländliche Tradition und moderne Technik.

Vor der Brauerei steht das (brauereieigene) *Kirchlein*, das früher von Wallfahrern gerne besucht wurde, wie Pilgerkreuze und Votivtafeln belegen. Ein gutes Bier ist ja ein Höhepunkt mancher Wallfahrt.

In Eggelsberg steht die weithin sichtbare gotische *Pfarrkirche*, die eine barocke Einrichtung (Hochaltar, Plastiken der Brüder Zürn aus der Mitte des 17. Jahrhunderts) birgt. Das *Heimathaus Rauhberg* ist eine Schenkung von Matthias Schnaitl. Die *Vogelzuchtstation* von Hermann Scharnreitner kann nach Voranmeldung (07748 68 20) ebenfalls besichtigt werden.

Südwestlich von Eggelsberg liegt das *Ibmer Moos*, mit 25 Quadratkilometern Österreichs größtes Moor, in dem botanische Raritäten wie der Sonnentau vorkommen. Hier brütet noch der Brachvogel, leben Wiesenviper und Kreuzotter – vor allem aber die „Moorpröpste": Frösche, die einen beachtlichen Lärm machen können. Wer den etwa zweistündigen *Lehrpfad* (nach deren Absolvierung von Scharnreitner ausdrücklich ein Bier empfohlen wird) begeht, sollte wasserdichtes Schuhwerk mitnehmen. An einer Stelle des Wanderweges gibt es auch die Möglichkeit zu einem Fußbad im warmen Moorwasser. Eggelsberg und Ibm liegen übrigens auch am *Ruperti-Weitwanderweg*, der nach Südwesten nach Salzburg (und weiter bis nach Hermagor) und im Nordosten in sieben Tagesetappen nach Schlägl führt.

Wo einkehren? Die Brauerei Schnaitl verfügt über ein traditionsreiches *Braugasthaus* (07748 66 82 27).

Auch in Salzburg ist Schnaitl-Bier vertreten, etwa im *Schnaitl-Pub* in der Bergstraße 5–7 (0662 78 6 78).
Wiener können Schnaitl im *Adlerhof* (1070, Burggasse 51, 93 62 40) und beim *Bierweibl* in Mödling genießen.

Frankenmarkt Bräu am Berg

Hauptstraße 3
4890 Frankenmarkt
07684 444

Eigentumsverhältnisse: Betrieb des Limonadenerzeuger-Ehepaars Inge und August Starzinger
Jährlicher Ausstoß: 12.000 hl
Biersorten: Schankbiere werden üblicherweise als Billigprodukte im Preiskampf eingesetzt. Beim „Bräu am Berg" ist das anders: Da die inzwischen üblichen Leichtbiere mit den geschmacklichen Vorstellungen von August Starzinger nicht zusammenpaßten, brachte er 1987 ein „Frankenmarkter Jausenbier" mit 10 Grad Stammwürze auf den Markt – eben noch vollmundig und doch alkoholreduziert. Ein Qualitätsprodukt, das inzwischen die Hälfte des Ausstoßes ausmacht.
Starzinger hat noch andere Besonderheiten auf Lager: Das „Goldhaube" wurde anläßlich eines Trachtenfestes gebraut – und wegen des Erfolges im Programm belassen. Es hat 13,1 Grad und ist für ein Spezialbier eher bitter. Dazu kommt das „Lager hell" mit 12,1 Grad, das in Farbe und Geschmack kräftig und voll ist. Es wird heute großteils als Faßbier für die Gastronomie ausgeliefert – denn so herzhafte Biere gelten heute schon wieder als Spezialität. Schließlich gibt es in Frankenmarkt seit 1980 auch noch einen weihnachtlichen „Festbock", 16,1 Grad und 6,7 Alkoholprozente stark, bernsteinfarben, sehr herb und im Abgang etwas süßlich.
In Frankenmarkt ist man stolz darauf, nach dem Reinheitsgebot zu brauen, also nur Stadlauer Malz, Hopfen aus dem Mühlviertel und aus

der Hallertau sowie eigenes, unaufbereitetes Brunnenwasser mit 10 Härtegraden zu verwenden. Dadurch werden die Biere etwas dunkler und vollmundiger. Zur Qualitätssicherung wurde in den letzten Jahren eine neue Filteranlage, eine Faßfüllung und ein neuer Gärkeller installiert – nur das Sudhaus mit seinen Kupferkesseln (es ist auch erst zehn Jahre alt) ist unverändert geblieben.

Souvenirs: Abgesehen von den beiden neuen Biermarken ist die Präsentation des „Bräu am Berg" auf Bierdeckeln, Etiketten und Gläsern seit Jahren unverändert geblieben.

Geschichte: Frankenmarkt geht auf eine Schenkung Kaiser Heinrichs II. an das Stift Bamberg von 1007 zurück: Die Franken besiedelten den vorher ziemlich menschenleeren Landstrich, 1020 wurde der obere Teil des Ortes, wo das Bräu „am Berg" steht, angelegt.

1378 kam Frankenmarkt zu Österreich (wurde im Dreißigjährigen Krieg aber an Bayern verpfändet), der Ort zeichnete sich im 16. Jahrhundert als allseits vielbeschäftigte Waffenschmiede aus und entwikkelte entsprechendes (protestantisches) Selbstbewußtsein: Dem von Bayern eingesetzten Pfarrer Alexander Kammerer verweigerten die Frankenmarkter die Kirchenschlüssel, zur Strafe mußten ihre Anführer am Frankenburger Würfelspiel (das für jeden zweiten mit einem Todesurteil endete) teilnehmen, in Frankenmarkt wurden 100 Musketiere einquartiert.

Die fremden Soldaten raubten und vergewaltigten, fraßen und soffen. Den Gasthof des Oswald Frölich hat es jedenfalls schon 1521 gegeben und 1626, als Herberstorffs Soldaten in Frankenmarkt „Gäste" waren, war er plötzlich eine Brauerei!

Hundert Jahre später, längst war das Land ob der Enns wieder österreichisch, gab es in Frankenmarkt drei Brauer, sie erzeugten 2240 Eimer Bier und lieferten dafür 112 Gulden Bieraufschlag ab. „Bräu am Berg" dürfte damals der „bgl. Bierprauer Simon Seinfellner", von dem eine Steuerleistung von 48 Gulden überliefert ist, gewesen sein. Ihm folgte 1773 Franz Föttinger.

1795/97 ist Josef Föttinger, der „Bräu am Berg", mit 3464 Eimern Bier und 1448 Gulden und 58 Kreuzern Steuerleistung der größte Brauer im Ort, neben ihm haben noch Josef Schmaus (2008 Eimer) und Gabriel Perger (1221 Eimer) ihr Auskommen.

Die nächste Nachricht stammt von 1903, als das „Bräu am Berg" abbrannte. Es war dann im Besitz der Familie Offenhuber, ab 1950 in dem der Familie Wild (die konstant einen Bierausstoß um die 6000 hl auswies). Als im August 1985 Franz Wild jun. starb, schien das Schicksal der Brauerei besiegelt. Finanziell wäre eine Weiterführung nicht interessant gewesen, aber quasi aus Lokalpatriotismus hat das Ehepaar Starzinger den Betrieb dazuübernommen und innerhalb von vier Jahren den Ausstoß verdoppelt.

Sehenswürdigkeiten und Ausflüge: Frankenmarkt ist für seine Pfarrkirche *St. Nikolaus* bekannt, in der Spätgotik und Rokoko in einzigartiger Weise verschmelzen. Frankenmarkt ist für Radtouren hervorragend geeignet, Stammgäste erhalten die Leihräder sogar gratis.

In *Vöcklamarkt* (3 Kilometer entfernt) steht im Kirchenpark ein römischer Meilenstein aus dem Jahr 201 – er beweist, daß hier einmal ein Straßenkastell gewesen ist. Neueren Datums, nämlich aus der Gotik, und noch neueren – nämlich vorwiegend barocken – Aussehens ist die Pfarrkirche *Mariä Himmelfahrt*, die auch „Dom des Vöcklatales" genannt wird, mit einem Chorgestühl aus dem 17. Jahrhundert und einer Empore von 1512.

Vöcklamarkt ist auch Ausgangspunkt einer privaten elektrischen *Lokalbahn*, deren Bummelzüge zum Attersee fahren. Jeden Donnerstag verkehrt ein „Kinderzug".

Im nahen *Schloß Walchen* befindet sich nämlich das *Kinderwelt-Museum* (07682 62 46), das das Leben der Kinder in den verschiedenen sozialen Schichten dokumentiert – Besucher werden animiert, alte Kinderspiele zu erproben und den Schloßpark zu erkunden, in dem es Streicheltiere und einen Kräuterpfad gibt.

Wo einkehren? In Frankenmarkt gibt es gleich gegenüber der Brauerei ein *Braugasthaus*, das noch den Namen der einstmaligen Besitzerfamilie Offenhuber trägt. Von der Gaststube aus kann man die Pfanne im Sudhaus blitzen sehen.

Auch sonst ist das Absatzgebiet auf den Umkreis der Brauerei ausgerichtet. Und dieser schließt immerhin Mondsee (mit dem *Gasthaus Neue Post*) ein.

Da Starzinger seine Limonaden auch nach Wien liefert, kann das Bier in seinem Auslieferungslager in der Freudenauer Hafenstraße bezogen werden. Als Faßbier gibt es das „Bräu am Berg" auch in der *Schönen Aussicht* in Wien-Heiligenstadt (1190, Pfarrplatz 5, 37 50 00).

Auf Bestellung wird das Bier übrigens auch in Holzfässer gefüllt.

Freistadt
Braucommune Freistadt

4240 Freistadt
07942 24 9 20

Eigentumsverhältnisse: 150 Mitglieder der Braucommune
Jährlicher Ausstoß: 50.000 hl
Biersorten: Die Hauptsorte der Braucommune ist der „Ratsherrentrunk", ein süffiges, nicht zu helles Märzenbier mit 12,4 Grad Stammwürze. Das „St. Peter Bräu", ein 13,5grädiges, kräftiges Spezialbier, die leichten Sorten „Bürger-Bräu" (10,2 Grad) und „Freistädter Leicht" (8,5 Grad) sowie das süßliche „Spezialbräu Dunkel" (13,2 Grad) aus besonders dunklem Malz runden das Angebot der Braucommune ab. Zur Weihnachtszeit gibt es noch den traditionellen 16,2grädigen „Weihnachtsbock". Obwohl das Bier (nach einwöchiger Hauptgärung bei 7 bis 10 Grad Celsius und mindestens fünfwöchiger Nachgärung und Lagerung) nicht pasteurisiert wird, wird eine Frischegarantie von acht Wochen angegeben.
Besonders stolz ist die Braucommune auf ihren eigenen, 72 Meter tiefen Brunnen und die drei eigenen Quellfassungen – das Malz kommt aus Niederösterreich, der Hopfen vorwiegend aus dem nahen Mühlviertler Anbaugebiet sowie aus Bayern. Der Qualität zuliebe (Freistädter Bier zeichnet sich besonders durch seinen runden Geschmack und durch seine hohe Schaumstabilität aus) wird auch ein wenig Reis zugesetzt.
Souvenirs: Verschiedene Biergläser und Pokale mit dem Signet der Brauerei können beim Rampenverkauf erworben werden. Die anderen Werbemittel, besonders die Emailleschilder und Spiegel, sind leider nirgends mehr erhältlich.
Geschichte: Die Geschichte des Freistädter Bieres ist eng mit der seiner Heimatstadt verbunden. Freistadt – erstmals 1241 als „Friestadt" ge-

nannt – ist ein traditioneller Rastplatz an der Salzstraße von den oberösterreichischen Salinen nach Böhmen.
In der Brauordnung von Freistadt (sie ist der Stadtordnung vom 17. Mai 1447 beigegeben) ist vorgeschrieben, daß Bier eine Mindestfrist reifen muß: „Keiner soll sein Bier fortsenden, verkaufen noch schenken, es sei denn mindestens acht Tage alt. Wer das übersieht, des Bier ist verfallen. Wir ordnen an, daß kein Bürger sein Bier aus dem Bräuhaus tragen lassen darf, auch kein Wein öffentlich ausschenken, es sei denn, daß er dies zuvor dem Stadtkämmerer wegen der Besteuerung anzeigt."
Freistadt erhielt im Jahre 1359, am 2. Oktober, von Rudolf dem Stifter das Meilenrecht. Innerhalb einer Meile (nach damaligen Begriffen 7,5 Kilometer) rund um die Stadt durfte niemand „sei er edel oder unedel... keinen Wein, Meth noch Bier schenken" – außer er hätte die Getränke von einem Bürger in der Stadt gekauft.
Eifersüchtig wachten die Bürger über ihr Privileg und beschwerten sich, wann immer es von Grundherren der Umgebung verletzt wurde – etwa 1603, als sie der Wiener Hofkammer mitteilten, daß in der Umgebung unberechtigt Bier gebraut würde „wenn es schon nichts guetts ist", und daß die Bauern von den Grundbesitzern angehalten würden, „bei der Stadt, wo doch ohne Ruemb zu melden, das beste Bier in Österreich gepräut wirdet", nicht einzukaufen.

Früher wurde Bier in solchen Bottichen angestellt

Dabei übten die Bürger ihr Braurecht gar nicht selber aus: Es war – abhängig vom Grundbesitz innerhalb der Stadtmauern – auf einige Eimer pro Jahr beschränkt. Diese Rechte (von 15 bis 140 Eimer) wurden zusammengelegt, sodaß zunächst in zwölf (1525), ab 1687 nur mehr in zwei eigenen Brauhäusern gebraut wurde. Diese, das Weißbierbrauhaus im Besitz der Stadt und das Braunbierbrauhaus im Besitz der Bürgerschaft, wurden mit Beschluß von 1768 fusioniert und ein Brauhaus im Fleischergassl, damals außerhalb der Stadt, neu gebaut. Dieses ist seit 1777 Sitz der Braucommune, der einzigen noch heute im Handelsregister eingetragenen Commune. Sie ist rechtlich ein Mittelding zwischen Genossenschaft und Aktiengesellschaft, die Anteile werden noch heute mit 6390 „Eimer" berechnet – der Ausstoß natürlich längst in Hektolitern: So ist von 1925 ein Ausstoß von 18.900 hl überliefert.

Sehenswürdigkeiten: Das alte *Sudhaus* der Brauerei (dessen Dachstuhl noch aus der Bauzeit 1770 bis 1780 stammt) ist heute außer Betrieb, das Bier wird in Nebengebäuden hergestellt. Der historische Bau dient als Kulturzentrum und Probenraum für das Bürgercorps.

Gegenüber befindet sich das *Linzer Tor* der alten, fast vollständig erhaltenen Stadtbefestigung mit Mauern, Wehrgängen und Stadtgraben. Hier geht noch ein Nachwächter seine Runden – ein für den Tourismus erhalten gebliebenes Relikt der Zeit, in der eine kleine Unachtsamkeit im Sudhaus die ganze Stadt einäschern konnte.

Im mittelalterlichen Stadtzentrum (es hat trotz mehrfacher Zerstörung noch den Grundriß aus der Gründungszeit um 1220) fällt auf, daß an rund vierzig Häusern Hinweistafeln zur Baugeschichte angebracht sind. Der *Hauptplatz* – leider meist verparkt – gilt als einer der schönsten des Landes. An der Südseite befindet sich die Pfarrkirche, das *Katharinenmünster* (1268), die einzige fünfschiffige Basilika Österreichs. An der Nordseite das *Schloß* (1363 bis 1398), das unter anderem das Mühlviertler Heimathaus mit einer einzigartigen Sammlung von *Hinterglasmalerei* aus dem Mühlviertel beherbergt. Eine Kuriosität, die hier gezeigt wird, sind die Flohfallen: So wie man heute im Garten Becher mit Bier vergräbt, um Schnecken zu fangen, befestigte man diese Dosen, gefüllt mit einem blutgetränkten Wattebausch, beim Bett.

Außerhalb der Stadtbefestigung (nördlich vom *Böhmertor*) befindet sich die *Liebfrauenkirche* (Mitte des 15. Jahrhunderts, Glasfenster um 1500).

Ausflüge: Für Spaziergänge bietet sich das Naturdenkmal *Thurytal* (5 Kilometer) und der Wallfahrtsort *St. Peter* (über den Kreuzweg von 1842 knapp 3 Kilometer) mit seinem gotischen Kirchlein (um 1450) an.

Bedauerlicherweise sind die hier bis vor einigen Jahren zahlreichen Gaststätten teilweise geschlossen. Den durstigen Spaziergänger mag trösten, daß tief unter ihm im Berg von St. Peter das Wasser seinen Ursprung hat, das für die Brauerei gefaßt wird.
Wanderer kennen Freistadt als Station auf dem *Nordwaldkammweg* (vom Dreisesselberg in Bayern zum Nebelstein in Niederösterreich 139 Kilometer): Im Westen ist die nächste Station *Waldburg* (5 Kilometer), wo in der Pfarrkirche (Chorgestühl von 1522) drei kostbare *spätgotische Altäre* (1507 und 1517) zu besichtigen sind, im Osten führt der Weg nach *St. Oswald* (Pfarrkirche mit gotischem Netzrippengewölbe, Schnapsbrennerei mit historischer Einrichtung).
Außerdem ist auf der Trasse der *ehemaligen Pferdeeisenbahn* Linz–Budweis (sie war als erste Schienenbahn des Kontinents von 1827 bis 1870 in Betrieb) ein Wanderweg entstanden.
Wo einkehren? Freistadt verfügt zwar über keine eigene Braugaststätte, doch gehört umgekehrt den Freistädter Wirten die Brauerei. Erwähnenswert – auch wegen besonders guter bürgerlicher Küche – ist der Gasthof *Zur Goldenen Sense* in der Eisengasse 16, unmittelbar gegenüber der Brauerei. Ebenso der *Goldene Hirsch* in der Böhmergasse 8, der sich durch die erhaltenen Gewölbe auszeichnet – und dadurch, daß er dem Obmann der Braucommune gehört.

Grieskirchen
Brauerei Grieskirchen AG

Stadtplatz 16–18
4710 Grieskirchen
07248 30 11

Eigentumsverhältnisse: Namensaktien in Streubesitz
Jährlicher Ausstoß: 87.000 hl
Biersorten: Die Grieskirchner Brauerei ist seit Jahren bestrebt, sich mit oberösterreichischen Spezialitäten (inzwischen sind es zehn verschie-

dene) zu profilieren. So war sie 1958 die erste Brauerei des Landes, die ein Pils braute. Das „Grieskirchner Pils" ist ein feinherbes, sehr hellgelbes Premium-Bier mit 11,2 Grad Stammwürze und 4,8 Prozent Alkohol. Es wurde mehrfach ausgezeichnet (bei einer Verkostung am Doemens-Institut in München erreichte es 1988 alle 110 erreichbaren Punkte) und hat auf dem Markt Zuwächse von 20 Prozent.
Daß das süffige „Märzen" nur 17 Prozent des Ausstoßes ausmacht, darauf ist der auf „Feineres" spezialisierte Braumeister Wolfgang Michaelis besonders stolz. Dem „Märzen" und dem vollwürzigen „Export hell" mit 13,2 Grad Stammwürze setzt er auch Reis zu, die anderen Biere kommen mit dem Grieskirchner Malz aus. Grieskirchen besitzt nämlich zwei Mälzereien: Die Produktion der Brauerei und die private Malzfabrik Plohberger.
Von dort kommt das Weizenmalz für die obergärigen Sorten, die unter der Bezeichnung „Jörger Weisse" und „Jörger Dunkle Weisse" (beide werden mit „Original-Flaschengärung", also mit Hefe angeboten) sowie „Jörger Kristall Weizen" laufen. Diese jeweils 12,3grädigen Sorten werden bei 10 Grad angestellt und vergären bei einer Temperatur von bis zu 18 Grad innerhalb von vier Tagen, dann dürfen sie sechs Wochen reifen. Michaelis verwendet zwei Drittel Weizenmalz und ein Drittel Gerstenmalz für seine Weizenbiere – das Gerstenmalz dient vor allem auch als Filterstoff beim Abläutern der Maische.
Im modernen, geschlossenen Gärkeller entsteht noch das „Hopfengold", ein 12,3grädiges, spritziges Vollbier, das vollmundige und stark vergorene „Export dunkel" (das übrigens als einziges Bier kurzzeiterhitzt wird) und der „Weihnachts-(bzw. Oster-)Bock". Als jüngste Spezialität wird ein 12grädiges untergäriges Bier hefetrüb als „Zwickl" abgefüllt und ist auch in Bügelflaschen erhältlich.
Souvenirs: Entsprechend der Vielfalt an Bieren hat die Grieskirchner Brauerei, die auf eine „feine" Werbelinie umgestellt hat, auch eine größere Variation an Gläsern – so war dieses Unternehmen eines der ersten, die 0,3-l-Pilsstangerln ins Programm genommen haben.
Geschichte: Die heutige Aktiengesellschaft beruft sich auf eine Tradition seit 1708, als die Brauerei erstmals urkundlich erwähnt wurde. Früher hat es in Grieskirchen vier Brauereien gegeben, davon zwei auf dem Gebiet der heutigen Braustätte. 1728 braute der bürgerliche Bierbrauer Reichardt Obauer 1200 Eimer, Dominikal-Praumeister Lorenz Haager 1600 Eimer, die bürgerlichen Bierbrauer Josef Anton Haager und Jakob Wohlzogen je 2000 Eimer.

Nur mehr Museumsstück: Hölzerne Brauereieinrichtung

Bis 1795 ging der Bierausstoß beträchtlich zurück – auf insgesamt 2035 Eimer. Die Besteuerung hatte dagegen ebenso zugenommen: Ende des 18. Jahrhunderts wurde aufs Grieskirchner Bier 847 Gulden und 22 Kreuzer erhoben, 1728 waren es erst 340 Gulden gewesen. Die Steuer dürfte Bier damals stärker verteuert haben als Rindfleisch – der Durchschnittsverdienst eines Taglöhners ist in jenen Jahren kaum gestiegen – er lag in Linz fast das ganze Jahrhundert lang bei 12 Kreuzern.
Das „Jörger Bier" (in den siebziger Jahren eine Marke für ein helles, leichtes Bier, heute die Weißbiermarke) führt seinen Namen auf die Familie Jörger zurück, die schon ab 1570 Burgvögte in Wels gestellt hat und aus deren Reihen der ständische Oberhauptmann von 1619, Karl Jörger, stammte. Letzterer soll ein rechter „Bauernschinder" gewesen sein; ein Helmhard Jörger scheint dagegen als Vermittler zwischen der bayrischen Besatzungsmacht und den Bauern unter Stefan Fadinger auf. Auf ihrem Stammschloß Tollet hat sich 1795 eine Brauerei mit 478 Eimer Ausstoß befunden, an die das „Jörger Bier" noch heute erinnert.
Auch in Grieskirchen braute der Adel: Graf Revereta erwarb das heutige Brauereigrundstück am 10. April 1868 – mitsamt der schon vor 1796 bestehenden Braugerechtigkeit. Die heutige Grieskirchner Brauerei ist

aus einer 1908 gegründeten Gastwirtegenossenschaft hervorgegangen. Die formelle Übernahme der Brauerei erfolgte am 1. September 1908. In den zwanziger Jahren produzierte die Genossenschaft 20.000 hl. 1941 wurde die Genossenschaft in eine AG umgewandelt, die Nachkommen der früheren Genossenschafter sind heute noch Aktionäre.

Sehenswürdigkeiten und Ausflüge: Die Brauerei – mit einigen Bauteilen aus dem Beginn des Jahrhunderts und der sehenswerten eigenen *Mälzerei* – liegt sehr zentral. Der Name Grieskirchen leitet sich von der Pfarrkirche ab, die schon 1075 auf dem Gries, dem Flußschotter der Trattnach, gestanden sein muß. Die heutige Kirche wurde nach 1670 in barockem Stil umgebaut, sie birgt die Grabdenkmäler des Geschlechts der Pollheimer. Auf dem Kirchenplatz steht auch der *Karbrunnen* von 1610.

Die Bezirksstadt liegt im Mittelpunkt des „Landls“, der Region zwischen Donau und Hausruck. Das ist eine Gegend für einfache Spaziergänge, etwa auf dem Kaisersteig südlich der Trattnach zum *Schloß Tollet*. Es birgt heute ein Wagnerei- und Bienenmuseum (07248 86 65). Zurück führt der Wanderweg 32, an den man noch einen Abstecher durch den Zehetholzwald nach Pollham (hier heißt der Weg dann 33) oder zum *Schloß Parz* (Nummer 35) anhängen kann. Schloß Parz geht auf eine Wasserburg des 13. Jahrhunderts zurück – bemerkenswert sind vor allem die *Fresken* an der Fassade, der größte Renaissance-Freskenzyklus nördlich der Alpen.

Südlich von Grieskirchen führt ein Wanderweg auf der alten Jörger Bezirksstraße und eine Obstallee nach Obersteinbach (markiert als Nummer 31, später 45) und über die Luisenhöhe nach *Gallspach.*

In Schmiding bei Wels gibt es den *Vogelpark* (07249 62 72), dessen Volieren teilweise so ausgelegt sind, daß sie von den Besuchern betreten werden können. So kann man etwa in der 12 Meter hohen Greifvogel-Fluganlage die Könige der Lüfte ohne störende Gitter in einem ihnen angepaßten Biotop beobachten.

Wo einkehren? Der Angebotsschwerpunkt des Grieskirchner Bieres liegt traditionell in Oberösterreich. In Grieskirchen gibt es heute kein Braugasthaus mehr, zu empfehlen ist das *Gasthaus Zweimüller*. In Linz ist Grieskirchner Bier etwa im *s' Durchhaus*, im ehemaligen Starhembergschen Freihaus (Hofgasse 7) erhältlich.

In Wien gibt es das Grieskirchner unter anderem in *Garfields Bier-Bar* (1070, Ahornergasse 4), die in einem Haus für oberösterreichische Studenten liegt und in der die Redaktion des Kurier verkehrt, sowie im *Titanic* (1060, Theobaldgasse 11, 587 47 58).

Kefermarkt Erste Oberösterreichische Gasthausbrauerei G. m. b. H.

Meierhof des Schlosses Weinberg
4292 Kefermarkt
07947 71 11 und 62 02

Eigentumsverhältnisse: Carl-Friedrich Wentzel, Familie Rajal (je 50 Prozent)

Jährlicher Ausstoß: 1000 hl

Biersorten: Braumeister Wolfgang Rajal, er war früher in Freistadt tätig, ist stolz darauf, im Maierhof des Schlosses Weinberg (es gehört der Familie Wentzel) ein „anderes Bier" zu brauen. Für ihn ist die eigene Brauerei, in der er selbst auch Wirt ist, die „Erfüllung eines Jugendtraumes". Vor den Augen der Gäste entsteht nach dem Infusions-Maische-Verfahren (bei dem die Maische nicht gekocht wird) ein naturbelassenes, hefetrübes Bier. Und zwar nur zwei Sorten: das helle und das dunkle „Urtrüb". Die verwendete Technologie garantiert gute Schaumbildung, die nach Rajals Vorgaben in Stadlau hergestellten Malze, der ausschließlich aus dem Mühlviertel bezogene Hopfen und das aus einem unterirdischen See in 50 Meter Tiefe gepumpte Wasser mit 1,4 deutschen Härtegraden garantieren ein aromatisches, aber wenig bitteres Bier, das unfiltriert auf den Tisch oder in die Flasche kommt.

Souvenirs: Das Bier aus der Ein-Mann-Brauerei wird nirgends ausgeliefert – wer es in den 2-l-Syphonflaschen mitnimmt, hat damit bereits ein optimales Andenken (wer einen ganzen Bus mit Gästen mitbringt, bekommt es sogar gratis). Der hohe Flascheneinsatz führt dazu, daß hier nur Stammgäste Bier mit heimnehmen – die allerdings kommen immer wieder. Als weitere Besonderheit bietet die „Erste Oberösterreichische Gasthausbrauerei" die größten Bierdeckel Österreichs.

Geschichte: Die Schloßbrauerei bei Kefermarkt gehört zu den jüngsten Österreichs, sie wurde erst im Sommer 1989 in Betrieb genommen. Die Geschichte des Hauses datiert aber zurück bis ins frühe 14. Jahrhundert: 1305 wurde die Feste Weinberg erstmals als Sitz eines Peter der

Piber „von dem Weinperige" urkundlich erwähnt, sie war Sitz des Christoph von Zelking, der 1479 die Verleihung der Marktrechte für die unterhalb der Burg liegende Ortschaft Kheffendorf (=Kefermarkt) erwirkte. Schon in jener Zeit ließen die Zelkinger Bier brauen, damals allerdings in ihrem Dorf Kerschbaum, wo 1378 bereits ein Bierbrauer erwähnt wurde. Zum Leidwesen der nahen Freistädter. Das heutige Bild der Burg geht auf einen Umbau der Renaissancezeit (auf dem Ziehbrunnen findet sich die Jahreszahl 1589) zurück. Aus dieser Zeit, nämlich von 1592, ist die Anschaffung einer kupfernen Braupfanne überliefert. Und es ist aktenkundig, daß die Herrschaft ein Vorkaufsrecht auf den Hopfen ihrer Untertanen hatte. In der Barockzeit, zwischen 1674 und 1708, wurde das Schloß nochmals verändert.
Wie früher üblich, war auch auf Schloß Weinberg eine Dominikal-Brauerei eingerichtet, die etwa im Jahrzehnt von 1740 bis 1749 im Jahresschnitt 866 Gulden Bieraufschlag zahlte. Da solche herrschaftlichen Brauhäuser ihren Untertanen das Bier aufzwingen konnten, gab es für die Dominikal-Brauhäuser sicheren Absatz und Gewinn: Die Jahresrendite soll bei 29 Prozent gelegen haben. Für das Jahr 1752 ist überliefert, daß das Brauhaus für einen Pachtzins von 562 Gulden verpachtet wurde. Bier wurde jedenfalls noch 1795 gebraut: 3386 Eimer; in Freistadt waren es 8229 Eimer.
Die Einrichtung des Schloß-Bräuhauses war noch in den dreißiger Jahren unseres Jahrhunderts teilweise erhalten, wenn auch längst nicht mehr in Verwendung. Nach Verwüstungen im letzten Weltkrieg und der anschließenden sowjetischen Besatzung war Weinberg zeitweilig Erholungsheim der Bau-Holz-Gewerkschaft und wurde dann für die Landesausstellung von 1988 zu einer Fremdenverkehrsattraktion ausgebaut.
Sehenswürdigkeiten: Schloß Weinberg liegt außerhalb von Kefermarkt, hoch über dem Tal der Feldaist. Die Brauerei selbst wurde von ihrem Besitzer nicht zuletzt als touristische Attraktion geplant: In die Gaststätte ist das *Sudhaus* integriert, insgesamt bietet die Gasthausbrauerei etwa 300 Touristen Platz. Wer das Bier in Kefermarkt verkosten will, bekommt quasi als Draufgabe eines der schönsten (und bestrestaurierten) Schlösser Oberösterreichs mit reich mit Stuck verziertem *Rittersaal* (um 1600), *Fabelzimmer* (1622) und *Schloßkapelle* (geweiht 1731) zu sehen. Der *Meierhof* zeigt eine Datierung von 1595, diese dürfte aber erst später hinzugefügt worden sein, wahrscheinlicher ist, daß der Bau im Jahr 1629 errichtet wurde.

HIER KOMMT DAS OTTAKRINGER.

Willkommen im Club.
Telefonieren ohne Münzen:
das ist das Club-Motto.
Mit der 50,– oder 100,–
Schilling-Wertkarte
sind Sie dabei und zahlen
nur 48,– bzw. 95,– Schilling.
Wertkarten gibt's in Postämtern
und vielen Trafiken.
Willkommen im Club!
Die
Telefon-
Wertkarte.
Ihre Post

Rajal läßt sich beim Brauen zusehen

In unmittelbarer Nähe des Schlosses befindet sich die dem hl. Wolfgang geweihte Pfarrkirche (1470) der Marktgemeinde Kefermarkt mit einem neugestalteten Vorplatz (mit *Pranger* und *Richtersymbol*) und dem weltberühmten geschnitzten *Altar* in Form einer Monstranz. Er wurde zwischen 1490 und 1497 von einem unbekannten Schnitzer geschaffen und zählt gemeinsam mit den Altären von Weinberg und St. Wolfgang zu den größten gotischen Schätzen des Landes. Der Flügelaltar ist aus Lindenholz und 13,5 Meter hoch. Dargestellt sind der hl. Wolfgang, Petrus und St. Christophorus, eine Verkündigungsszene sowie die Anbetung der Könige und der Tod Mariä. Ursprünglich farbig gestaltet, erhielt er bei einer Restaurierung unter der Leitung des Dichters Adalbert Stifter (1852–1855) die heutige Fassung.
Ausflüge: Kefermarkt liegt am Mühlviertler Naturfreundeweg, der entlang der Bahn nach Süden ins *Tal der Feldaist* führt (flußabwärts von Prägarten ist der schönste Teil mit einem als Landschaftsschutzgebiet ausgewiesenen Durchbruch durch ein Granitmassiv). Nach Norden führt diese Weg auf den *Braunberg* und nach *St. Oswald* bei Freistadt. Außerdem führt hier der Burgen- und Schlösserweg (von Freistadt nach Grein an der Donau, etwa 90 Kilometer) vorbei: Auf ihm gelangt man nach *Lasberg* (5 Kilometer), ein bereits als „schönste Ortschaft Österreichs" ausgezeichnetes Dorf (gotische Pfarrkirche von 1125, kleines *Schmiedemuseum* „Fürstenhammer" von 1526, *Ruine Dornach*,

wo gelegentlich Laienschauspiele aufgeführt werden). Nach Südosten sind es etwa 9 Kilometer nach *Gutau*, das 1613 erstmals wegen seiner Heilquelle (Radium) erwähnt wurde. Hier gibt es auch ein *Färbereimuseum*, in dem die für die oberösterreichische Tracht bedeutenden Blau drucke dokumentiert werden (Besuch nach Vereinbarung, 07946 255).
Wo einkehren? Das auf Schloß Weinberg gebraute Bier gibt es nur an Ort und Stelle – genau gesagt: in einem ehemaligen Saustall, der so gemütlich umgebaut wurde, daß sich heute die Gäste darin „sauwohl" fühlen. Der Braugasthof ist vor allem an Wochenenden so gut besucht, daß eine Reservierung empfehlenswert ist. Zu den Spezialitäten gehört auch das gratis zum Bier servierte Trebern-Brot: Die verbrauchte Maische wird von dieser Brauerei nicht als Viehfutter verkauft, sondern einem Vollkornbrot beigeben.

Kirchdorf an der Krems
Brauerei Ernst Mayr

Ertlstraße 3
4560 Kirchdorf
07582 22 46

Eigentumsverhältnisse: Familienbetrieb
Jährlicher Ausstoß: 15.000 hl
Biersorten: Peter Mayr, der Juniorchef der Mayr-Brauerei, ist vielleicht der einzige Braumeister Österreichs, der als Spitzensorte sein Leichtbier vorführt. „Mayr Leicht" ist auch ein Leichtbier wie kein anderes. Als Peter Mayr es während seines Studiums in München kreierte, ließ er es seine Professoren verkosten. „Ein hervorragendes Pilsbier" war das übereinstimmende Urteil. Dabei ist sein Bräu „federleicht" mit nur 8 Grad Stammwürze und außergewöhnlich aromatischer Hopfung. In Kirchdorf ist man sich des Erfolges so sicher, daß man dazu übergegangen ist, das Leichtbier auch als „Zwickl Leicht" abzufüllen. In Flaschen, was eine doppelte Innovation ist: Unfiltrierte, untergärige Biere gab es

bisher nur aus Hausbrauereien, und ein Leichtbier war schon gar nicht dabei.
Peter Mayr ist überzeugt, mit seinen Produkten eine Nische füllen zu können. Er braut „nur mit Hopfen, Malz, Wasser und Hefe“, wobei er das Malz aus Stadlau, den Hopfen aus dem nahen Mühlviertel und aus der Hallertau, die Hefe aus der Brauerei Obertrum und das mit 15 Grad etwas harte und daher mit Kalkfällung aufbereitete Wasser aus einer eigenen Quelle in Neu-Pernstein bezieht.
Im Sudhaus, das von 1927 stammt, hat die Familie neue Technologie eingebaut. Mayrs Biere werden bei 8, maximal 9 Grad sieben Tage lang vergoren, der „Festbock“ übrigens bei etwas kühleren Temperaturen. Die weiteren Sorten sind ein „Märzen“, ein „Export“, ein „Pils“ und ein „Dunkles“, das nicht süß ist.
Souvenirs: Auf dem Gelände der Brauerei – unmittelbar an der transitbelasteten Phyrn-Strecke – befindet sich ein Verkaufslokal, „Mayr's Bierfassl“. Es bietet neben der gesamten Produktpalette der Brauerei unter anderem eine Auswahl von Keramikkannen und Krügen (in denen das Zwickl-Bier gleich mit heimgenommen werden kann). Reprints alter Plakate stehen zur Verfügung, weil durch einen glücklichen Zufall einige Originaldias der Bierwerbung aus den fünfziger Jahren erhalten geblieben sind. Schließlich gibt es noch Seesäcke und bestickte Deckerln mit dem Brauerspruch „Hopfen und Malz – Gott erhalt's“.
Geschichte: Die Brauerei Renshof wurde vor 1666 „auf der Blaich“ gegründet. Als eine von zwei Brauereien in der Gemeinde – die andere gehörte zum bis zur Mitte des 20. Jahrhunderts bestehenden Gasthof Schobesberger. 1728 bezahlte „für beide Bierbräu“ Adam Hinzenberg 160 Gulden Bieraufschlag bei einem Bierausstoß von 3200 Eimern.
Auch 1795/97 gab es noch zwei Brauereien in Kirchdorf, die des Johann Paul Obauer, der für 2258 Eimer 942 Gulden und 2 Kreuzer Bieraufschlag abführte, und Johann Michael Rienzhofer, der 1757 Eimer braute und 732 Gulden und 56 Kreuzer Bieraufschlag zahlte.
Rienzhofer und seine Frau Klara, geborene Wegscheiderin, hatten die Brauerei 1777 um 2000 Gulden erworben. Sie wechselte noch mehrmals den Besitzer – 1855 blätterten Johann und Eva Ertl 10.500 Gulden hin, um das Brauhaus zu erwerben, 22 Jahre später mußte Ernst Mayr bereits 25.000 Gulden bezahlen.
Die Brauerei befindet sich seit vier Generationen in Familienbesitz – wobei der erste Mayr eigentlich Apotheker war und sein neuerworbenes Brauereigewerbe sozusagen wissenschaftlich anging. Er hatte als

Sohn der Besitzer des Hotels „Schiff" am Salzburger Residenzplatz zunächst in der Drogerie „Radauer" in Salzburg gelernt. Er war dann über die Vermittlung der Mutter Katharine in deren Familienbetrieb Poschacher nach Linz gekommen – einen Gründungsbetrieb der Brau-AG und deren heutiger Geschäftssitz.
Als er nach Studienjahren in Linz und Worms 24jährig nach Kirchdorf kam, hatte das Unternehmen nicht einmal 3000 hl Ausstoß. Doch was er plante und einrichtete, tut im Prinzip noch heute guten Dienst: Der erste Schritt war der Bau eines eigenen Kellers – in den ersten Jahren mußte das Bier noch zu den Gärkellern in Micheldorf gefahren werden. Gemeinsam mit seinem neuen Betrieb in Windischgarsten (in Mayrs Hand von 1904 bis 1916, als wegen Rohstoffmangels zugesperrt werden mußte) erreichte er 1906 einen Ausstoß von 16.000 hl.
Im neuen Sudhaus ist für 1932/33 ein Ausstoß von 5678 hl überliefert, das ist etwa soviel, wie heute die Brauerei Pöpperl in Weitra erzeugt. In jenem Jahr übernahm Ernst Mayrs Sohn Ernest 24 Pferde und einen Lastwagen (angeschafft 1924), als er neuer Chef in Kirchdorf wurde.
Die Zeiten waren schlecht, und 1945 wurde der Betrieb kurzfristig eingestellt. Und dann dauerte es noch vier Dünnbier-Jahre, bis am 1. September 1949 wieder 12grädiges Bier ausgeschenkt werden durfte. Bis zur Mitte der sechziger Jahre entwickelte sich das Mayr-Bräu bis zu seinen heutigen Ausstoßziffern.
Sehenswürdigkeiten und Ausflüge: Die Brauerei ist selbst eine Attraktion und wird von den Eigentümern, „wenn halt Zeit ist", nach Voranmeldung gerne hergezeigt.
In Kirchdorf bietet die *Pfarrkirche* eine interessante Kombination von Gotik und Moderne (zuletzt wurde sie 1962 umgestaltet), *Schloß Altpernstein* ist über einen reizvollen Spazierweg (der über eine tiefe Felsschlucht führt) erreichbar.
10 Kilometer südlich von Kirchdorf erreicht man das weithin sichtbare *Frauenstein*, das in seiner Wallfahrtskirche eine gotische Schutzmantelmadonna von Gregor Erhard aus Ulm (ca. 1515) birgt – eine Stiftung von Kaiser Maximilian. Unterhalb von Frauenstein, in Richtung Molln, kann man ein Stück auf dem *Salzsteigweg* (er führt von Kärnten nach Bad Leonfelden im Mühlkreis) wandern. Hier verläuft der Weg entlang dem und im Graben, den die Steyr in die eiszeitlichen Schotter Dutzende Meter tief geschürft hat. An zwei Stellen, beim riesigen Stausee oberhalb von Klaus und beim *Steyrdurchbruch* stehen imposante Wasserkraftwerke. Letzteres lohnt einen kleinen Ausflug – stammt doch

Alte Kinowerbung für Mayr-Bier

die Architektur und die gesamte Einrichtung von 1908. Nach Voranmeldung kann das Kraftwerk auch besichtigt werden (OKA 0732 593 3301). Bleibt noch zu erwähnen, daß vom Heimatort der Maultrommeln, Molln, von Frauenstein und Windischgarsten Wege ins Sengsengebirge führen, eine Kernzone im geplanten *Kalkalpen-Nationalpark.*

Wo einkehren? Die brauereieigene Bierstube ist erst in Vorbereitung, daher muß auf andere Lokale der Umgebung verwiesen werden: Immerhin hat Mayr 120 ständige Gastronomiekunden, ausschließlich in der Umgebung, darunter den *Schwarzen Adler* (07582 20 85) am Stadtplatz von Kirchdorf.

In Windischgarsten, wo die eigene Brauerei längst stillgelegt ist, ist die Familie Mayr am *Braugasthof* beteiligt, der bis auf weiteres die Rolle des „eigenen" Braugasthofs einnimmt. Es ist die ehemalige „Frühwirthtaverne", bereits 1500 erwähnt und am 3. Juni 1662 als „neu errichtete Brauwerkstatt" verkauft. 1867 baute Theresia Paulingenius den unterirdischen Lagerkeller, in dem noch heute Bier gelagert wird, und 1904 kaufte Ernst Mayr die Braustätte und modernisierte sie.

Neumarkt am Hausruck Ritterbräu Brauerei Neumarkt GmbH & Co KG

Marktplatz
4720 Neumarkt
07733 76 2 20

Eigentumsverhältnisse: An der Neumarkter Brauerei sind traditionell fünf Familien beteiligt.
Jährlicher Ausstoß: 20.000 hl
Biersorten: Braumeister Johann Zeiger verwendet Wasser aus eigenem Brunnen in Kallham (mit 8,5 deutschen Härtegraden), das unaufbereitet verwendet wird. Das Malz bezieht er aus Stadlau und dem benachbarten Grieskirchen, den Hopfen aus dem Mühlviertel, der Hallertau und aus Saaz, die Hefe aus der Baumgartner Brauerei. Ein vollmundiges, 12,5 Grad starkes „Ritterbräu Märzen" stellt die Hauptsorte der Flaschenbiere dar, ins Faß kommen nur das ähnliche, aber mit 13,3 Grad etwas stärkere „Export" und das helle, trocken-bittere 12,2grädige „Pils", das immerhin 20 Prozent des Ausstoßes ausmacht. Der nicht zu vollmundige „Bock" (16,5 Grad) ist süßlich im Antrunk, während im Nachtrunk das gut abgestimmte Hopfenaroma zur Geltung kommt. Dazu kommt noch ein eher süßes „Export Dunkel" mit 13,3 Grad.
Das Ritterbräu wird mit 7 Grad Celsius angestellt und wird sieben Tage lang bei maximal 9,5 Grad vergoren. Nach vier- bis sechswöchiger Lagerung wird es ohne thermische Nachbehandlung abgefüllt.
Souvenirs: Zur 380-Jahrfeier wurden 1989 relativ preisgünstige Steinzeugkrüge mit und ohne Zinndeckel aufgelegt, außerdem gibt es Pilsstangen und diverse andere Gläser. Emailleschilder mit der Aufschrift „Neumarkter Bier" und „Bürgerliche Brauerei Neumarkt" sind leider kaum noch zu finden, ebensowenig die entsprechenden Flaschen.
Geschichte: Neumarkt ist altes Siedlungsgebiet und hat seinen Namen schon seit 1220, als es in eine Urkunde des Papstes Honorius III. „Novum Forum" genannt wird. Die formelle Regelung des Marktrechtes stammt von Georg von Schaunberg, 1543. Da heißt es, wer hier „wein

fuern oder schennсken oder andrer schweren kauffmanschafft treiben der geb zu gemayn marckt ain pfunndt pfennig unnd zwo khanndl wein si hatt er alle dy reich wie annder Burger". Das war eben noch die Zeit, als man in Pfund Pfennig (=240 Pfennig, das waren 60 Kreuzer oder ein Gulden) und in Kannen Wein (wobei deren Größe bei knapp zwei Liter gelegen sein dürfte) rechnete. Aber vom Wein kam man im Innviertel, das ja immer Grenzgebiet zu Bayern war, rasch zum Bier. 1609, im Gründungsjahr des „Ritterbräu", gab es in Neumarkt bereits zwei andere Brauereien: Das Ober- und das Unterbräu. Das 1609 gegründete „Mitterbräu" war wie diese zunächst eine bescheidene Hausbrauerei, allerdings in guter Lage: eben mitten am Marktplatz. Mitte des 19. Jahrhunderts mußten die beiden anderen Brauereien sperren, die heutige Brauerei Neumarkt blieb aber bestehen – als eine von (im Jahr 1860) 3314 Brauereien der österreichisch-ungarischen Monarchie. Das „Mitterbräu" gehörte der angesehenen Ratsherrenfamilie Schließlberger, typische Vertreter des aufstrebenden Bürgertums. 1727 kam die Brauerei durch Heirat an die Familie Göttner, die bis 1870 die Brauerei führte. Von dieser Familie ist eine Abrechnung aus dem Jahr 1750 überliefert, nach der ein Hausknecht einen Wochenlohn von 1 Gulden und

Die „Bürgerliche Brauerei" um 1900

30 Kreuzer bekam, ein Brauknecht 30 Kreuzer mehr (also 2 Gulden) und ein Braumeister sogar über 9 Gulden und dazu freies Quartier.
Im ausgehenden 19. Jahrhundert, der Zeit eines extremen Konzentrationsprozesses im Brauwesen, kamen auch für Neumarkt bewegte Zeiten: In der Regierungszeit von Kaiser Franz Joseph schrumpfte die Zahl der Brauereien auf ein Drittel, der Bierausstoß verdreifachte sich dagegen. Auch die verbliebene Neumarkter Brauerei expandierte, obwohl sie mehrfach den Besitzer wechselte. 1905 schien dann aber das Aus zu kommen. Der Brauereibesitzer Johann Feiks entschloß sich plötzlich, seinen Betrieb zuzusperren und nach Amerika auszuwandern.
Vier Neumarkter versuchten einen letzten Anlauf: August und Franz Duswald, Franz Eybl und Hermann Kislinger. Sie erwarben den Betrieb, der sich nun „Bürgerliche Brauerei Neumarkt" nannte, und bauten ein Vertriebsnetz über das Innviertel auf – gegen beachtliche Konkurrenz und mit einfachsten Mitteln. Denn noch bis in die Nachkriegszeit wurde Bier mit Pferdekutschen ausgeführt – großteils auf Schotterstraßen.
Daß aus dem ehemaligen „Mitterbräu" das „Ritterbräu" wurde, das hat mit der Grenze zu Bayern und dem Neumarkter Wappen zu tun: Der „Ritter" im Neumarkter Wappen hält einen Grenzbalken, es dürfte sich also nicht um einen streitlustigen Kämpfer, sondern um einen friedlichen Grenzwächter handeln. Und das paßt auch ganz gut zum Bier.
Sehenswürdigkeiten und Ausflüge: Tourismus gibt es in Neumarkt kaum, es ist ein Industrieort mit einer Käserei (Sirius) und eben der Brauerei, hat eine barockisierte Kirche und eine Bahnstation: Neumarkt-Kallham. Letztere ist ein wesentlicher Grund dafür, daß Neumarkt sich wirtschaftlich behaupten konnte. Deshalb genießt die Familie Wurmb (Anton Wurmb betrieb das Bahnbauprojekt als Landtagsabgeordneter, Sektionschef Carl Wurmb war beruflich mit dem Bau der Alpenbahn beauftrag) besonderes Ansehen – gegenüber der Kirche steht eine Gedenktafel.
Im Ortsbereich gibt es nette Spazierwege auf den *Würzberg* und ins Kallhamerdorf sowie zur barocken *Pfarrkirche* (1713–1718) von Kallham.
Wo einkehren? In Neumarkt selbst ist das Ritterbräu überall vertreten – auch wenn es auf Grund der an eine Gastwirte-Genossenschaft erinnernden Besitzverhältnisse keinen eigenen Braugasthof gibt. In Kallham empfiehlt sich der Gasthof *Wipplinger* (0773 308).

Ried im Innkreis
Brauerei Ried

Brauhausgasse 24
4910 Ried
07752 20 17

Eigentumsverhältnisse: Die Brauerei Ried ist eine Genossenschaft.
Jährlicher Ausstoß: 70.000 hl
Biersorten: Neuestes Produkt des erst 1988 nach Ried berufenen Braumeisters Hubert Moser ist das „Rieder Braune", ein herbes Schankbier mit 10,5 Grad – das einzige relativ alkoholarme dunkle Bier – und vor allem ein „Dunkles" ohne Restsüße. Es ist als Gastronomiespezialität nur im Faß erhältlich. Ein anderes Schankbier, das „Oberacher", hat ebenfalls 10,5 Grad und 4,5 Prozent Alkohol, ist mild gehopft und klarerweise wenig voll – ein Durstlöscher aus dem Billigsegment.
Das „Rieder Märzen" ist ein durch die Verwendung von etwas Reis sehr süffiges, mild gehopftes 12grädiges Bier, während das 13grädige „Meisterbräu" sich durch kräftige Hopfung und appetitliche goldgelbe Farbe auszeichnet: „Urig wie unser Land", nennt es der Braumeister. Das „Rieder Meisterpils" hat 13 Grad, ist kräftig und herb, aber nicht zu bitter. Schließlich gibt es noch das „Alt-Rieder Dunkel", ein Vollbier mit 12 Grad, dunkelbrauner Farbe und süßlichem Geschmack im Abgang.
In Ried werden – aus Ploberger Malz – auch Weißbiere hergestellt: Das 12grädige „Weizen ohne Hefe" ist ein hellgelbes, nicht übermäßig kohlensäurereiches Weißbier. Das „Helle Weizen" ist gleich stark, wird aber gleich nach der Hauptgärung mitsamt der Hefe in Flaschen gefüllt und in der Flasche vergoren, dasselbe gilt für das etwas erfrischendere „Dunkle Weißbier".
Die Rieder Brauereigenossenschaft verfügt über eine eigene Hefe-Reinzucht. Sie nimmt das Brauwasser teilweise aus eigenen Brunnen, teilweise aus Stadtwasser – es ist zwischen 4 und 5 Grad hart und nicht aufbereitet. Das Malz kommt von Plohberger und Koch, der Hopfen aus Tettnang, Saaz und Spalt.
Souvenirs: Von der Rieder Brauerei existiert eine Festschrift, „75 Jahre

Genossenschaft", es gibt eine Bierdeckelserie mit Stichen Innviertler Städte, die ein Mitglied der ehemaligen Besitzerfamilie Claudi angefertigt hat, Tonkrüge sowie diverse Biergläser. Die Etiketten wurden in den letzten Jahren umgestellt und mit dem Slogan „Urig wie unser Land" versehen.

Kellerbrauerei Ried Mitterbucher & Söhne KG

Hochfeld 4
4910 Ried
07752 22 37

Eigentumsverhältnisse: Die Kellerbrauerei ist eine Privatbrauerei in Besitz der Familie Fischer.
Jährlicher Ausstoß: 26.000 hl
Biersorten: Das „Kellerbräu Märzen" hat 12,5 Grad und ist weniger voll, aber edler gehopft als andere Märzenbiere. Das „Annenbräu" – ursprünglich ein nur für das Annenfest am 26. Juli gebrautes Bier – ist ein nach altem Rezept kräftig und nur mit Saazer Hopfen gewürztes Bier, das vier Monate gelagert wird. Das „Kellerbräu Spezial" hat 13 Grad und ein ausgewogenes Aroma, nicht zu voll. Das „Kellerbräu Pils" ist schlanker, feinherb und hell. Der im August für Weihnachten eingebraute „Kellerbräu Festbock" ist bernsteinfarben, hat 17 Grad und einen sehr runden, im Abgang süßlichen Geschmack.
Alle Kellerbräu-Biere sind unpasteurisiert. Das Wasser, aus dem sie gebraut werden, stammt teilweise aus der Stadtleitung und teilweise aus eigenen Brunnen, es muß etwas aufbereitet werden, bevor es mit Stadlauer und Plohberger Malz, Mühlviertler und Saazer Hopfen sowie etwas Reis zur Abrundung des Geschmacks verbraut wird. Die Kellerbrauerei hat in den letzten Jahren viel in Umweltschutz und Energiesparen investiert, klassische Kellertechnik, etwa die Hauptgärung in offenen Bottichen, ist aber erhalten geblieben.
Souvenirs: Das Kellerbräu hat seine Werbelinie 1988 umgestellt, das neue Signet prangt auf Etiketten, Gläsern und Tonkrügen.

Geschichte: 1140 wurde Ried erstmals als Burg und Sitz eines Herrengeschlechts erwähnt – als dieses um 1200 ausstarb, ging die Herrschaft und der inzwischen entstandene Marktflecken an Bayern. Die Grenzlage hat es mehrfach der Zerstörung ausgesetzt – 1364 wurde es von Rudolf dem Stifter völlig zerstört, später nochmals im Spanischen und Österreichischen Erbfolgekrieg in der ersten Hälfte des 18. Jahrhunderts. Einen ersten Hinweis auf einen Brauereibetrieb auf dem Areal der heutigen Brauereigenossenschaft Ried gibt es im 15. Jahrhundert: 1432 wird ein Wernhart Prew erwähnt. 1536 wird im damals „Schwarzmann" genannten Ortsteil ein „Georg Prewens Bräustadl" in der Burgfriedensgrenzbeschreibung genannt. Die Braustätte wechselte mehrfach ihren Besitzer, gelangte unter August Claudi sogar zu einigem Ruhm und mehreren Auszeichnungen, wurde aber von dessen Sohn am 11. Mai 1891 an die Bürgerliche Brauerei-Aktiengesellschaft in Ried verkauft. Die AG investierte zwar in den ersten Jahren, zeigte sich aber eineinhalb Jahrzehnte später verkaufswillig, als einige Wirte darangingen, eine Genossenschaft zu gründen.
Es waren die Gastwirte Josef Furthner und Matthias Fellner, die für den 30. Juli 1908 eine Gastwirteversammlung in „Hummers Gastlokalitäten" einberiefen, zu der 300 Kollegen kamen. 152 Wirte wurden Genossenschafter, und am 30. November 1908 wurde die Brauerei um 544.000 Kronen erworben: Ein beachtlicher Betrag, der ein Vielfaches dessen ausmacht, was fünf Jahre zuvor von Vorarlberger Gastwirten zum Neubau der Frastanzer Genossenschaftsbrauerei investiert wurde. Die Genossenschaft erzeugte 1926/27 29.167 hl, 1937/38 21.818 hl. Zu dieser Zeit gab es eine (1933 gegründete) Weißbierbrauerei des Hans Lechner, die 120 hl erzeugte.
Die Kellerbrauerei (auch „altes Eckbäuhaus auf dem Hochfeld" und „Greif Brauerbehausung" genannt) weist 1598 als ersten Brauer einen Abraham Göttner auf. Die Liegenschaft auf dem Hochfeld ist aber bereits 152 Jahre vorher erwähnt, im Urbarbuch von 1446 als „cheler mit seinen zugehörn", mit einer jährlichen „Gilt" von 4 Pfund Pfennigen zum Pflegschloß Ried. Göttner hatte sich das Bürgerrecht erheiratet, er starb 1601. Mit dem Haus war zumeist auch eine Bäckerei verbunden, zu Göttners Zeit betrieben von Hans Leinperger († 1610). Die Brauerei blieb Familienbesitz, bis sie aus dem Besitz der Familie Pleninger 1886 versteigert wurde. Damals wurde sie von einer Genossenschaft erworben, 1926 kam sie an die Brüder Mitterbucher. In diesem Jahr betrug der Ausstoß 1334 hl, 1932/33 waren es 3396 hl.

Die Geschichte des Rieder Bieres war durch mehrere Urkunden belegt, von denen viele verloren gegangen sind – 1895 wußte Josef Kränzl bei zwei Vorträgen in Ried noch aus dem ziemlich kompletten Material zu zitieren, die ihm zur Verfügung stehenden Unterlagen fand man teilweise auf einem Rieder Dachboden wieder. Das wertvolle Zunft- und Bruderschaftsbuch tauchte 1936 im Stadtarchiv von Steyr wieder auf. Es ist mit handgemalten Bildchen der Brauer, zumeist von der aus Feldkirch zugewanderten Familie Gaman, verziert und wurde bis 1843 geführt. Leider sind die Angaben in den verschiedenen Quellen nicht gänzlich zur Deckung zu bringen (oft differieren Vornamen oder Schreibweisen).

Sicher ist, daß Ried auf die Qualität seiner Biere achtete: So mußten 1606 die Bierbrauer Hans Badergruber, Andre Stockinger, Kaspar Lindacher und Georg Schöner wegen schlechten Bieres Strafe zahlen, auch Thomas Kaltenhauser von der Kellerbrauerei wurde zwischen 1606 und 1608 wegen „schlechten Gebräues" bestraft.

Die älteste Handwerksordnung der Bräuer (sie ist nicht erhalten) stammt aus der Zeit 1566 bis 1569, sie regelte aber – wie auch die Brauordnung vom 29. Mai 1623 – vor allem gewerberechtliche Belange und die Teilnahme an kirchlichen Festen: Meßbesuche an Apostel-Feiertagen und Festtagen Unserer Lieben Frau. Außerdem wurden die Zunftmitglieder verpflichtet, die Begräbnisse ihrer Kollegen zu besuchen.

Das Innviertel gehörte zu jener Zeit zu Bayern, das Amt Ried, früher dem Rentenamt Burghausen unterstehend, kam erst mit dem Frieden von Teschen am 13. Mai 1779 an Österreich. Dementsprechend galt das sogenannte Reinheitsgebot von 1516 auch in Ried. Allerdings wurde die Regel, daß man nur aus Gerstenmalz Bier brauen darf, schon am 15. Februar 1642 mit einem Regierungsbefehl außer Kraft gesetzt: Damit wurde den Rieder Brauern das Weißbierbrauen erlaubt – wohingegen den Weinwirten 1655 der Weißbierausschank verboten wurde.

13 Bräuer gab es 1698/99 in Ried, ihr Gesamtausstoß lag bei 12.690 Eimern, 1791 waren es 17.640 Eimer, 1800 bereits 25.020 Eimer, 1835 21.379 Eimer. Von 1641 ist überliefert, daß die Landesbiersteuer 2000 Gulden brachte, 1680 bereits 5133 Gulden und 40 Kreuzer. Dazu mußte ab 1688 ein Bierpfennig als kommunale Abgabe bezahlt werden – je Sud 3 Gulden, 38 Kreuzer und 1 Pfennig.

Sehenswürdigkeiten und Ausflüge: Die Brauereien, besonders die kleinere, noch handwerklich wirkende Kellerbrauerei, sind natürlich

Schützte Ried und seine Brauer: Floriani-Altar

selbst Sehenswürdigkeiten, die allerdings nur nach vorheriger Anfrage besichtigt werden können. Der Braugasthof *Zum Kellerbräu* ist ein Bau aus dem 18. Jahrhundert.
In Ried erinnern viele Stätten an die bedeutende Brautradition: Es gibt sogar einen – von Thomas Schwanthaler 1669 erschaffenen *Braueraltar*, der die älteste Ansicht von Ried wiedergibt. Die *Stadtpfarrkirche*, ein 1720 barockisierter Bau aus dem 14. Jahrhundert, birgt mehrere Werke

der Bildhauerfamilie. Ein Gedenkstein erinnert an den Meistersinger Hans Sachs, der 1513 hier war und den „Güldenen Ton" ersann.
Im *Innviertler Volkskundehaus* sind ebenfalls Werke der Schwanthaler (darunter die „Bürgerliche Hauskrippe") zu sehen, außerdem jene Krippe, vor der 1818 das Weihnachtslied „Stille Nacht" erstmals gesungen wurde.
Die Rieder Sehenswürdigkeiten befinden sich alle auf ganz engem Raum, von der *Kellergasse* am Schloßberg, in der sich einst die Gärkeller der 13 Brauereien befanden, über den Kirchenplatz und die Schwanthalergasse zum *Braunauer Tor*, in dessen Nähe sich noch Reste der alten Marktmauer befinden, zum *Hauptplatz* und *Roßmarkt*: Hier steht neben alten Bürgerhäusern auch das *Brau- und Weißgerberhaus* (Roßmarkt 27), dessen Braugerechtigkeit die Grundlage für die heutige Brauerei Ried bot.
Sieben Kilometer westlich von Ried liegt *Riegerting*, das bis zu Beginn der achtziger Jahre selbst noch eine Braustätte hatte – heute ist vom Riegertinger Bier nur noch der Name eines Schankbiers der Schnaitl-Brauerei übriggeblieben. Daß sich die Landschaft um Ried – vor allem südlich von Ried – zur Erholung bestens eignet, wußte schon der Heimatdichter Franz Stelzhamer (1802–1874). An ihn erinnert ein Denkmal in Ried – sein *Geburtshaus* steht 12 Kilometer südlich in Großpiesenham bei Pramet, von wo aus sich das große geschlossene Gebiet des Hausruck und des Kobernaußer Waldes erstreckt. Hier verläuft auch ein örtlicher Wanderweg, der zwar mit der Nummer 375 ausgeschildert ist, den Einheimischen allerdings unter der Bezeichnung *Bierweg* geläufiger ist.
Wo einkehren? Rieder Bier gibt es in den brauereieigenen Gaststätten auf dem Messegelände und im Gasthaus Hölle, das unter dem Namen *Babsis Platzl* geführt wird. Besonders sehenswert ist auch das schon erwähnte Haus Roßmarkt 27, das heutige *Gasthaus Träger*, das auf dem Umschlag der Speisekarte von der Befreiung des Innviertels vom Faschismus kündet – und von der Verbreitung des Braurezeptes, mit dem in diesem Haus bis in die achtziger Jahre die Weißbierbrauerei betrieben wurde; die winzige Einrichtung dazu ist noch im zweiten Stock erhalten.
Außerhalb des Innviertels ist das Rieder Bier in den *Reiter Stuben* in Wels erhältlich, die Weißbierspezialitäten auch im (sonst als Quelle des Gösser Bieres bekannten) *Hotel Pitter* in Salzburg.
Das Kellerbräu wird in Ried etwa bei *Filseggers Heurigem* und in *Monis*

Kantine gezapft. Es ist ein regionales Bier (vertreten auch beim urigen *Moar-Sepp* in Pötting, sieben Kilometer Richtung Andrichsfurth), das in den großen Städten nicht erhältlich ist, aber ein tradtionelles Standbein in der Tourismusregion Saalbach-Hinterglemm (*Haus Salzburg*, *Gollinger Hof*) hat. In Wien ist das Kellerbräu nur über den Handel zu beziehen, etwa über die *Jumbo Confiserie* (1100 Wien, Laxenburgerstraße 32).

Schärding
Brauerei Josef Baumgartner

4780 Schärding
07712 31 16

Eigentumsverhältnisse: Die Brauerei Baumgartner ist Privatbesitz der Marie Spannlang, geborene Baumgartner.
Jährlicher Ausstoß: 100.000 hl
Biersorten: Braumeister Hannes Thaler fährt alljährlich zur Gerstenernte nach Niederösterreich, wählt sein Grundprodukt sorgfältig aus und läßt es nach eigenen Vorstellungen bei der Stadlauer und der Grieskirchner Malzfabrik vermälzen. Mit Wasser aus eigenem Brunnen, Hallertauer und Mühlviertler Hopfen sowie etwas Reis und eigener Reinzuchthefe braut er acht verschiedene Biere.
Hauptsorte ist das harmonisch-ausgewogene, mild gehopfte „Märzen" mit 12 Grad Stammwürze, gleich stark, aber würziger und feiner gehopft ist das „Gambrinus Bräu" und das mildere, leicht hopfige „Innviertler Jubiläumsbier". Zwei Spezialbiere mit 13 bzw 13,5 Grad sind das ausgereift-würzige „Hopfengold" und das feingehopfte, vollmundig-süffige „Export". Dazu kommt ein erfrischend-leichtes, feinsporiges „Pils" mit 13 Grad und ein kräftig-ausgewogenes, goldgelbes „Weihnachtsbier". Das „Doppelmalz" ist kernig und vollwürzig und hat 12 Grad.
Etwa 40 Prozent des Baumgartner Biers sind Faßbier, das vorwiegend in Oberösterreich erhältlich ist.

Souvenirs: Das Baumgartner Logo ist über Jahrzehnte unverändert geblieben. Erwähnenswert sind 1984 und 1989 aufgelegte Tonkrüge für das „Jubiläumsbier“, das zum 375jährigen Bestand der Brauerei erstmals eingebraut wurde.

Kapsreiter Brau Ges. m. b. H.

4780 Schärding
07712 47 7 40

Eigentumsverhältnisse: Die Kapsreiter Brauerei ist ein – in seinen Produkten von der Mutter unabhängiger – Tochterbetrieb der Ottakringer Brauerei Harmer AG.
Jährlicher Ausstoß: 66.000 hl
Biersorten: Braumeister Auinger war schon in den siebziger Jahren dabei, als die damals noch selbständige Brauerei ein völlig neues Bier entwickelte, das „Kapsreiter Landbier Goldbraun“, ein spritziges dunkles Bier, das trotz untergäriger Vergärung ein bißchen an ein englisches Ale erinnern sollte. Dieses 12,8grädige Landbier mit 5,3 Prozent Alkohol wurde in der Zwischenzeit von seinem gleichnamigen und gleichstarken „Landbier Hell“, das aus feinspelzigen, eiweißarmen Malzen eingebraut wird, in der Publikumsgunst überrundet. Beide Biere werden mit 5 Grad Celsius in offenen Bottichen angestellt und knapp neun Tage bei maximal 8 Grad Celsius vergoren. Dadurch werden sie besonders aliphatarm und damit wenig kopfwehträchtig.
Das Landbier wird – ebenso wie der helle, kräftige, aber kaum süße 16,3grädige Bock – in der hochpreisigen Bügelflasche bundesweit vertrieben. Vorwiegend für den traditionellen oberösterreichischen Markt entsteht ein 12,2grädiges und 4,6prozentiges „Märzen“ sowie ein 13,2grädiges „Spezial“, das etwas länger lagert und im Geschmack abgerundeter ist. Außerdem braut Auinger ein hellgelbes, besonders bitteres, aber deswegen nicht aufdringliches „Pils“.

Das Pils und die Landbiere sind auch im Faß erhältlich – ausnahmsweise sogar in den vom Braumeister eigenhändig gefüllten Holzfässern, die nach jedem zweiten Umlauf innen neu gepicht werden müssen.
Allen Bieren gemeinsam ist die schonende Bereitung nach dem Reinheitsgebot. Sie sind bei niedriger Temperatur länger bei der Hauptgärung (was der Schaumbildung nützt, denn es bleibt mehr Eiweiß erhalten) und reifen zwischen 66 Tagen (Landbier) und 105 Tagen (Bock). Verwendet werden erlesene Rohstoffe: Ottakringer Reinzuchthefe, 15 Prozent Mühlviertler, sonst Spalter, Hersbrucker und Mainburger Hopfen sowie eigenes (auf unter 4 Grad deutscher Härte aufbereitetes) Brunnenwasser und speziell hergestellten Malzen aus Stadlau (für das Pils) und Grieskirchen (von hier kommen die Spezialmalze für das Landbier).
Um die Qualität der Biere zu erhalten, werden sie nur ausnahmsweise – für Lieferungen auf Hütten – kurzzeiterhitzt.
Souvenirs: Seit der Übernahme durch die Ottakringer führt die Kapsreiter Brauerei den schwarzen Stier mit Reiter auf gelbem Grund im Markenzeichen – altrömische Symbole von Fruchtbarkeit und Kraft haben das traditionelle Stadtwappen mit den beiden (bayerischen) Löwen verdrängt. Zum Glück für Sammler wurden die in beträchtlicher Menge lagernden alten Verpackungen und Etiketten aufgehoben – auf Anfrage sind sie noch erhältlich.

Geschichte: 1795 bestanden im Bezirk Schärding 19 Brauereien, davon 9 in der Stadt. Eineinhalb Jahrhunderte davor, 1630, hatte es 14 Braunbierbraustätten und 5 Weißbierzäpfler gegeben. Die Weißbierzäpfler, die ihr Bier von der herzoglichen Braustätte Hals bei Passau bezogen, waren möglicherweise vordem ebenfalls bürgerliche Braustätten.
Das Recht zum Bierbrauen – mitsamt dem Schutz der Bannmeile, die im Umkreis ein Biermonopol für die städtischen Brauer sicherte – stammt in Schärding von 1316. Es wurde der 804 erstmals genannten Ortschaft gleich mit dem Stadtrecht verliehen. Der erste namentlich bekannte Bierbrauer war Jobst Lagelberger.
Die wichtigsten alten Brauereien lagen – wegen der Feuergefahr und des Wasserbedarfs – am Inn. Die älteste Handwerksordnung der Schärdinger Bierbrauer datiert von 1600, überliefert ist eine Fassung von 1754. Darin wird den Brauern vorneweg und vor allem Frömmigkeit aufgetragen.
1795 wird für die ganze Stadt ein Bierausstoß von 37.116 Eimern, also

über 20.000 hl angegeben. Die Brauerei des Anton Wilhelm war dabei die kleinste – erst unter der Familie Baumgartner (ab 1822) nahm sie eine bedeutendere Rolle ein. Allerdings war sie 1926/27 noch bei 4725 hl, während Kapsreiter auf 26.725 hl kam – 1932/33 war der Kapsreiter-Ausstoß auf 17.147 hl geschrumpft, während Baumgartner als eine der wenigen Brauereien in diesen Jahren auf 13.377 hl zulegen konnte.

Die Geschichte der Kapsreiter-Brauerei geht um 108 Jahre weiter zurück als die der Baumgartner: 1501 barg das Stammhaus am oberen kleinen Stadtplatz bereits die Braustätte des Karl Manhartseder. Josef Peham verkaufte dieses Haus 1863 an Michael Kapsreiter. Die Familie baute kräftig aus, kaufte 1911 die Betriebe der Familie Wieninger auf. Diese war um 1770 aus Fürstenzell bei Passau zugewandert.

Als Kapsreiter vor etwa zehn Jahren in Schwierigkeiten geriet, wurde der Braubetrieb verkauft. Er kam 1986 an die Ottakringer Brauerei, wodurch unter anderem der bundesweite Vertrieb des Landbier möglich wurde.

Sehenswürdigkeiten: Die beiden Brauereien Kapsreiter und Baumgartner liegen bloß einen Steinwurf voneinander entfernt: Die Baumgartner Braustätte wirkt moderner, sie wurde erst in den fünfziger Jahren vor die Stadt verlegt. Die Kapsreiter-Brauerei stand dort schon länger – nämlich seit 1922/23. Sie bietet mehr musealen Charme. Und tiefere *Keller*: Diese stammen noch von der früher hier ansässigen Wieninger-Brauerei. Georg Wieninger hatte diese Keller 1788 graben lassen.

Auch in der *barocken Altstadt* – die von den Brauereien aus durch das Linzer Tor erreicht wird – erinnert vieles an die große Biertradition. Die vielen Darstellungen des hl. Florian, des Wasserheiligen, der Schutzpatron der Brauer ist, könnten wohl auch auf das Brauereigewerbe hindeuten. Wahrscheinlich aber ist die Schärdinger Vorliebe für Floriani-Darstellungen eher durch Brände und die häufigen Hochwässer zu erklären. An manchen Häusern der Georg-Wieninger-Straße (etwa beim *Wassertor*) finden sich Floriansbilder und Hochwassermarken. Gegenüber dem Wassertor stehen noch in ihrer Funktion gut identifizierbare Reste der Wieninger-Brauerei.

Die ehemalige, nach einer Profanisierung im frühen 19. Jahrhundert 1961 restaurierte *Hl. Geist-Kirche* in der unteren Stadt ist eine Stiftung von Jobst Lagelberger (1499), dem wohlhabenden Schärdinger Bierbrauer.

Aus diesem Sudhaus kommt das Landbier

Auch das *Heimathaus* im Schloßtor (07712 43 00) hat mit der Bierbrauerei zu tun: Auf Grund von Stiftungen der Familie Wieninger besitzt es unter anderem die Wirtshausstube einer bäuerlichen Gastwirtschaft und verschiedene Erinnerungsstücke an das bürgerliche Leben.

Ausflüge: Schärding ist ein ausgezeichneter Ausgangspunkt für Ausflüge ins Innviertel und nach Bayern. Unter anderem führt die den Inn und die Salzach begleitende Variante des Rupertiweges durch Schärding – die Hauptroute berührt unter anderem die Brauereien Uttendorf und Gundertshausen. Weitwanderern wird in südlicher Richtung als nächste Station Reichersberg (29 Kilometer) empfohlen, attraktiver ist es aber wohl, nach Norden den Inn entlang nach *Wernstein* (etwas über eine Stunde) zu gehen.

In Wernstein können Arbeitsräume (07713 66 03) und eine Galerie (07713 70 79) des Malers *Alfred Kubin* besichtigt werden. Hier verläßt der Weg das Ufer und steigt Richtung Schardenberg an. Auf dem Weg dorthin kommt man in dem Fronwald zur *Fatimakapelle,* bei der eine Aussichtswarte einen Ausblick nach Bayern, in den Böhmerwald und zu den Alpen ermöglicht. Im Wald selbst befindet sich auch der Heidenstein, ein Granitblock, der schon den Kelten als Altar gedient haben soll.

Wer im Flußtal bleiben will, der kann sich auch des Fahrrads bedienen – auf dem „Natur-Erlebnis-Weg zum Europareservat Unterer Inn". Es gibt auch organisierte Radtouren zu den Naturschutzgebieten am Inn und nach *Passau* (Auskünfte: 07752 4611).

Wo einkehren? Die Baumgartner Brauerei verfügt an ihrer alten Braustätte im Stadtzentrum (sie wurde 1609 gegründet und 1954 abgesiedelt) über ein eigenes Braugasthaus, die *Bräustübl-Bumsen* in der Denis-Gasse (übrigens mit einem historischen, schmiedeeisernen Wirtshausschild aus dem 18. Jahrhundert). Dort ist auch das unfiltrierte „Zwicklbier" erhältlich.

In Linz gibt es das *Baumgartner Bräustüberl* beim Römerbergtunnel sowie das *Aquarium* (0732 28 33 15) in der Altstadt 22, ein traditioneller Einkehrgasthof, der im 17. Jahrhundert „Zum schwarzen Bock" hieß. Kapsreiter ist vor allem durch sein in Bügelflaschen gefülltes Landbier bekannt – es ist auch als Faßbier erhältlich. Erste Adresse ist die direkt gegenüber der Brauerei, vor dem Linzer Tor gelegene *Braugaststätte* (07712 30 64).

St. Martin im Mühlkreis
Brauerei Hofstetten

4113 St. Martin
07232 22 04

Eigentumsverhältnisse: Familienbetrieb von Franz Krammer
Jährlicher Ausstoß: 5000 hl
Biersorten: Berühmt ist Franz Krammers Brauerei für eine edeltrübe Spezialität: das „Hofstettner Kübelbier", das auch in der Flasche erhältlich ist. Es hat 13,2 Grad und eine ausgewogen herbe Note: Da das Bier unfiltriert ist, schmeckt es voll und rund, hängt aber nicht nach. Seinen Namen hat das Kübelbier von dem Kübel, mit dem man einst zum Faß ging, um das Bier vom Zwickelhahn zu holen und in die Wirtschaft zu tragen.

Das „Märzen" (12,3 Grad) ist hell und süffig, wenn auch weniger voll als andere Märzenbiere, das 11,7grädige „Hofstettner Pils" ist für ein Pils recht dunkel und von einer derben Bittere. Der für Weihnachten und Ostern vier Monate vorher eingebraute „Hofstettner Bock" ist 16,2 Grad stark, kräftig gehopft und voll vergoren, daher sehr trocken, mit eigenwilligem Aroma.

Das untergärige Angebot wird durch ein zuckersüßes und beinahe schwarzes „Spezial Dunkel" abgerundet.

Das „Dunkle Mühlviertler Hefe Weizen" und das „Mühlviertler Spezial Hefe Weizen" sind 13,2grädige Spezialbiere aus vorwiegend Weizenmalz, denen nach der obergärigen Hauptgärung zehn Prozent untergäriges Gerstenbier beigemengt wird – die Nachgärung erfolgt dann in der Flasche, was einen angenehm runden und trotz geringer Kohlensäure erfrischenden Geschmack ergibt.

Das Malz für das Weizenbier kommt von Plohberger in Grieskirchen, Gerstenmalz stellt Krammer in einer Klein-Mälzerei selber her. Bei einigen Suden setzt er zur Abrundung etwa 5 Prozent Reis zu. Den Hopfen bezieht Hofstetten teilweise aus Bayern, andernteils aus dem nahen Anbaugebiet bei Neufelden. Er wird direkt dem Sud zugegeben und mitgekocht, nachher wieder ausgeseiht. Das Wasser kommt mit 4,5 Härtegraden aus dem eigenen Brunnen, es bedarf keiner Aufbereitung.

Souvenirs: Als Krammer sein Kübelbier erstmals in Linz ausschenkte, hatte er Sorgen: Würden die blankes Bier gewohnten Bewohner der Landeshauptstadt die Trübe schätzen? Er lieferte Krüge mit. Weil die aber gestohlen wurden, ging er dann doch zu Gläsern über, übrigens zu nur von ihm verwendeten, mit viereckiger Grundfläche, die sich nach oben hin zu einer runden Öffnung verjüngt. Etiketten und Bierdeckel zeigen den Hofstettner Schriftzug und einen stilisierten Adler – und das schon so lange, daß Krammer darauf verweisen kann, daß der Adler lange vor der Nazizeit so ausgesehen hat. Dazu gibt es einen Bieröffner, der anläßlich der Markterhebung von St. Martin 1985 aufgelegt wurde – er kann als „Roulette" um die nächste Runde Bier benutzt werden.

Geschichte: Im Bezirk Rohrbach gab es früher 26 Brauereien (von denen heute nur mehr Stift Schlägl und Hofstetten erhalten sind). Hofstetten wurde erstmals 1229 genannt – als ein Herrschaftssitz der Pibersteiner an der Via Regia, der alten Salzstraße nach Böhmen. Mit dieser Jahreszahl hat sich Hofstetten auch als „älteste Brauerei Österreichs" ins „Guinness-Buch der Rekorde" eintragen lassen.

Im 13. Jahrhundert hat es hier jedenfalls schon Hopfenanbau gegeben –

woraus zu schließen ist, daß die Angabe der Brauerei etwas für sich hat. 1206 wird der Hof „Hophowe superius“ erstmals erwähnt (wobei der Hofname nicht unbedingt mit Hopfen zu tun haben muß), 1287 wird derselbe Hof mit 39 anderen als hopfendienstpflichtig an das Stift Wilhering genannt. Die Gegend zwischen Großer Mühl und Großer Gusen war ab 1100 von den Wilhering-Waxenbergern und sechs anderen Geschlechtern bis hinauf an die Moldau gerodet worden. Diese bayrischen Herrschaftsfamilien kannten den Hopfenanbau bereits aus ihrer Heimat, wo etwa der Bischof von Freising den Hopfenanbau pflegte.
Der Hopfenanbau wurde von der Donau, aus der Gegend um St. Martin, nach Norden verbreitet – erst unter Karl IV. wird er in Südböhmen nachgewiesen, in Saaz im Jahr 1348. Der Hopfenanbau erreichte im Mühlviertel hohes Niveau, 1861 ging die erste Sendung von Neufeldner Hopfen nach England.
Das Brauwesen ging zu dieser Zeit bereits zurück, genauer gesagt: Großbrauereien wie die Poschacher in Linz, deren Ausstoß von 1885 bis 1900 von 40.000 hl auf 100.000 hl stieg, breiteten sich zu Lasten der Kleinen aus.
Hofstetten überlebte. Zwischen 1449 (als es im Urbar von Wallsee erstmals als Herrschaftsbrauerei ausgewiesen wurde) und 1576 gehörte es der Grundherrschaft. Aus dieser Zeit (1560) ist auch das Brauereiwappen auf einem Zinnteller überliefert.
Danach wurde es ein freieigentümlicher Betrieb mit 680 Eimern Ausstoß im Jahr 1728, als Thoma Hinderholzer Eigentümer war. 1795/97 waren es bereits 1809 Eimer.
Im Jahr 1847 kaufte der Urgroßvater des heutigen Besitzers das Anwesen – es konnte als einzige Privatbrauerei des Mühlviertels bis in unsere Tage betrieben werden. 1925/26 lag der Ausstoß bei 2145 hl, 1929 wurde die Kapazität erweitert. Sogar während der Weltkriege konnte weitergebraut werden: Als 1945 zuerst die Amerikaner im Mühlviertel einmarschierten, kosteten sie das Bier, befanden es für gut und versorgten die Brauerei mit Gerste. Als dann die Russen als Besatzungsmacht kamen, holten die Amerikaner das Bier wieder ab. Wenn Familie Krammer Bier brauen wollte, mußte sie nun sehen, wie sie zurechtkämen – so tauschte man das Auto gegen Malz, um das Unternehmen weiterführen zu können.
Sehenswürdigkeiten: Hofstetten liegt etwa eine halbe Wegstunde nördlich von St. Martin auf einem Hügel. Den Weg weist eine Auf-

Die Einrichtung kommt aus Kärnten

schrift auf der Hausfassade. Es handelt sich um einen oberösterreichischen *Vierkanthof* – Bauernhof und Brauerei in einem. Sehenswert ist vor allem das historische *Sudhaus*: Maischbottich und Sudpfanne sind außen noch mit Holz verkleidet. Dieses Sudhaus wurde 1929 installiert – damals schon in Völkermarkt übertragen gekauft. Und zwar so günstig, daß die Verwandten des Verkäufers einwendeten, dieser sei nicht bei Trost gewesen – und einen Prozeß anstrengten. Auch die Keller der Brauerei vermitteln noch – obwohl die Gärbottiche Tanks gewichen sind – einen Eindruck von Brautradition: Sie liegen siebeneinhalb Meter unter dem Niveau des Hofes.

Ausflüge: St. Martin liegt am Rande des Naturschutzgebietes *Pesenbachtal*, es empfiehlt sich für weniger schwierige Wanderungen. In etwa einer Stunde ist man an der Donau bei *Schloß Neuhaus*, eine Besitzung der Schaunberger seit 1318, gut ein halbes Jahrhundert später wurde der „Räuberturm" errichtet, von dem aus die Donau mit einer Kette gesperrt werden konnte. Bemerkenswert ist auch die Kapelle mit einer Orgel von 1650. Von hier kommt man in einer halben Stunde zum *Kraftwerk Partenstein*, das an den Stauraum von Aschach anschließt. Bei seiner Errichtung 1925 war es das erste Großkraftwerk Österreichs und wird heute noch wegen seiner Architektur geschätzt.

Wenn man Richtung Kleinzell weiterwandert, kommt man zur *Wall-*

fahrtskirche Maria Ramersberg (1874). Von Kleinzell aus kann man entweder über Adsdorf (vorbei an der Brauerei Hofstetten) nach St. Martin zurückkehren oder nach Neufelden, ins Zentrum des österreichischen Hopfenanbaus, weitergehen.
In *Neufelden* wurde 1864 die erste österreichische Schwefeldarre durch die Familie Weilnböck errichtet. Damals muß es einen Hopfenboom gegeben haben (wie übrigens auch in der Südsteiermark), in Oberösterreich stieg die Hopfenanbaufläche zwischen 1878 und 1908 von 460 auf 800 Hektar. Der Preis verfiel in der gesamten Monarchie. 1927 baute Oberösterreich nur mehr 281 Hektar Hopfen an, 1936 gar nur mehr 32 Hektar, davon 14 in Neufelden. Die Nazis, die sich in den Besitz von Böhmen gebracht hatten, liquidierten den Hopfenanbau 1938 völlig, er wurde erst nach dem Krieg wiederaufgenommen und ist heute durch Lieferverträge mit den Brauereiunternehmen ein sicheres Geschäft.
Wo einkehren? Familie Krammer betreibt im Ortszentrum von St. Martin ein *Braugasthaus*, wo es das Kübelbier immer frisch gibt.
In Linz wird Hofstettner Bier in der *Alten Welt* (0732 27 00 53), einem auf Naturküche spezialisierten Lokal am Hauptplatz, gezapft sowie im *Gasthaus Aigner* am Pöstlingberg (0732 23 10 71).
In Wien wird Kübelbier nur im Sommer gezapft, und zwar beim *Grillturm*, gleich gegenüber dem Riesenrad.

Uttendorf
Brauerei Vitzthum

5261 Uttendorf 25
07724 25 08

Eigentumsverhältnisse: Familienbetrieb unter Führung von Helmut Vitzthum
Jährlicher Ausstoß: 16.000 hl
Biersorten: Helmut Vitzthum ist ein Techniker, dem der Sinn für das Philosophische noch nicht abhanden gekommen ist. Wasser, das ist für

ihn nicht einfach H_2O, sondern ein lebendiger Grundstoff seines Bieres. In Uttendorf kommt es aus einem 40 Meter tiefen Brunnen, hat 4 deutsche Härtegrade und kann daher unaufbereitet verwendet werden. Viel Hopfen braucht es halt, so ein weiches Wasser – und den Hopfen bezieht Vitzthum traditionell aus Deutschland (Hallertauer und Tettnanger) und für das sehr bittere „Pils" aus Saaz. Auch das „Lager" ist relativ bitter, sehr hell und schlank. Das „Export", wie das Lager 12,1 Grad stark, ist ebenfalls hell, aber ein wenig voller. Noch voller sind die 13,1grädige und goldgelbe Spezialsorte „Falstaff" und der Bock mit 16 Grad. Dieser wird nur für Weihnachten als „Heller Bock" und „Dunkler Bock" gebraut und ist wegen seiner guten Vergärung nach dreimonatiger Lagerung besonders süffig.
Der Brauereibesitzer verwendet hauptsächlich helle Pilsner-Malze von der Stadlauer Malzfabrik, Rohfrucht kommt ihm nicht unter. Als „Geheimnis" seiner Bräus bezeichnet er, daß er nicht nur mit besonderer Liebe auf die Grundstoffe achtet, sondern auch, daß er so konventionell wie möglich arbeitet: Das bedeutet die Verwendung kleiner Gefäße und eines kleinen Gärkellers, in dem bei 6 bis 9 Grad sieben Tage lang in offenen Bottichen vergoren wird.
Danach kommt das Bier nicht mehr mit Sauerstoff in Kontakt, auch in den Flaschen wird vor dem Abfüllen Kohlendioxid eingefüllt, um die Haltbarkeit zu erhöhen. Dafür wird dem Bier die Pasteurisierung erspart.
Souvenirs: Die Präsentation der Uttendorfer Biere hat sich in den letzten zwanzig Jahren kaum geändert, ebenso die Gläser.
Geschichte: Es ist nicht klar erwiesen, woher Uttendorf seinen Namen hat, möglicherweise bedeutet er „Außendorf" zur längst verschwundenen Burg, die zur Zeit der Keuzzüge zu den mächtigsten des Landes gehörte. Und das Land war Bayern, zu dem das Innviertel damals gehörte.
Über den Namen „Vitzthum" weiß die Ortsgeschichte zu berichten, daß er aus der Zeit der fränkischen Könige stamme: Damals nannte sich der königliche Verwalter Major domus (der bekannteste war Pippin der Jüngere, Vater Karls des Großen), seine Stellvertreter Vice domus. Aus Major domus wurden die Familiennamen Maier (oder Mayer, Mayr etc.), aus Vice domus Vicedom und Vitzthum.
In Uttendorf hat es früher vier Brauwerkstätten gegeben, deren Ausstoß im Bräuerverzeichnis 1795 bis 1797 mit 2880 Eimern (Johann Gstöttner), 2546 Eimern (Johann Grandauer), 1008 Eimern (Johann Roß-

winkler) und 1072 Eimern (Joseph Langwieder) angegeben wurden. Noch 1932/33 gab es zwei Brauereien, beide in der Hand von Mitgliedern der Familie Vitzthum: Stefan Vitzthum stellte in der Brauerei Schmidhamer 1982 hl her, Mathias Vitzthum in seiner Braustätte 2102 hl. Aus der Familienchronik der Familie Vitzthum geht hervor, daß sie seit 1905 im Besitz der – nach der Überlieferung im Jahr 1600 gegründeten – Brauerei ist und in beiden Weltkriegen einen bescheidenen Betrieb aufrechterhalten konnte. Noch 1975 war die Brauerei Vitzthum, damals bereits die einzige am Ort, ein Kleinstbetrieb mit 3000 hl.

Sehenswürdigkeiten und Ausflüge: Der *Braugasthof*, der den Marktplatz von Uttendorf im Süden abschließt, ist ein massiger Bau, in dessen Hof steinerne Säulen stehen, die angeblich aus der Zeit der letzten Jahrtausendwende stammen. Es mag sein, daß sie tatsächlich Teile der im frühen 11. Jahrhundert gebauten Burg waren, die 1761 abgerissen wurde (anderes Material der Burg wurde nach Braunau gebracht, wo es zum Bau des Krankenhauses verwendet wurde). Gleich anschließend an den Braugasthof steht die Brauerei, die nach Anmeldung besichtigt werden kann.

Uttendorf selbst ist touristisch unbedeutend – im Gegensatz zur nahen Wallfahrtsstätte *Maria Schmolln*. Sie gilt als eine der jüngsten Wallfahrtsstätten Oberösterreichs – 1735 enstanden, als der Bauer Michael Priewasser aus Schmerz über seinen entlaufenen Sohn ein Maria-Hilf-Bild auf eine Fichte nagelte. Wirklich in Schwung kam die Wallfahrt aber erst 1862, als eine Kirche gebaut und die Betreuung der Wallfahrt den Franziskanern übertragen wurde. Am 1. Mai pilgern Veteranen der Weltkriege hierher. Von Uttendorf nach Maria Schmolln führt ein netter Wanderweg durch den Eichwald.

Die Jäger von Uttendorf (zu denen auch Brauereibesitzer Vitzthum gehört) haben übrigens dafür gesorgt, daß in Uttendorf eine eigene kleine Wallfahrtsstätte entsteht: 1989 haben sie – in Sichtweite von Maria Schmolln – eine *Hubertuskapelle* errichtet.

Südlich von Uttendorf liegt *Mattighofen* – früher selbst ein Standort mehrerer Brauereien, unter anderem der der Familie Wieninger, der 1846 aufgetragen wurde, ihre Braugerechtigkeit zu verpachten. Noch 1930/31 betrug der Ausstoß 44.146 hl – womit Mattighofen die größte Brauerei des Innviertels hatte. Die *Pfarrkirche*, eine ehemalige Propsteikirche, ist ein frühklassizistischer Bau mit Statuen von Thomas Schwanthaler und einem Kreuzgang aus dem 16. Jahrhundert. Das Propsteigebäude, eine ehemalige Pfalz, ist heute ein Forstamt.

Wo einkehren? Das Uttendorfer Bier ist eine rein lokale Marke, frisch gezapft nur im *Braugasthaus* (wo gelegentlich auch vom Brauherrn erlegtes Wild auf den Tisch kommt) und einigen Gaststätten der Umgebung erhältlich. Als Flaschenbier ist das Uttendorfer in vielen Teilen Oberösterreichs erhältlich.

Vorchdorf
Schloßbrauerei Eggenberg

Postfach 44
4655 Vorchdorf
07614 345

Eigentumsverhältnisse: Ges. m. b. H. & Co. KG im Familienbesitz von Karl Stöhr
Jährlicher Ausstoß: 120.000 hl
Biersorten: Die Schloßbrauerei Eggenberg hat sich in den letzten Jahren zu Österreichs führendem Sonderbier-Exporteur gemausert. Spitzenprodukt dabei ist der 1978 eingeführte „Eggenberger Urbock", mit 23 Grad Stammwürze das stärkste Bier Österreichs und eines der stärksten der Welt. Obwohl es deutlich schwächer ist als der „EKU Kulminator 28" und das „Samichlaus" von Hürlimann sieht es sich auf dem Weltmarkt in erfolgreicher Konkurrenz mit diesen Spezialitäten. Für Biertrinker, die den Gerstensaft gegen den Durst trinken wollen, sind diese hochpreisigen Spezialitäten sowieso nichts. Der „Urbock" lagert neun Monate, wobei der Großteil seiner Süße in Alkohol umgesetzt wird: 9,9 Volumsprozent hat dieser Bock, der für den Export pasteurisiert wird und in der Flasche bis zu zwei Jahre lagerfähig sein soll.
Er hat ein jüngeres Schwesterbier, das „Nessie", 1989 eingeführt. Daß auf der Etikette die Jahreszahl 1148 steht, mag verwirren – es weist auf die Familiengeschichte Roderic Mc Queen III. hin, der bei der Entwicklung dieses schottischen Bockbieres half. Es hat 17 Grad und 7,5 Prozent Alkohol, ist im Antrunk etwas süßlich und hat einen Anflug von

Whiskyaroma. Die Farbe des „Red Beer" kommt unter anderem daher, daß das Wasser für dieses Bier nicht (wie für die anderen Eggenberger Biere) enthärtet wird: Es ist 14 Grad hartes Wasser aus dem Grundwasserstrom, der die Alm begleitet. Der spezielle Geschmack erklärt sich aus dem von der Stadlauer Malzfabrik exklusiv eingeführten Whiskymalz. Es wird über Torf gedarrt – wobei durch ein spezielles Verfahren ausgeschlossen ist, daß der Rauch im Malz Nitrosamine hinterläßt. Die Sonderbiere werden in offenen Bottichen angestellt und bleiben – wie alle Biere des Hauses – nur acht Tage im Gärkeller. Das macht dann beim „Nessie" eine Lagerung von sechs Monaten notwendig, bevor es reif ist, in der Einwegflasche „aufzutauchen". Auch das tut es bevorzugt im Ausland, in den USA, in Italien, Frankreich und Deutschland.
Für den lokalen oberösterreichischen Markt ist die Spitzensorte der „Hopfenkönig", ein feinherbes Pils von 12 Grad, das jedoch weniger bitter ist als norddeutsche Pils-Biere. Das „Schloß-Pils" ist mit 12,2 Grad kaum voller, aber wesentlich herber. Dazu kommt das „Eggenberger Märzen Bier" mit 12,2 Grad und ausgewogener Bittere, und das 13,2 Grad starke, etwas kräftigere „Eggenberger Spezial Bier". Auch nach dem heimischen Geschmack wird ein Bockbier gebraut, der „Eggenberger Festbock", 16,2 Grad stark, hell und mit feiner Hopfenbittere. Schließlich ist das „Eggenberger Dunkel" im Programm, ein 13grädiges, süßliches Bier von dunkelbrauner Farbe. Alle diese Biere werden – da ja auch für den BRD-Export vorgesehen – nach Reinheitsgebot gebraut. Was für den Export bestimmt ist, wird einer langsamen Erhitzung auf 64 Grad unterworfen.
Souvenirs: Eggenberger hat seine Präsentation in den letzten Jahren langsam modernisiert: Von blauer Schrift auf gelbem Grund zu silbriger Schrift auf Weiß, Gold oder Schwarz. Die Gläser umfassen die Pils-Linie (Stangerl, Krügelglas) und die Bockbier-Linie mit einem zylindrischen Becher für das „Nessie" und einem das Aroma unterstützenden Schwenker für den „Urbock".
Geschichte: Schloß Eggenberg wurde erstmals im Jahr 1148 in einer Urkunde des Stiftes Kremsmünster erwähnt. Kremsmünster hatte bereits vor 1162 seine Bauern verpflichtet, Bierdienst zu leisten – ein Teil der Abgaben mußte in Naturalien, in diesem Fall: auf dem Hof gebrautem Bier, geleistet werden. 145 solche bierdienstpflichtigen Höfe sind im Urbar von 1299 verzeichnet, sie mußten ihr Produkt bei einem der 16 Ämter abliefern. Eines davon war Eggenberg. Nach 1300 ist das Brauwesen von den Gutsherrschaften und den Städten und Märkten profes-

sionalisiert worden – den Bauern wurde das eigene Brauen womöglich unterbunden, ihren Bierdienst mußten sie in Geld leisten.
Nach Auslegung der Brauerei hat es eine Biererzeugung wohl schon 1449 gegeben, als im Eggenberger Urbar eine herrschaftliche Taverne in Vorchdorf erwähnt wurde. Da Bier von der Herrschaft übernommen werden mußte, wird es wohl eigenes Bier gewesen sein, das hier ausgeschenkt wurde.
1681 kam die Brauerei an einen Bürgerlichen, an Michael Weismann. Von 1728 ist überliefert, daß der sechs Jahre zuvor eingeführte Bieraufschlag 60 Gulden betragen hat, was auf einen Ausstoß von 1200 Eimern (672 hl) schließen läßt. Besitzer war damals Georg Hampflmayr. 1797, sechs Jahre vor dem Verkauf an Johann Georg Forstinger (15. Mai 1803), hatte man unter Juliana Puderusin einen Ausstoß von 450 Eimern.
Die Familie Forstinger ist noch heute im Besitz der Reste des Schlosses und der Brauerei. Franz Forstinger hatte in Haag, einem Markt mit fünf Brauereien, das Braugewerbe gelernt und die Schloßbrauerei weitergeführt, ihm folgten Carl und Caroline Forstinger, die Urgroßeltern des heutigen Besitzers. 1894/95 besaßen sie mit 37.500 hl die drittgrößte Brauerei des Landes (nach der Poschacher Brauerei, dem Gründungsbetrieb der Brau-AG in Linz, und der Brauerei Schaup in Zipf). Die Erzeugung fiel krisenbedingt auf 12.058 hl im Braujahr 1932/33 und 8.553 hl im letzten Jahr des Zweiten Weltkriegs.
Dann kamen die Amerikaner, richteten im Schloß eine Stabsstelle ein: „We wanted to come as friends – and we are friends", schrieb Oberst Costello am 10. Mai 1945 begeistert ins Gästebuch, als er das Bier verkostet hatte. Und nachdem die Amerikaner die Vorräte aufgetrunken hatten, war ihnen daran gelegen, den Betrieb wieder in Gang zu bringen. Modern wurde er erst im letzten Jahrzehnt: hatte man 1981 noch 70.000 hl (hauptsächlich Märzenbier) produziert, so brachte die Spezialisierung einen Aufschwung auf 120.000 hl.
Sehenswürdigkeiten und Ausflüge: „Schloß Eggenberg liegt, das sei erwähnt, am reinsten Fluß Österreichs: der Alm. Reich ist das Land, tüchtig sind die Leute und die Frauen schön." Soweit die Alltagspoesie über das „Land voll Getreide, Milch, Honig und Yachten und flotten Cabrios", wie sie in der Selbstdarstellung des Betriebes verwendet wird.
Tatsächlich ist die Einbettung in die Salzkammergut-Landschaft schon durch die großen Fenster des Sudhauses zu sehen, von dem aus sich der Blick auf das (nur dem Namen nach) Tote Gebirge öffnet. Dieses

Sudhaus steht – wie das gesamte *Schloß* – derzeit nur ausgewählten Besuchern nach Anmeldung offen. Allerdings wird erwogen, in stillgelegten Betriebsteilen ein Brauereimuseum und eine Bierverkostung einzurichten. Bei dieser Gelegenheit könnte auch die bereits vor 1681 bestehende Kapelle zugänglich werden, die 1885 nach einem Schloßbrand ihre heutige Form erhielt und in der Emaille- und Kupferarbeiten von Gertrud Stöhr (ihr ist auch ein eigenes *Museum* in Vorchdorf, Auskunft: 07614 82 45, gewidmet) zu sehen sind.
Ansonsten ist vom alten Bestand des Schlosses kaum etwas erhalten; was heute schloßartig wirkt, sind zum Teil alte Nebengebäude sowie Brauereiteile aus der Jahrhundertwende.
Vorchdorf selbst bietet wenig Attraktionen – wenn man vom *Steingarten* absieht, der die Geologie Oberösterreichs begreifbar machen will – er befindet sich vor der Schule. Außerdem gibt es hier eine Lokalbahn (von der ein Gleis bis in den Expedit der Brauerei läuft).
Entlang der schon erwähnten Alm führt eine Straße nach Scharnstein, früher bekannt für das Braunbier aus der um die Jahrhundertwende noch bestehenden Brauerei Benedikt Hausmann. Seit 1973 gewinnt Scharnstein seine kulturtouristische Bedeutung aus dem *Strafrechtsmuseum* (geöffnet in den Sommermonaten, Auskunft: 07615 550 oder 600).
Südlich davon liegt Grünau, Ausgangspunkt für Ausflüge an den *Almsee* und zu den landschaftlich noch reizvolleren Ödseen sowie in den *Wildpark Cumberland*, wo Konrad Lorenz seine Forschungen betrieb.
Östlich von Eggenberg liegt *Stift Kremsmünster*, eine Benediktinerabtei aus dem Jahr 777 mit hervorragenden Kunstsammlungen. In der Nähe befindet sich das *Fahrzeugmuseum Schloß Kremsegg* (07583 361 oder 247).
Wo einkehren? Solange kein Braugasthaus eingerichtet ist, kann die nahe Gastwirtschaft des gelernten Brauers Rainer *Hinterreitner* als guter Ersatz mit „bieriger" Küche gelten. Ihm wird auch anvertraut, den „Hopfenkönig" als unfiltriertes Kellerbier auszuschenken. In Vorchdorf hat sich in einem 1480 vom Schloß eingericheten Armenspital das Fischrestaurant *Tanglberg* etabliert.
In Linz wird das Eggenberger in der *Citta Vecchia* (Altstadt 7), einem früher als Gasthof Jägerhorn bekannten Haus mit spätgotischen Arkaden und um die Ecke, in der Hofgasse 1, im Pub *Jassu* ausgeschenkt.
Als international tätige Versandbrauerei ist die Eggenberger Schloßbrauerei stolz darauf, unter anderem im *12 Apostel* gegenüber dem Straßburger Münster oder im *Haus der 1000 Biere* in Mulhouse mit dem „Urbock" präsent zu sein.

Zipf
Brauerei Zipf, vorm. W. Schaup

4871 Zipf
07682 64 3 10

Eigentumsverhältnisse: Braustätte der Österreichischen Brau-AG.
Jährlicher Ausstoß: 860.000 hl
Biersorten: Die Identität der Zipfer Biere ist ihre Farbe: Sie wollen – laut Werbeslogan – als „Glas heller Freude" verstanden sein. Schon in den sechziger Jahren wurden hier im Hausruckviertel diese „schlanken", pilsartigen Biere in bewußtem Gegensatz zu den damals gängigen malzbetonten Bieren (zunächst unter der Bezeichnung „Urhell") gebraut.
„Zipfer Urtyp", ein feinherb-schlankes Vollbier mit 12,3 Grad Stammwürze ist die Lieblingssorte von Braumeister Ernst Forster. Es macht rund 60 Prozent des Jahresausstoßes aus. „Zipfer Märzen" (12,1 Grad) und das gleich starke „Zipfer Pils" sind traditionelle Biersorten, „Zipfer Doppelgold" ein bitteres, 13,1grädiges Spezialbier, und für Weihnachten wird der „Stefani-Bock", für Ostern neuerdings der „Josefi-Bock" (jeweils mit 16,2 Grad) gebraut. Auch die Bockbiere sind extrem hell, nicht süß und eher hopfenherb. In der Brauerei befindet sich ein eigener Hopfenkeller, in dem die für die verschiedenen Biersorten nötigen Hopfen gemischt werden – die anderswo übliche Verwendung von Hopfenextrakten wird in Zipf abgelehnt.
Das zum Brauen notwendige Wasser kommt aus insgesamt zehn Brunnen, teilweise im Berg hinter der Braustätte, teilweise im sandigen Boden des Tales.
Souvenirs: In der Brauerei werden verschiedene Formen von Biergläsern feilgehalten – am bekanntesten ist das tulpenförmige Sockelglas mit dem massiven Glasfuß. Es gibt auch dekorierte Jahrgangsgläser und verschiedene Bierkrüge aus Ton – zum Teil mit historischem Dekor. Außerdem gibt es eine Schallplatte, „Die Zipfer kommen", mit

Aufnahmen der „Blau-Weißen", wie die Werkskapelle heißt. Die Kapelle tritt jährlich bei der Adventveranstaltung „Es wird scho glei dumper" im Linzer Brucknerhaus auf. Begehrt – aber kaum erhältlich – ist Werbematerial aus der Zeit, bevor Zipf Teil der Brau-AG wurde (1970). Ein Großteil der historischen Ausstattung der Brauerei wurde um 1960 verkauft – darunter auch das Pferdegeschirr der Brauereirösser, die seinerzeit das Bier ausgeliefert haben.

Geschichte: Es ist selten, daß ein Unternehmen freizügig darüber berichtet, was in der Zeit des Nationalsozialismus dort passiert ist. Die Zipfer Brauerei tut das – und zwar offener als die umliegenden Gemeinden. Schließlich können die 1892 angelegten Naturkeller, in denen das Zipfer Bier reift, nichts dafür, daß sie Hitlers Kriegsplanern so geeignet erschienen sind, daß Zipf eines der Zentren der deutschen Rüstungsindustrie wurde. Anstatt Bier wurde damals vom Rüstungsbetrieb Schlier Hitlers „Wunderwaffe" V2 produziert und die Raketenmotoren in den Redlauen getestet. Von KZ-Häftlingen, für die es hier ein eigenes Außenlager von Mauthausen gab.

Das Bierbrauen mußte in diesen Jahren unterbrochen werden, womit eine 1858 begonnene Tradition abriß. Damals hatte der Wiener Bankier Franz Schaup die Hoffmannsche Realität erstanden, einen Großgrundbesitz mit Torfbadkonzession, Mühle und einem kleinen Brauhaus, in dem damals 1542 hl Bier gebraut wurden. Der Aufstieg gelang mit Gründerzeittempo: Innerhalb von fünf Jahren verzehnfachte sich der Bierausstoß, Zipf hielt als Landbrauerei mit technischen Innovationen (wie der künstlichen Kühlung oder der Einführung der ersten elektrischen Industriebahn Österreichs 1894) Schritt und machte auch wegen seiner sozialen Aktivitäten (der Einrichtung eines Unterstützungsfonds) von sich reden. Von 1892/93 bis 1913/14 stieg der Ausstoß von 97.540 hl auf 142.335 hl. Zipf konnte sich auch als Aufkäufer kleinerer Brauereien betätigen: 1912 wurde die Brauerei Attersee erworben und stillgelegt, 1923 die bis zur Fusion mit der Brau-AG weiterbetriebene Brauerei Wörgl und 1929 die Brauerei Würzburger in Wels. Zumindest für den letzten Kauf mußte steirisches Geld herhalten.

Denn der Betrieb war nach dem Ersten Weltkrieg (wo weniger als ein Zehntel der Produktion gefahren werden konnte) in finanzielle Schwierigkeiten geraten, er wurde 1921 in eine AG umgewandelt, an der für etwa ein Jahrzehnt auch die Gösser Brauerei maßgeblich beteiligt war. 1929/30 konnten dann 225.291 hl erzeugt werden, allerdings sank der Ausstoß bis zum Weltkrieg auf 94.481 hl – in diesen Zeiten wurde in

Die Brauerei Zipf war schon früh ein innovativer Betrieb

Zipf übrigens auch Malz- und Gerstenkaffee erzeugt, bis zu 85 Waggon im Jahr. Während heute die Braugerste aus Niederösterreich kommt, wurde sie damals aus oberösterreichischem Anbau bezogen.

Sehenswürdigkeiten und Ausflüge: Die Brauerei – sehr imposant an und in den Berg gebaut – kann nach Voranmeldung besichtigt werden. Ansonsten ist Zipf eine unbedeutende Ortschaft. In der näheren Umgebung merkt man aber, daß diese Landschaft schon vor Jahrhunderten bedeutend war.

Auf dem nahen *Haushamerfeld* erinnert ein Denkmal an das „Frankenburger Würfelspiel" vom 15. Mai 1625. Damals ließ der im Dreißigjährigen Krieg von Bayern eingesetzte Statthalter Adam Graf von Herbersdorff 36 Gemeindefunktionäre der Umgebung um ihr Leben würfeln. Die Marktgemeinde, die zu diesem schaurigen Spiel den Anlaß gegeben hatte (weil sich die Bauern geweigert hatten, die Einsetzung eines katholischen Pfarrers hinzunehmen) liegt 5 Kilometer nördlich: *Frankenburg*. Hier wird – jeweils an Augustwochenenden in ungeraden Jahren – auf der *größten Naturbühne Europas* das Würfelspiel als Laienschauspiel aufgeführt (Auskünfte: 07683 82 55). In Frankenburg gibt es neben einer barocken Kirche auch *Schloß Frein* zu sehen, ursprünglich ein Besitz des Stiftes Mattsee, der 1848 an die Familie Schaup kam. Besonders lohnend ist auch ein Ausflug nach *Neukirchen an der Vöckla*, knapp vier Kilometer von Zipf entfernt: Dort befindet sich das *Freilichtmuseum Stehrerhof*, ein originalgetreu restaurierter Bauernhof aus dem 16. Jahrhundert, dessen Einrichtung aus dem 19. Jahrhundert ebenso erhalten ist wie die Nebengebäude. Zur Demonstration, wie hart (aber auch lustig) das Leben der Hausruckviertler früher war, werden einige Flachspflanzen angebaut und die Herstellung von Leinen gezeigt; im Hof findet jährlich ein Drescherfest statt, bei dem die schnaufenden Dampfmaschinen aus dem einzigen *Dreschmaschinenmuseum* Europas vorgeführt werden (Auskünfte: 07682 70 33 oder 71 42).

Wo einkehren? Die Zipfer Brauerei verfügt über einen hervorragenden *Braugasthof* (07682 64 51), in dem jeweils am Donnerstag das „Zipfer Urtyp“ unfiltriert (also als Kellerbier) ausgeschenkt wird. Besonders attraktiv ist der große Gastgarten – allerdings ist diese Attraktion auch Buschauffeuren bekannt, die im Sommer ganze Ladungen von Gästen unter den schattigen Bäumen (und zwischen den Gleisen der alten Werksbahn) abladen.

Ein paar Empfehlungen besonders urtypischer Lokale: In Salzburg ist das Zipfer im *Zipfer Bierhaus* (Sigmund Haffner-Gasse 12, 0662 84 31 01) erhältlich. In Wien wird Zipfer (auch Pils und Bock) in der *Bier-Oase* in unmittelbarer Nähe der Wirtschaftsuniversität (1090, Liechtensteinstraße 108, 31 75 51) gezapft, in der Innenstadt empfiehlt sich das *Brezelg'wölb* (1010, Ledererhof 9, 63 88 11).

Salzburg

Salzburgs letztes Hofbräuhaus in Kaltenhausen

Bierbrauen hat, wie so ziemlich alles in Salzburgs Geschichte, viel mit der Kirche zu tun. Ihre überragende Rolle geht auf eine Schenkung des Bayernherzogs Theodo an den späteren Heiligen Rupert, Bischof und Abt der von ihm gegründeten Erzabtei St. Peter, zurück. Das Land erhielt seine Gestalt unter Erzbischof Eberhard II., aus dessen Regierungszeit (1200–1246) eine Schenkung an den Abt Simon I. von St. Peter überliefert ist: Sie wurde daran geknüpft, daß dreimal im Jahr drei Mut Weizen, 50 Käse und Bier „nach freiem Begehr" gereicht werden müßten. Ein beachtlicher Teil des Salzburger Bieres war lange Zeit gratis – nicht aber für die Armen, sondern für den Hof des Erzbischofs, der gleichzeitig Landesherr war. Dieser hielt sich Hofbräuhäuser – und was nicht auf der fürsterzbischöflichen Tafel landete, das wurde entsprechend teuer an die Bevölkerung verkauft.

Hallein
Hofbräu Kaltenhausen

5400 Hallein
06245 25 55

Eigentumsverhältnisse: Braustätte der Österreichischen Brau-AG
Jährlicher Ausstoß: 325.000 hl, davon 60.000 hl Weißbier
Biersorten: Die traditionellen, teilweise schon vor Gründung der Brau-AG verwendeten Biermarken sind „Kaiser" (das hier schon 1909 einen Ausstoß von 139.000 hl erreichte) und „Edelweiss". Letzteres war eigentlich ein Export-Typ; 1986 wurde die Marke von Braumeister Hugo Baumgartner für das Weizenbier der Brau-AG wiederbelebt. Es handelt sich dabei um eine an altbayrische Rezepte angelehnte 12,6 Grad starke Spezialität, deren Maische mit 50 Prozent eiweißarmem Weizenmalz von Plohberger in Grieskirchen bereichert wird. Das Weizenbier ist übrigens schwächer gehopft als andere Biere – was vor allem bei jugendlichem Publikum gut ankommt.
Vom „Edelweiss" gibt es wiederum drei Sorten: „Kristallklar", „Hefetrüb" und „Dunkel". Das Weißbier wird bei 22 Grad Celsius angestellt, die obergärige Hefe liebt es ja warm, und innerhalb von drei Tagen vergoren. Es folgt eine Warmlagerung bei 18 Grad und schließlich ein einmonatiges Nachreifen im Kaltkeller bei minus 2 Grad.
Die Kühlung dieser Keller erfolgt übrigens natürlich: Kalte Winde, die aus Spalten der Barmsteine kommen, haben Kaltenhausen seinen Namen gegeben. Alle Biere werden einer konventionellen Gärung im offenen Bottich zugeführt. Das gilt natürlich auch für die Hauptsorten, die Kaiser-Biere, die auch als Flaschenbiere mit wenig Kohlensäure abgefüllt werden und daher auf der Etikette den Aufdruck „Faßtyp" tragen. Die führende Sorte ist das für ein Märzenbier im Geschmack außergewöhnlich volle „Kaiser Märzen" mit 12,1 Grad Stammwürze, gefolgt vom pilsartigen und fein gehopften „Kaiser Premium" (12,4 Grad), dem „Kaiser Gold" (13,1 Grad), dem „Kurpils", einem besonders trokkenen, 12,1grädigen Pils für die Gastronomie und dem mild-süßlichen,

mit 4,7 Prozent relativ alkoholarmen „Doppelmalz". Dazu kommt der 16,2grädige „Festbock".
Der Hopfen für diese Biere (die übrigens trotz Grenznähe nicht dem deutschen Reinheitsgebot folgen) kommt aus Saaz, dem Mühlviertel, der Hallertau und Jugoslawien, das Malz aus der Brau-AG-Mälzerei in Liesing und das 9 Grad harte Wasser aus drei eigenen Brunnen.
Souvenirs: Das „Hofbräu Kaltenhausen" verbindet seine Tradition mit der Vermarktung der Brau-AG-Marken. In diesem Design gibt es – quasi als Prunkstück – einen Steinzeugkrug mit Zinndeckel und (nur für 's „Bräustübl") Gläser für Kaltenhausener Kellerbier. Außerdem werden Schürzen mit dem Brau-AG-Logo verkauft.
Geschichte: Offiziell wird die Gründung der Brauerei Kaltenhausen mit 1475 datiert, jüngste Funde belegen aber, daß es hier schon viel früher zumindest Fässer gegeben haben muß. 1989 wurde aus dem Sumpf des Ramsautales am Dürrnberg ein keltischer Faßboden geborgen. 2000 Jahre alt, eineinhalb Jahrtausende älter als der bisher älteste Faßboden in Europa.
Hallein, der Name wird übrigens auf der ersten Silbe betont, hat eine rund 2700 Jahre zurückreichende Geschichte. „Hall" ist ein illyrisches Wort für Salz, und der Salzbergbau hat auch die Geschichte bestimmt – auf dem Dürrnberg muß er vor 4500 Jahren begonnen haben. Wenn hier von Erinnerungen an alte Sudhäuser und Sudpfannen die Rede ist, dann geht es also meistens um das Sieden von Sole. 1220 hat es acht Sudpfannen in der Stadt gegeben (die das Stadtrecht übrigens nie formell erhalten hat). Die Sudhäuser waren eine wichtige Einnahmequelle für den Erzbischof von Salzburg.
Das Bier übrigens auch, allerdings erst etwas später. Der erste „Pyrprew" wurde 1439 erwähnt. Sicher ist, daß es um 1500 mindestens fünf Brauhäuser in Hallein gab. Das letzte von mindestens elf, „der Stampflbräu", mußte 1919 schließen. Noch heute werden ehemalige Brauhäuser als Gaststätten geführt, so der „Gasthof Löwenbräu" und der „Gasthof Unterholzerbräu".
Allein außerhalb, in Kaltenhausen, ist die Brauerei bestehen geblieben. Erzbischof Bernhard von Rohr verlieh im Jahr 1475 an Johann Elsenhaimer, der von 1469 bis 1483 Stadtrichter und Bürgermeister in Salzburg war, eine Hofstatt bei Hallein zur Errichtung eines „prewstadls und kellers". Auf den Keller kam's offenbar an: Denn der lag am Abhang der Barmsteine, die von Luftröhren, die natürlich kühlten, durchzogen waren.

Ein Standortvorteil, den die Salzburger Erzbischöfe nach Elsenhaimers Tod zu nutzen wußten: Sie betrachteten die Liegenschaft als heimgefallen – und erweiterten sie , wovon noch eine der zahlreichen Tafeln am Bräuhaus zeugt: „Erzbischof Lienhard zu Salzburg hat das Pau machen lassen anno Domini MDX." Als Landesherren konnten die Erzbischöfe auch verfügen, daß Bierzäpfler im ganzen Land nur Kaltenhausener Bier ausschenken durften – die lästige Konkurrenz aus Bayern war damit gebannt. Und die Märkte der bürgerlichen Brauer waren auf die eigene Gastwirtschaft beschränkt – ausgeliefert werden durfte nicht.
1533 wurden bereits 2435 Eimer (der Eimer wird mit etwa 56 l anzunehmen sein) und 11 Viertel gebraut, der Ausstoß von 1557 lag gar bei 5148 Eimern. Allerdings blieben die Gewinne bescheiden – ließ sich doch etwa Erzbischof Michael von Khuenburg 1557 die Menge von 1900 Eimern (wohl unbezahlt) an den Hof liefern.
Anfang des 17. Jahrhunderts wütete eine Feuersbrunst in Kaltenhausen – zu einer Zeit, als man sich bereits erheblich diversifiziert hatte. „Ordinarypier", „Märzenpier" und etwas, das an heutige Leichtbiere erinnert: das dünne „Nachpier". Dazu kam ein Weißbier – allerdings aus Gerstenmalz: Von „weißem Gersten pier" ist zu lesen. 1646 ist erstmals in einem fürsterzbischöflichen Hofkammerprotokoll vom „Preuhann", einem Weizenbier, die Rede. Der Hopfen für diese Biere kam schon damals aus Saaz – allerdings über Passauer Zwischenhändler. Der Versuch, in Gnigl eigene Hopfenkulturen anzulegen, ist gescheitert, ebenso der, unter Ausschaltung der Zwischenhändler direkt in Passau einzukaufen. Überliefert ist, daß für einen Sud von 32 Eimern Weizenbier vier Schaff Malz (allerdings im Verhältnis von sieben Teilen Gerste zu einem Teil Weizen) und 16 Pfund Hopfen genommen wurden.
Der Bierausstoß stieg stetig: 1668 waren es 24.000 Eimer – man hatte sieben Jahre vorher eine neue 60-Eimer-Sudpfanne für Weizenbier angeschafft, das nun ein Drittel der Produktion ausmachte. 1785 erreichte man 50.000 Eimer.
Achtzehn Jahre später erlosch das Erzbistum, und wie die Landesherren, so wechselten auch die Brauereibesitzer: Erzherzog Ferdinand, Kaiser Franz, der französische Staat (1809–1811) und König Max von Bayern. Von diesem kaufte Kurfürstin Marie Leopoldine, in zweiter Ehe mit dem bayrischen Grafen Arco verheiratet, um 150.000 Gulden das Hofbräu.
1832 wurde in Kaltenhausen die erste Dampfmaschine Salzburgs installiert – sie hatte 6 PS und diente dem Brechen des Malzes. 1855 bis

Österreichs einziges Bindereimuseum

1859 wurde die Brauerei von Grund auf umgebaut, fünf Quellen gefaßt, ein neuer Eiskeller angelegt und die Kapazität auf 1000 Eimer pro Tag erweitert. Sogar Otto von Bismarck erwähnte zu dieser Zeit (am 5. August 1863 in einem Brief aus Gastein) das Kaltenhausener Bier lobend.
1890 hatte der junge Josef Graf Arco-Zinnenberg den Bierausstoß von 1807 mit 90.000 hl verdreifacht. Bis 1898 blieb das Hofbräu Familienbesitz, dann veräußerte es der Graf an die Deutsche Bank in München, die es 1901 in eine Aktiengesellschaft umwandelte. 1916 gewannen österreichische Aktionäre unter Führung Carl Beurles und Martin Bartensteins die Mehrheit. Damit begann eine weitere Runde im Konzentrationsprozeß im Brauwesen, die Kaltenhausener Brauerei kaufte 1916 die örtlichen Mitbewerber Stampflbräu (12.500 hl) und Bürgerbräu (13.300 hl) sowie die Brauerei Henndorf am Wallersee (16.700 hl) auf. 1925 kam es schließlich zur Gründung der Brau-AG, die die Ausstoßzahlen bis 1930 auf 105.000 hl steigerte. Ein Wert, der erst nach 1955 überboten werden konnte: 1960 wurden 150.000 hl gebraut, 1970 231.00 und 1983 314.000 hl.
Sehenswürdigkeiten: Die Binder gelten als das älteste holzverarbeitende Gewerbe – und für sie hat man in Kaltenhausen ein eigenes

Bindereimuseum eingerichtet. Während auf der anderen Straßenseite das „Kaiser“-Bier in moderne Stahlfässer gefüllt wird, kann man in der 1965 aufgelassenen Binderwerkstätte aus der ersten Hälfte des 18. Jahrhunderts die schwere Arbeit mit den hölzernen Fässern nachverfolgen. Im Museum sind alte Geräte, Pechöfen, Zirkel und sogar ein Nachbau eines alten Lagerkellers mit hölzernen Fässern zu sehen. Über jedes Faß wurde – ähnlich wie bei Dampfkesseln vorgeschrieben – genau Buch geführt: In einem ausgestellten Buch läßt sich nachschlagen, daß ein 1925 in Dienst gestelltes Faß noch 1967 benutzt wurde. Kein anderes Gebinde bringt es auf eine vergleichbare Lebensdauer.
Eine Faßbinderzunft hatte es in Hallein seit 1339 gegeben, sie trat in den Pestjahren 1517 und 1679 durch ihre Wohltätigkeit hervor – 1890 gab es noch 28 Binder in Kaltenhausen. Das Museum ist allerdings, wie die Brauerei selbst, nur nach Voranmeldung (unter der Nummer der Brauerei) zu sehen. In seinem Vorraum hängen einige sehenswerte Bierplakate aus der Zeit vor dem Ersten Weltkrieg.
Auf dem Gelände der Brauerei und in ihrer unmittelbaren Umgebung gibt es zwei Kapellen: Die *Braumeister-Kapelle* und die *Leprosenkapelle*, in der von Augustiner-Patres für das Seelenheil der kaserniert lebenden Brauknechte gesorgt wurde. Sie ließen sich's dennoch nicht verdrießen und hatten ihre diskreten Stelldicheins mit den aus der Stadt kommenden Strickerinnen in der nahen Salzach-Au. Daß von 1692 bis 1716 kein Geistlicher bestellt war, dürfte die rauhen Burschen nicht so gestört haben. Und es dürfte auch nicht verwundern, daß der geistliche Herr auch in Bier entlohnt wurde – mit einem halben Eimer, also etwa 28 l wöchentlich.
Ausflüge: Gleich hinter der Brauerei sind die mächtigen Felswände der *Barmsteine* zu sehen. Es gibt einen Wanderweg hinauf (Reisepaß einstecken, denn oben befindet sich die deutsche Grenze). Oben steht ein Maibaum, der alle Jahre von bayrischen Burschen aus Markt Schellenberg aufgestellt wird – dafür steht ihnen nach altem Brauch ein Faß Kaltenhausener Bieres zu.
Südlich von Kaltenhausen liegt die Stadt Hallein mit ihrem berühmten *Keltenmuseum* (im Winterhalbjahr Anmeldung erforderlich: 06245 27 83). Auf dem *Dürrnberg*, der alten Salzlagerstätte, gibt es auch ein *Schaubergwerk*, das nur von Mai bis September geöffnet ist (Auskünfte: 06245 52 85).
Wo einkehren? Im *Bräustübl* gibt es als Spezialität das „Kaiser Premium“ in eigenen Gläsern als „Kellerbier“. An diesem Lokal ist beson-

ders sympathisch, daß im Gastgarten sogar dazu eingeladen wird, selbstgebrachte Speisen zum frischen Bier zu verzehren. Außerdem werden hier Spezialitäten wie das leichtere „Frühlingsbräu" und das dunklere, geschmacklich abgerundete „Oktoberbier" angeboten – Faßbierspezialitäten, die nicht überall zu haben sind.
Ansonsten ist das Edelweiss-Bier aber in ganz Österreich erhältlich, als Faßbier aber nur in wenigen Lokalen Westösterreichs: Etwa im *Sternbräu* in Salzburg (dieses war einmal eine eigenständige Brauerei, die im August 1929 der Brau-AG angeschlossen und 1956 stillgelegt wurde) und im *Klosterbräu* in Seefeld. Das „Kaiser"-Bier zapfen rund 11.000 Wirte, wobei das Vertriebsgebiet der Brauerei Kaltenhausen 3300 Gasthäuser im Raum Salzburg, Kitzbühel und Murau umfaßt.

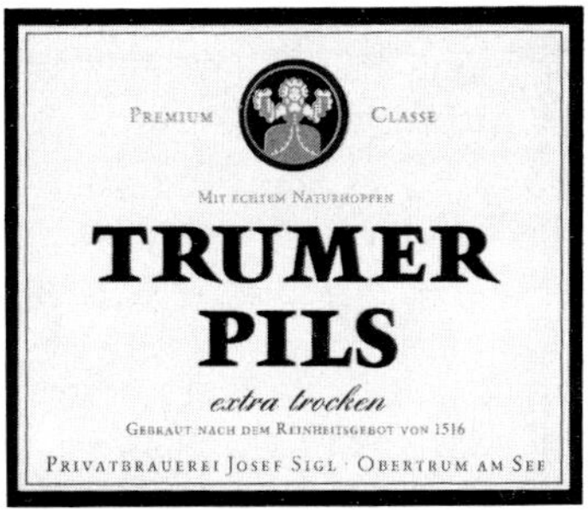

Obertrum
Brauerei Josef Sigl

Brauhausgasse 2
5162 Obertrum
06219 74 11

Eigentumsverhältnisse: Eigentum der Familie Sigl
Jährlicher Ausstoß: knapp 100.000 hl
Biersorten: Seit 1972 hatte die Privatbrauerei Sigl österreichweit das Weizenbier bekanntgemacht – unter der Marke „Weizengold" wurde zunächst ein 13grädiges „Champagner-Weizenbier" eingeführt, ein Premium-Weißbier, sehr schlank, sehr kohlensäurereich und erfrischend, aber kaum bitter. Inzwischen ist das „Natur Hefeweizen" und das „Dunkle Hefeweizen" dazugekommen. Diese Biere werden in einer eigenen Kellerabteilung gepflegt, nach zwei bis vier Tagen Hauptgärung bei 20 Grad haben sie noch drei bis vier Wochen im Lagertank zu reifen, bevor sie in Flaschen gefüllt werden. Dabei wird den trüben Weißbierspezialitäten die Hefe aus dem Tank beigemischt.
Für alle Biere wird ausschließlich Aromahopfen (aus Saaz, dem Mühlviertel, Tettnang und der Hallertau) verwendet, der in Doldenform

gelagert und eingesetzt wird. Das Wasser kommt aus einem eigenen Brunnen, bedarf aber wegen seiner 18 Härtegrade einer Teilenthärtung. Das Gerstenmalz kommt aus Stadlau, das Weizenmalz von Plohberger in Grieskirchen – Rohfrucht wird keine verwendet.
Auch nicht für die untergärigen Biere, deren österreichweit bekannte Spitzensorte das „Trumer Pils" ist. Dieses knapp 12grädige Bier verrät die deutsche Abstammung des Braumeisters: Es ist sehr hell und von kräftiger, aber feiner Bittere. Gleich stark, kräftig herb und nicht zu voll ist das „Märzen", das nur für den lokalen Markt hergestellt wird. Diese Biere werden in offenen Bottichen vergoren (wobei zur Eliminierung der Hopfen-Eiweiß-Verbindungen die Kräusen abgeschöpft werden), dann lagern sie acht Wochen lang. Schließlich gibt es noch einen 16,8grädigen Bock, der voll, aber nicht pappig schmeckt und im Abgang eine kräftige Bittere spüren läßt. Er wird übrigens nach siebenmonatiger Lagerung in einzeln numerierte Flaschen abgefüllt. Jegliche Form der Konservierung ist in Obertrum verpönt, das Vorspannen von Kohlensäure in den Flaschen muß reichen, um die Qualität zu garantieren.
Souvenirs: Die Brauerei Sigl war die erste, die 1977 „die Pilsstange" einführte, zunächst mundgeblasen. Zuletzt kamen Anfang 1990 weinglasähnliche 0,2-l-Gläser für das Trumer Pils heraus. Beim „Weizengold" ist darauf zu achten, daß es seit 1987 in neuer Präsentation erscheint – die vierfarbigen Etiketten und Glasaufdrucke wichen der edleren Gestaltung in Gold und Blau (bzw. je nach Sorte, in Braun oder Grün).
Geschichte: Die älteste Nennung von Obertrum fällt ins Jahr 1143: Da ist von einem „Druma" die Rede. Das Wort Obertrum bedeutet: Am oberen Ende des Sees.
Josef Sigl ist der siebente Träger dieses Namens, seine Brauerei wurde am 22. Dezember 1601 gegründet. An diesem Tag erhielt der Gastwirt Michael Stockhamer von Erzbischof Wolf Dietrich von Raitenau das Braurecht.
Taverne und Brauerei wurden am 7. März 1775 vom Hopfenhändler Josef Sigl erworben, einem unternehmungslustigen jungen Mann aus Perlesreuth in Bayern. Seine Familie betrieb die Brauerei so erfolgreich, daß nebenbei noch ein florierender landwirtschaftlicher Gutsbetrieb aufgebaut werden konnte, der im vorigen Jahrhundert (als Josef Sigl IV. zwei Jahrzehnte lang Landtagsabgeordneter war) auch über eine eigene Käserei verfügte.
1909 wurde die Brauerei von Josef Sigl V., der sich stolz „Brauerei- und

Realitätenbesitzer" nannte, etwas außerhalb des Ortes neu gebaut. Dadurch wurde sie vom Ortsbrand 1917 (im Unterschied zu anderen Objekten der Familie Sigl) verschont. In den zwanziger Jahren wurden die Brauereien Ursprung und das Karlbräu in Neumarkt angeschlossen. 1937 wurde das (noch heute auf den Pils-Etiketten dargestellte) Signet der Biermaid mit den zwei Krügen geschaffen.

Sehenswürdigkeiten und Ausflüge: Der Malzsilo, der das Ortsbild von Obertrum prägt, weist den Weg zur Braustätte: In ihrem Vorgarten ist eine Spezialität zu sehen: Ein winziger *Hopfengarten*, der die Pflanze erlebbar macht, die dem Bier den herben Geschmack gibt.

Die Brauerei selbst kann von Interessenten nach Anfrage besichtigt werden, wobei die *„Trumer Bierakademie"* den Gästen sogar ein Skriptum über die Bierherstellung anbietet. In den Sommermonaten organisiert das Obertrumer Verkehrsbüro auch „Entdeckerfahrten" zu Bauernhöfen, Käsereien, Webereien und Schnapsbrennereien.

Der Ortskern von Obertrum ist zwar 1917 zerstört worden, er läßt aber die Gemütlichkeit des Bieres spüren: Nicht nur durch stilvoll hergerichtete Fassaden, sondern auch durch den *Ortsbrunnen*. Auf ihm steht die Figur eines Brauers – und an Festtagen fließt hier Bier statt Wasser!

Die Trumer Brauer schwören auf Naturhopfen

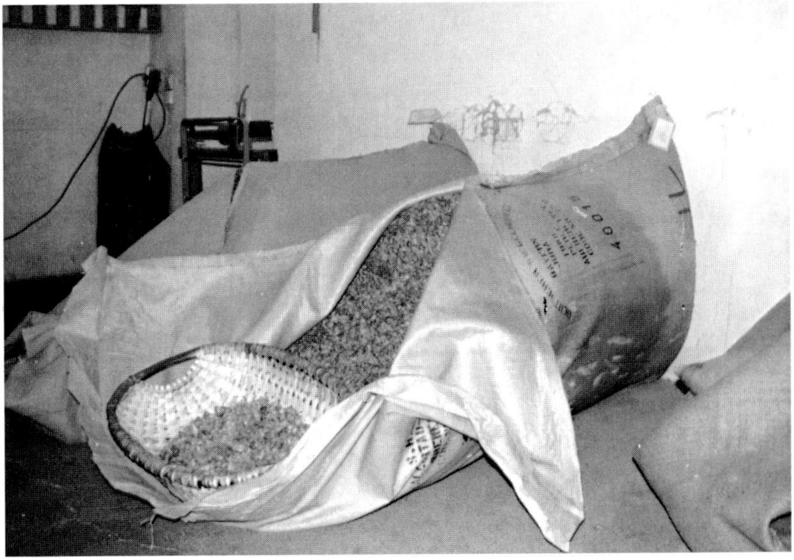

Im *Heimatmuseum* (nur im Sommer geöffnet, Auskünfte: 06219 303 oder 283) wird die Geschichte des Ortes und das bäuerliche Leben dokumentiert, das heute teilweise vom Tourismus überlagert ist: Am Obertrumer See gibt es unter anderem eine Surfschule. Sogar ein Weltmeister im Windsurfen, Bernhard Brandstätter, stammt von hier. Andererseits sind Teile des Seeufers streng als *Naturschutzgebiet* ausgewiesen – hier findet sich eine bemerkenswert reichhaltige Vogelwelt.
Obertrum ist aber auch ein günstiger Ausgangspunkt für Besuche in Salzburg-Stadt und für Wanderungen in die Umgebung der Seen: So führt ein Wanderweg die Huberbergstraße hinaus nach Unterbruckmoos und weiter zur 766 Meter hoch gelegenen *Kaiserbuche* auf dem Haunsberg. Sie wurde 1779 gepflanzt, als Kaiser Joseph II. das Innviertel besuchte. Nach Süden führt eine kulturgeschichtlich interessante Wanderung zum ehemaligen Pfarrhof, bei dem die mit Rokokomalerei und Stukkatur ausgestattete *Pfarrhofkapelle zum Guten Hirten* (geweiht 1748) zu besichtigen ist. Sie gilt als Juwel spätbarocker Volkskunst.
Nach Osten schließlich führt der Panoramaweg, auf dem man bis zu den Egelseen oder, nach Norden abzweigend, zum *Stift Mattsee* wandern kann. Dieses hat eine frühgotische Kirche, deren Innenaustattung barock und deren Fassade klassizistisch ist, sowie ein Stiftsmuseum (06217 78 31 oder 575). Nebenan befindet sich in der ehemaligen Burg ein *Heimatmuseum*, das unter anderem das Fischereiwesen am See dokumentiert, eine Teilrekonstruktion eines *Bajuwarendorfes* und ein Denkmal der Stephanskrone, das daran erinnert, daß 1945 der ungarische Kronschatz in Mattsee aufbewahrt war. Zwischen Mattsee und Obertrum liegt der 796 Meter hohe Buchberg mit einem *Naturpark* (40 Kilometer Wanderwege), etwas östlich, bei den Egelseen, die *Tiefsteinklamm*.
Wo einkehren? Der historische *Braugasthof* auf dem Dorfplatz (06219 338) ist heute sowohl Hotel als auch Feinschmeckergaststätte: Durch ambitionierte regionale Hausmannskost hat man sich bereits eine Haube verdient.
Auch in der Stadt Salzburg ist das „Trumer Pils" nahezu daheim, ein vor allem von der akademischen Jugend geschätztes Pilslokal ist *Zum fidelen Affen* (Priesterhausgasse 8, 0662 77 3 61).
Die Wiener kennen vom Trumer Bier vor allem das „Weizengold", und da wieder das kristallklare, das im Sommer in vielen Kaffeehäusern (etwa dem *Landtmann* in der Löwelstraße gleich neben dem Burgtheater) als Flaschenbier ausgeschenkt wird. Das trübe „Hefeweizen" gibt

es beim *Lukas* (1010 Schönlaterngasse 2, 513 50 90), einem der preiswerteren Innenstadtlokale, frisch vom Faß. Das Trumer Pils zapft man im *Tom Collins* (in der Mahlerstraße, nur wenige Schritte von der Oper – 512 27 63).

Salzburg-Stadt Stiegl-Brauerei zu Riedenburg bei Salzburg

Franz Huemer & Comp.
Postfach 24
Kreuzbrücklstraße 9
5017 Salzburg
0662 84 55 31

Eigentumsverhältnisse: Die Stiegl-Brauerei ist Österreichs größte Privatbrauerei – sie ist mehrheitlich im Familienbesitz der Familie Kiener.
Jährlicher Ausstoß: 490.000 hl
Biersorten: Braumeister Karl Marx besteht auf der Individualität seiner Produkte: Das Premiumbier heißt in Erinnerung an das Gründungsjahr der Stiegl-Brauerei „Columbus", es hat 12 Grad und tendiert geschmacklich zum (mit 11,9 Grad) etwas schwächeren, aber stärker gehopften „Stiegl Pils". Diese Biere werden ebenso wie das (vom Magazin „Konsument" zum geschmacklich besten Leichtbier gewählte) „Stiegl Leicht" mit Saazer Hopfen gebraut.
Außerdem wird in der Stiegl-Brauerei Hallertauer Hopfen, in Stadlau und bei Koch in Pottendorf speziell erzeugtes Malz und unaufbereitetes Wasser aus der Veitlbruchquelle am Untersberg verwendet.
Auch bei der Haltbarmachung glaubt Marx bereits genügend Kompromisse durch die glanzfeine Filtration gemacht zu haben: Da gingen schon (zu Gunsten der Haltbarkeit) Geschmacksstoffe verloren – deshalb dürfe dem Bier nicht auch noch eine Pasteurisation angetan werden.
Das ist nicht zuletzt ein Entgegenkommen gegenüber den deutschen Nachbarn, nach deren Geschmack die Premiumbiere gebraut sind. Für das alpenländische Publikum wird die Linie der „Goldenen" Biere gebraut, das „Goldbräu" (ein mildgehopftes, 12grädiges Lager), das „Gold Spezial" (ein kräftiges Spezialbier mit 13,5 Grad) und das

gleich starke und feiner gehopfte „Gold Export". Dazu kommen noch Spezialitäten: 16,5grädiger „Bock" für Weihnachten und Ostern, würzig und mindestens 180 Tage gereift, sowie das dunkle „Paracelsus", 13,8 Grad, aber nur 4,5 Alkoholprozente stark – wie alle Stiegl-Biere zwei bis vier Monate gelagert.

Souvenirs: Die Stiegl-Brauerei verwendet eigene Gläser mit kompakter Basis, die „Salzburg-Becher". Außerdem gibt es Glas- und Tonkrüge verschiedener Größe, Pilsflöten, Schirme, Spiegel, eine eigenes „Stiegl's Brau Journal" und sogar Zeichensets für Kinder.

Wo einkehren? Neben dem bekannten *Stieglkeller* auf dem Weg zwischen Altstadt und Festung Hohensalzburg empfiehlt sich das brauereieigene *Hotel Stieglbräu* (Rainerstraße 14, 0662 77 6 92), das in den letzten Jahren renoviert und um eine „Pils-Kanzlei" bereichert wurde.

In Linz ist der in den zwanziger Jahren errichtete *Klosterhof* auf der Landstraße (0732 27 33 73) das größte Bierlokal.

In Innsbruck lädt das gutbürgerliche und von der lokalen Polit-Prominenz frequentierte *Stiegl-Bräu* (Wilhelm Greil-Straße 25, 0512 58 43 38) zum Verweilen ein.

In Wien ist Stiegl ebenfalls mit einem eigenen *Hotel Stieglbräu* (1150, Mariahilferstraße 156, 83 36 21) vertreten.

Stiegl-Bier und Amerika sind gleich lange bekannt

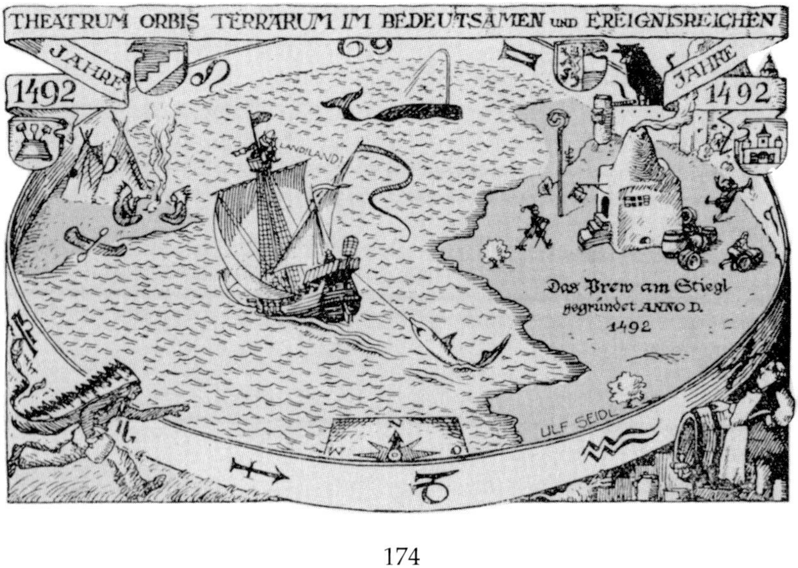

Augustinerbräu Kloster Mülln OHG

Augustinergasse 4,
5020 Salzburg
0662 31 2 46

Eigentumsverhältnisse: Das Augustinerbräu ist mehrheitlich im Besitz der Benediktinerabtei Michaelbeuern, Ing. Kiener hält eine Minderheitsbeteiligung.
Jährlicher Ausstoß: 8000 hl
Biersorten: Normalerweise gibt es nur eine Biersorte im Augustinerbräu, das 12grädige „Märzen". Es wird in Mülln selbst unfiltriert ausgeschenkt (im Gegensatz zu den Flaschenfüllungen und der Auslieferung bei Wirten), ist daher besonders mild und ausgewogen. Braumeister Hans Glabischnig braut das Bier aus Stadtwasser, Hallertauer Hopfen und Stadlauer Malz. Die Hefe kommt aus der nahen Stiegl-Brauerei – Rohfrucht verwendet er nicht. Die Produktionsweise ist noch völlig traditionell: Aus dem Sudhaus kommt die Würze auf ein Kühlschiff, wo sich innerhalb von einer halben Stunde der Eiweißtrub absetzt. Mit etwa 70 Grad Celsius läuft sie dann über einen Berieselungskühler und wird mit 5 bis 7 Grad in offenen Bottichen angestellt. Nach einer Woche kommt das Jungbier für weitere zwei bis drei Monate in den Lagerkeller.
Rechtzeitig zu den Weihnachtsfeiertagen kommt auch ein vier Monate gelagertes „Augustiner Bockbier", 16,2 Grad stark, von dunkler Bernsteinfarbe und mit einem kräftigen, wenig bitteren und auch nicht süßen Geschmack zur Ausschank.
Souvenirs: Im Bräustübl wird peinlich darauf geachtet, daß niemand den Tonkrug mitnimmt: Die für den Ausschank verwendeten Krüge sind auch wenig attraktiv. Als Souvenir gibt es aber Krüge und Deckelkrüge mit Aufschrift – die ältesten Exemplare davon stammen nach Angabe der Brauerei aus dem Jahr 1910.

Wo einkehren? Der Großteil des Bierausstoßes wird im *Augustiner Bräustübl* (von den Salzburgern dem Ort nach oft *Müllnerbräu* genannt) abgesetzt. Es verfügt über einen der größten Gastgärten Österreichs sowie über riesige Säle, in die man sich das an der Schank (aus Holzfässern!) gezapfte Bier selbst mitnimmt. Eine eigene Ladenstraße mit Buffets sorgt für die richtige Unterlage. Im benachbarten Gasthof *Krimpelstätter* (0662 32 2 74) sowie beim *Röhrenwirt* am Walserberg und in der *Hammerschmiede* in Anthering gibt es ebenfalls Müllnerbräu vom Faß. Augustiner-Bier wird traditionell in Holzfässer gefüllt, Partyfässer haben 13 oder 25 l.

Weissbierbrauerei Bernd Tobisch

Virgilgasse 9
5020 Salzburg
0662 76 4 81

Eigentumsverhältnisse: Der Werbefachmann Bernd Tobisch hat die Weißbierbrauerei 1987 von Hans Georg Gmachl aus Elixhausen gepachtet.
Jährlicher Ausstoß: etwa 500 hl
Biersorten: Das Bier aus der Weißbierbrauerei gibt es nur im winzigen, aber urgemütlichen Braugasthaus, wo man Bier und kleine Imbisse in Selbstbedienung holt, sowie im benachbarten, als Restaurantbetrieb geführten *Rupertihof*. Und es gibt nur eine Sorte, eben das hefetrübe, 12 Grad starke „Weißbier", das Bernd Tobisch nach einem seit 90 Jahren überlieferten Rezept in einem kleinen Kupferkessel braut: Ein erfrischendes, kaum bitteres und natürlich hefetrübes Bräu. Nur um die Weihnachtszeit kommt noch ein runder, kräftiger „Weizenbock" ins Programm.
Tobischs Biere sind reine Flaschengärung, das heißt, daß sie nach etwa vier Tagen im Gärbottich in Bügelflaschen abgefüllt werden, in denen die Hefe etwa zwei Wochen lang ihre Arbeit vollendet und das Bier reifen läßt.

Souvenirs: Neben Bierdeckeln (auf denen der Name Gmachls steht) gibt es auch 2-l-Flaschen des Weißbieres zum Mitnehmen. Sie müssen allerdings rasch leergetrunken werden.
Wo einkehren? Das Bier aus der Weißbierbrauerei gibt es nur an Ort und Stelle im *Weißbräu* und im *Rupertihof*.

Amadeus-Bräu

Am Ausstellungszentrum
Bessarabiastraße 83
5021 Salzburg
0662 375 51 261

Eigentumsverhältnisse: Das Amadeus-Bräu und die zugehörige Restauration gehören dem Direktor des Salzburger Austellungszentrums, Arnold Henhapl
Jährlicher Ausstoß: 600 hl
Biersorten: Vom „Amadeus Bräu" braut der Obertrumer Braumeister Klaus Niederdräing nur eine Sorte: Ein obergäriges, naturtrübes Bier von knapp 13 Grad, das in Österreich einmalig ist. Es ähnelt etwas den Kölsch-Bieren, ist aber dunkler. Die Hefe kommt aus der Brauerei Sigl, das Malz von Plohberger, der Hopfen ist deutscher Naturhopfen – und das Wasser kommt (mit 7 Härtegraden) aus der Stadtwasserleitung. Die Würze wird mit 10 Grad Celsius in offenen Bottichen angestellt und braucht vier bis fünf Tage für die Hauptgärung. Danach lagert es noch etwa sechs Wochen in Lagertanks, ehe es ins Faß kommt.
Souvenirs: Die Gläser, die eigens für Amadeus (mundgeblasen) hergestellt werden, tragen das Wappen der Familie Henhapl, ebenso die Bierdeckel.
Wo einkehren? „Amadeus-Bräu" gibt es in der gleichnamigen *Restauration* (die keine Braugaststätte im üblichen Sinn, sondern ein elegantes Speiselokal ist) sowie an Bord der *MS Mozart*, dem größten österreichischen Donauschiff.

Geschichte: Die kirchlichen Einrichtungen waren schon im Mittelalter bedeutsam für das Brauwesen in Salzburg. Die Erzabtei St. Peter muß damals über ausreichend Bier verfügt haben, ist doch in einem Urbarialverzeichnis aus dem vorletzten Jahrzehnt des 12. Jahrhunderts ersichtlich, daß im Bereich des Amtsmannes Rubert ein Meierhof neben drei kleineren Schweinen und 300 Eiern auch „duos modios humbali", zwei Mut Hopfen (korrekt hätte das spätlateinische Wort „humuli" gelautet), abgeben mußte. Hopfenanbau hat es in jener Zeit im gesamten salzburgischen Flachgau gegeben – anschließend an ein geschlossenes Gebiet zwischen Freilassing und Burghausen.Das 15. Jahrhundert war das der privaten Brauereigründungen. Den Beginn machte das Gablerbräu 1408. Die heute bekannteste und größte Brauerei des Landes stammt aus dem Jahr 1492: Da wurde erstmals das „Hauss bey der Stiegen auf der Gstetten" erwähnt: Hans Peuntner vererbte es der Witwe seines Sohnes Jörg. Die als Ortsbezeichnung erwähnte Stiege war ein kleines Treppchen zur Alm.
Das Brauwesen der Landeshauptstadt litt lange Zeit darunter, daß im nahen Hallein ein erfolgreicher – und durch das um die Wende zum 16. Jahrhundert eingeführte erzbischöfliche Quasimonopol beim Bierverkauf geschützter – Großbetrieb lag. Unter Kardinal Guidobald Thun (1654–1668) fuhren Studenten und Professoren der 1623 gegründeten Universität mit Schlitten regelmäßig nach Kaltenhausen – zur Besichtigung der Brauerei und des 1666 angelegten Felsenkellers. Eine lateinische Inschrift zeugt davon, daß nicht nur besichtigt, sondern auch verkostet wurde: Sie beschreibt auch die seltsame Eigenschaft des Kellers, im Winter warm und im Sommer kalt zu sein.
In der Stadt Salzburg hatte Paris Graf Lodron 1648 an der Stelle des heutigen Justizgebäudes das „Hochfürstliche kalte Brauhaus am Kai zu Salzburg" angelegt, eine Dependance von Kaltenhausen, die 1704 wieder geschlossen wurde. Außerdem gab es in Teisendorf, Henndorf und Lofer weitere erzbischöfliche Brauereien, die allerdings gegenüber Kaltenhausen mit ihrem Ausstoß von 19.000, 12.000 und 10.000 Eimern (1 Eimer = 56 l) gegenüber den 50.000 Eimern, die Kaltenhausen 1785 erreichte, bescheiden blieben.
Übermächtig war die Konkurrenz dennoch. Und sie blieb es von der Regierungszeit Leonhard von Keutschachs (1495–1519) bis zum Jahr 1802, als Napoleon Hieronymus Graf Colloredo vertrieb und Erzherzog Ferdinand Besitzer der bisherigen Hofbräuhäuser wurde.
Der Ruf dieser Hofbräuhäuser war aber nicht nur gut: So gingen etwa

zwei Fünftel ihres Ausstoßes an den Hof, die Pächter und Hofbraumeister sahen ihren Posten oft als Sprungbrett für weitere Karriere und vernachlässigten darüber ihr Produkt, das als „zickendes", also säuerliches Gesöff verrufen war.
Jedenfalls entstanden immer neue Brauereien: Die Augustiner-Eremiten, die Wolf Dietrich 1607 bis 1614 in Mülln angesiedelt hatte, gründeten 1621 ihre Brauerei. Die Bräustüberln, die im Lauf der letzten hundert Jahre ihre heutige Dimension bekamen, gehen im Kern auf diese Zeit zurück. 1835, als die Augustiner in Salzburg ausstarben, gab Ferdinand der Gütige das Müllner Kloster mitsamt der Brauerei an die ebenfalls brauerfahrenen Benediktiner in Michaelbeuern weiter.
Die Salzburger erwiesen sich als begnadete Biertrinker: 1907 lag der durchschnittliche Salzburger Konsum bei 200 l pro Jahr. Heute, wo viel mehr Touristen beim Trinken „helfen", sind es nur 165 l pro Kopf.
Das späte 19. und das 20. Jahrhundert waren eine Zeit des Brauereisterbens: Während etwa das Augustinerbräu mit der Einrichtung des Bräustübls (1890) erst zu florieren begann, sperrten bis dahin erfolgreiche Betriebe zu. Das Steinbräu, eine Gründung von 1528, gab 1870 auf, das Mödlhammerbräu (gegründet 1414) sperrte 1874, das 1501 gegründete Kasererbräu wich 1900 einem Tanzsaal, das Gablerbräu wurde 1913 von der Stiegl-Brauerei erworben, das Höllbräu erlosch 1922 nach 475jährigem Bestehen.
Anders als das Augustinerbräu, das 1944 ausgebombt wurde und gesperrt werden mußte, ist die Stiegl-Brauerei trotz ihrer Flugplatznähe auch im Weltkrieg nicht stillgestanden. Allerdings hat der Betrieb mit jenem von 1492 nur mehr den Namen gemeinsam.
Als sich die privaten Brauereien im 19. Jahrhundert frei entwickeln konnten, expandierte besonders die Stiegl-Brauerei, die im Festungsberg ihren Märzenkeller anlegte. Josef Schreiner verlegte den Betrieb 1852 nach Riedenburg in Maxglan.
Eine Investition, die das Unternehmen in arge Schwierigkeiten brachte: Einerseits mangelte es zunächst an der Bierqualität, andererseits gab es allein in der Stadt noch zwanzig Konkurrenzbetriebe. Franz Huemer, ein Gerstenlieferant aus Bachmanning, war 1875 als Gesellschafter ins Unternehmen eingetreten und übernahm es 1887 ganz. Von 1888 bis 1898 gelang es ihm, den Ausstoß von 18.000 hl auf 90.000 hl zu steigern. Dies war auch ein Verdienst seines 1889 eingetreten Neffen Heinrich Kiener, der Techniker und Kaufmann zugleich war.
1930 erreichte die Stiegl-Brauerei einen Ausstoß von 200.000 hl, nach

Rückschlägen im Weltkrieg kam sie 1959/60 auf 220.700 hl und 1979/80 auf 424.000 hl.

Im 20. Jahrhundert gab es nur zwei Brauereigründungen in Salzburg: Die Weiße in Schallmoos um die Jahrhundertwende und das Amadeus-Bräu, das im Herbst 1987 eingerichtet wurde.

Sehenswürdigkeiten: Die Stiegl-Brauerei ist als Großbrauerei darauf eingerichtet, beinahe täglich einer Besuchergruppe die Produktionsstätte zu zeigen. Wer sich dazu rechtzeitig anmeldet, bekommt neben dem *Sudhaus* von 1896 mit seiner Einrichtung aus den dreißiger Jahren und den offenen Gärbottichen das gesamte Flair eines Industriebaus der Jahrhundertwende zu sehen. Dazu Kuriositäten wie die größte Bierpipe der Welt mitsamt zugehörigem Schlägel.

Wer Glück hat, begegnet auch dem einen oder anderen Gespann von Braurössern, die hier noch ihren Dienst tun.

Im Augustinerbräu kann die Brauereieinrichtung nur vom Fachpublikum besichtigt werden. Das Sudhaus von 1912 (dessen Kupferteile allerdings keine fünf Jahre später gegen weniger kriegswichtige Eiseneinrichtungen ausgetauscht wurden) ist einfach zu eng, der Platz um das Kühlschiff und den kupfernen Berieselungskühler auch. Die historischen *Gaststättenräume*, verziert mit allerhand Trinksprüchen, sind allerdings für Biertouristen ebenso lohnende Ziele. Einer der Säle, das *Schlapp-Stüberl*, ist übrigens die Heimstätte des ältesten Vereins von Salzburg, dessen Mitglieder das „Schlipp-Schlapp"-Spiel pflegen – und die (in Form von Bilderrätseln) an den Wänden verewigt sind.

Der nur in den Sommermonaten geöffnete *Stieglkeller* (Festungsgasse 10, 0662 84 26 81) ist bereits legendär. Gerade weit genug abseits der Touristenpfade – und doch an einem „strategisch bedeutsamen" Punkt der Altstadt: Wer sich die Mühe macht, bei einem Besuch der Feste Hohensalzburg auf die Benutzung des Schrägaufzugs zu verzichten, kommt an dem riesigen Gebäude, dessen Geschichte bis 1426 zurückreicht, vorbei. Der Bau wurde mehrfach umgebaut (die Veränderungen von 1585 und die Errichtung der Märzenkeller 1840 und 1860 sind dokumentiert), die letzten Änderungen erfolgten im Jahr 1900. Eigentlich gehört der Bau am Weg zur Festung schon ein bißchen zu den Festungsbauwerken – noch am 12. Februar 1839 mußte Franz Haindl der k. k. Geniedirektion bestätigen, daß der Garten im Verteidigungsfalle zur Fortifikation gehört. Die „Stieglbräuerseheleute Johann und Anna Schreiner" hatten die Liegenschaft 1820 gekauft, vom 1. Mai 1840 bis 1885 gehörte das Gasthaus so eng zur Brauerei, daß die im

Sehenswert, aber nicht zugänglich: Augustiner-Sudhaus

Sommer meist unterbeschäftigten Brauersburschen als Bedienungspersonal herhalten mußten.
Von einer der ältesten Brauereien Salzburgs, der 1415 von Hans Hausner gegründeten *Sternbrauerei* (sie wurde Ende 1956 stillgelegt), ist nur mehr das Gasthaus in der Griesgasse 23 übriggeblieben.
Ausflüge: Von den vielen Ausflugsmöglichkeiten rund um Salzburg ist für Biertrinker die nach *Michaelbeuern* die interessanteste. Dieses Kloster ist Eigentümer des Augustinerbräu und war selber Sitz einer Brauerei, die in den vierziger Jahren von der Brauerei Schnaitl in Gundertshausen aufgekauft wurde. Nicht der einfachste, vielleicht aber der schönste Weg dorthin: Eine Fahrt mit der *Salzburger Lokalbahn*, auf der fahrplanmäßig Oldtimerzüge verkehren (0662 50 77 719), bis Lamprechtshausen und nachher acht Kilometer Wanderung.
Diese führt – markiert – vorbei an der Pfarrkirche Lamprechtshausen in die Dorferneuerungs-Gemeinde *Dorfbeuern*. Von dort ist es noch knapp ein Kilometer bis zum im 8. Jahrhundert gegründeten *Stift*, das neben der Stiftskirche ein beachtliches Museum (06274 81 1 16) bietet, in dem unter anderem die *Walther-Bibel* aus der ersten Hälfte des 12. Jahrhunderts gezeigt wird.

Schwarzach im Pongau
Brauerei Schwarzach
Walter Seeber

Brauhausgasse 28
5620 Schwarzach
06415 236

Eigentumsverhältnisse: Familienbetrieb
Jährlicher Ausstoß: 23.000 hl
Biersorten: „Während man in anderen Bereichen, etwa beim Käs' Vielfalt sucht, gibt es beim Bier zunehmende Vereinheitlichungstendenzen", klagt Brauereichefin Seeber. Und kämpft dagegen an.
Die Marke, unter der das Schwarzacher Bier vertrieben wird, ist zumeist das „Tauerngold", das es als „Tauerngold – Urgold", ein 12,3grädiges Premium mit edler Bittere im Abgang, als „Tauerngold Meisterpils" (12,1 Grad, sehr hell und sehr stark gehopft) und als 90 Tage gereiften „Tauerngold Festbock" mit 16,2 Grad und herbem Geschmack gibt.
Dazu kommt das wenig vollmundige und auch mild gehopfte „Pongauer Märzen" mit 12 Grad und das schwach gehopfte, süßliche „Pongauer Dunkle".
Für diese Biere – alle streng nach dem Reinheitsgebot gebraut – wird unaufbereitetes Wasser aus einem 26 Meter tiefen Brunnen im Heukareck (8 bis 10 Härtegrade), Stadlauer Malz und vorwiegend tschechischer Hopfen verwendet. Auch sonst wird möglichst konventionell gearbeitet: Die Hauptgärung erfolgt in offenen Bottichen, die Lagerung in Kellern, die in den Berg gesprengt wurden. Diese Keller haben seinerzeit noch zur Lagerung von Eis dienen müssen, das mit den Bierfässern buttenweise mitgeliefert wurde. Die Biere werden unbehandelt abgefüllt, nur Hüttenbiere sind kurzzeiterhitzt.
Souvenirs: Auf älteren, noch in Verwendung stehenden Gläsern findet sich noch der schräge Schriftzug „Schwarzacher Bräu" in Frakturschrift. Inzwischen wird die Bezeichnung „Tauerngold" forciert, für die jedes Jahr ein neuer Tonkrug aufgelegt wird.
Geschichte: Schwarzach ist eine Gegend, in der schon immer Aufmüp-

fige gelebt haben: 1731 haben sich hier die protestantische Bauern, Bergleute und Prädikanten zusammengefunden, um unter dem Zeremoniell des Salzleckens einen Bund gegen den katholischen Landesherrn und Erzbischof zu schließen – ein Jahr später wurden 20.000 Protestanten vertrieben, die meisten landeten in Preußen.
Der „Salzleckertisch" ist noch im Besitz der Gemeinde – bei seinem Anblick könnte man Durst bekommen. Daß es Bier gibt, ihn zu löschen, ist aber einem (besonders konservativen) Katholiken zu verdanken.
Die Schwarzacher Brauerei ist nämlich eine erzbischöfliche Gründung von 1843. Friedrich Fürst Schwarzenberg, später Erzbischof von Prag und Bruder des Ministerpräsidenten, ließ in Schloß Schernberg westlich von Schwarzach eine Brauerei einrichten, die ursprünglich der Finanzierung sozialer Projekte dienen sollte. Das Schloß erwies sich jedoch bald als ungeeignet, die Braustätte wurde ins Tal und zwar an dessen Schattseite verlegt. Hier konnte im Winter besser Eis gewonnen werden, und das Bier blieb länger kühl.
1937 kam die Brauerei – die 1940 erst einen Ausstoß von 300 hl hatte – in den Besitz der Sterzinger Brauerfamilie Seeber.
Sehenswürdigkeiten und Ausflüge: Schwarzach leidet ein wenig unter dem Image, daß man dort nur umsteigen könne. Doch der Bahnknotenpunkt Schwarzach/St. Veit ist zu einem Wintersportort avanciert – und ist auch im Sommer Ausgangspunkt für Ausflüge.
Zwar kann die Brauerei derzeit nicht besichtigt werden, und an der Pfarrkirche ist der Kirchenchor das bekannteste, doch ist im 6 Kilometer nahen *Goldegg* das *Schloß* zu einem kulturellen Zentrum avanciert. Es birgt einen Rittersaal von 1536 und ein Heimatmuseum, in dem unter anderem die historischen Instrumente von Badern und Wundärzten gezeigt werden.
Es kann von Schwarzach aus auf einem Wanderweg (bezeichnet mit der Nummer 7) erreicht werden: Er beginnt in der Putzengrabenstraße und geht dann über einen Fahrweg am *Schloß Schernberg* vorbei. Dieser gotische Bau wurde im 19. Jahrhundert (da beherbergte er ja die Brauerei) weitgehend verändert, eine Kapelle von 1402 mit einem Flügelaltar von 1450 ist aber erhalten. Weiter geht es nach Innermoos und weiter über Schönberg nach Goldegg. Im Winter wird übrigens – mit ähnlichem Verlauf – eine Loipe gespurt, die Goldegg, Schwarzach und St. Veit verbindet.
Bei St. Johann im Pongau kann die *Liechtensteinklamm*, eine der impo-

santesten Schluchten Europas (geöffnet von Mai bis Oktober) begangen werden. Südlich von Schwarzach kann über das Großarltal, das Gasteinertal und das Rauristal der *Nationalpark Hohe Tauern* erreicht werden. Am Ende des Rauristales liegt Kolm-Saigurn: Hier kreisen (seit 1986 wieder heimische) Bartgeier, es gibt einen *Urwaldrest* (ein Lehrweg führt etwa eine Viertelstunde vom Tauernhaus entfernt durch dieses Biotop) und echtes Gold! Die alten Goldbergwerksstollen und die Reste der Knappenhäuser aus dem 16. Jahrhundert können im Rahmen einer Rundwanderung vom Naturfreundehaus Neubau aus (eineinhalb Wegstunden vom Parkplatz entfernt) besichtigt werden. Ab und zu finden auch *Goldwäscher-Kurse* statt – reich wird man dabei wohl nicht, doch können die Flinserln beweisen, daß der Name des Tauerngold-Bieres einen handfesten Ursprung hat.

Wo einkehren? Im *Bräustüberl* (direkt neben der Brauerei) gibt es das „Pongauer Dunkle" und das Bockbier zeitweise auch vom Faß. Eine Auswahl an Bieren gibt es auch im *Schwarzacher Hof* (06415 397), der auch eine eigene Bierstube und ein Café hat, in dem das „Tauerngold Pils" gezapft wird.

Ein bekanntes Ausflugsziel ist auch das *Gasthaus Bierführer* in Goldegg, in der Stadt Salzburg wird das Schwarzacher Bier beim *Schlutzkrapfenwirt* in der Aignerstraße gezapft.

Steiermark

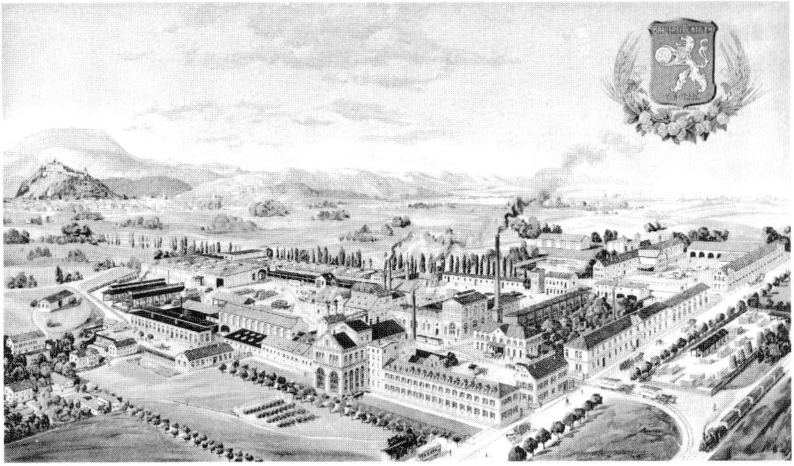

Einst weit vor der Stadt: Das Brauhaus Puntigam

Das Bierbrauen war in der Steiermark bereits im Jahr 1160 bekannt – von damals datiert die erste Erlaubnis zum Bierausschank, für die das Bistum Freising Hafer als Zins verlangte. Auch das Kloster St. Lambrecht bei Murau besaß offenbar spätestens im Jahr 1287 eine eigene Brauerei. Im Mittelalter hatte Bier besondere Bedeutung: Wasser war aus hygienischen Gründen bedenklich, Wein nur im Süden der Steiermark ausreichend vorhanden. Die Qualität des Bieres wurde von eigens bestellten Mitgliedern des Stadtrats bestimmt, den „Biersetzern". Diese „setzten" den Preis des Bieres so an, daß er für die ortsansässige Bevölkerung erschwinglich war. Eine Marktordnung, die zu Verstimmungen führte: So führte ein Neumarkter Brauer sein Bier nach Judenburg, wo der Bierpreis höher war – während sich die Neumarkter bei ihrem Rat über Biermangel beklagten.

Graz
Brauerei Reininghaus und Puntigam

Triester Straße 395
8055 Graz
0316 50 20

Eigentumsverhältnisse: Die Braustätte Puntigam gehört der Steirerbrau, deren Geschäftssitz sich am ehemaligen Standort der Reininghaus-Brauerei befindet.
Jährlicher Ausstoß: 1,026.565 hl
Biersorten: Das Puntigamer Bier gilt in der Steiermark als „volkstümliches“ Bier im Vergleich zur „edleren“ Marke Reininghaus. In der eigenen Mälzerei der Steirerbrau wird für das Puntigamer ein spezielles helles Malz erzeugt, das besonders im „Panther hell“ zur Geltung kommt. „Panther“ war ursprünglich der Name eines Spezialbieres, das inzwischen aber auf 12,6 Grad gesetzt wurde – es ist ein Premiumbier mit leichter Pilsnote.
Hauptsorte ist jedoch das „Märzen“, das ebenso wie das kräftigere „Export“ als Dosenbier abgefüllt wird – übrigens in Göß, wo die Dosenfüllerei der Steierbrau angesiedelt ist. Dazu gibt es um die Weihnachtszeit einen hellen und einen dunklen „Bock“, 16grädig und sehr rund, ohne süßlichen Effekt, sowie die (nur im Faß erhältliche) Gastronomiesorte „Steirergold“, die von den großen steirischen Marken seit 1975 angeboten wird.
Für alle in der Braustätte Puntigam hergestellten Biere wird 15.000 Jahre altes Thermalwasser aus zwei Tiefbrunnen (260 und 210 Meter tief), der sogenannten „Herrgottswiesquelle“, gewonnen. Eigentlich handelt es sich um ein Heilwasser (wenn auch nicht um ein Mineralwasser) mit etwas erhöhten Sulfatwerten: Dadurch schmecken die Biere „trockener“.
Den Hopfen bezieht die steirische Brauindustrie zu einem Drittel aus dem auf ihre Initiative seit 1950 eingerichteten Hopfenanbaugebiet östlich von Leutschach. Hier werden jährlich über 100 Tonnen der wert-

vollen Hopfendolden geerntet, der restliche Bedarf kommt aus der Hallertau und aus Saaz. Für die Hefe gibt es eine eigene Reinzucht. Und eine eigene Mälzerei – am Standort der ehemaligen Reininghaus-Brauerei – sorgt für die von den (immerhin insgesamt 40 fertig ausgebildeten) Brauern gewünschten Malze.
Sämtliche Bierflaschen werden fünf Minuten bei knapp über 60 Grad pasteurisiert. Das gilt auch für die „eleganten" Reininghaus-Biere, die etwa 40 Prozent des Ausstoßes ausmachen. Dem Umfang nach führt auch hier das 12grädige, goldgelbe Märzenbier, gefolgt vom hellen, stark hopfenbitteren und ebenfalls mit 12 Grad eingebrauten „Pils". Dazu kommt das nach steirischem Geschmack eher süßliche „Doppelmalz" und das 8,2grädige „Reininghaus L". Bei diesem Bier verzichtet Braumeister Moser völlig auf Rohfruchtzugabe. Es entsteht dadurch ein leichtes und doch halbwegs voll schmeckendes Bier, dessen Malzaroma nicht vom Hopfen zugedeckt wird. Um diesem Effekt gerecht zu werden, soll es vor dem Genuß stark gekühlt werden.
Souvenirs: Sowohl für die Reininghaus- als auch für die Puntigamer Biere gibt es einen eigenen Geschenkdienst (8020, Wiener Straße 12), bei dem Reprints alter Brauereiplakate, Tonkrüge, T-Shirts und Spiegel bezogen werden können. In der Braugaststätte „Puntigam" werden zudem eigene Gläser mit einer Variante des Panther-Signets verwendet, von Puntigamer gibt es auch anläßlich von Werbekampagnen (etwa „Hit 87" und „Puntigamer Parade") eigene Gläser.

Johannesbräu
Brauhäusl am Steinberg

Haslau 183
8052 Graz
0316 56 9 57

Eigentumsverhältnisse: Die Wirtshausbrauereibetriebsgesellschaft ist eine Privatbrauerei, von Familie Gapp gemeinsam mit Grazer Geschäftsleuten betrieben.
Jährlicher Ausstoß: 870 hl
Biersorten: Das „Johannesbräu", übrigens ein reiner Phantasiename,

wird das Jahr über in drei Sorten angeboten. Das „Doppelmalz" ist sicherlich das bitterste Bier dieses Namens in Österreich. Anstatt der vielfach üblichen Restsüße kommt das Kaffeearoma des gerösteten 105er Malzes gut zur Geltung, das Bier ist schwarz und aromatisch. Das hopfenbetonte „Pils" – wie alle Johannesbräu-Biere naturtrüb – wird von Franz Gapp im Sommer als Schankbier mit 10 Grad eingebraut, im Winter ist etwa 11,3 Grad stark und damit etwas voller. Das 12grädige „Märzen" ist dagegen sehr mild, beinahe süßlich, mit 50 Prozent Restzucker hat es beinahe Nährbiercharakter.
Für seine Biere verwendet Franz Gapp Stadlauer Gerstenmalz, Hopfen aus der Hallertau und Frischhefe von der Steirerbrau. Das Wasser kommt aus einem 80 Meter tiefen Brunnen der Ortswasserleitung – er wurde bei der Suche nach Kohle zufällig angestochen. Die Biere werden in einer kleinen Anlage, der ersten Gasthausbrauanlage der Steiermark, hergestellt und vier Wochen lang gelagert, die Bockbiere erheblich länger.
Diese werden im August eingebraut und am letzten Novembersamstag angestochen. Es gibt zwei Varianten dieser kräftigen und nur wenig süßen 16grädigen Spezialität: Den „hellen Bock" und den rotbraunen, etwas runderen „Münchner Bock".
Souvenirs: Das Johannesbräu wird auf Gläsern, Bierdeckeln und Etiketten von zwei grünen Panthern präsentiert, die die Buchstaben „WB" (für Wirtshaus-Brauerei) flankieren. Es ist in 2 l fassenden Ballonflaschen erhältlich – für den Weihnachtsbock werden einige davon sogar von Hand aus bemalt.

Geschichte: Das Brauhäusl am Steinberg wurde im Juli 1987 als „Erste Steirische Wirtshausbrauerei" eröffnet, die gastronomische Tradition geht aber weiter zurück: 200 Meter entfernt stand die ursprüngliche Gastwirtschaft, das „Gasthaus zum lustigen Bergmann", dessen Konzession unter Maria Theresia ausgestellt wurde. Auf dem Steinberg wurde noch bis zur Mitte des 20. Jahrhunderts Bergbau betrieben. Der Vater von Franz Gapp hatte den letzten Betrieb, der hier Farberde abbaute.
Die Geschichte der Grazer Brauereibetriebe reicht natürlich weiter zurück. 36 Brauereien, meist sehr kleine, hat es in Graz gegeben. Der erste Grazer Brauer war ein Arzt: Hans Hesse im Jahr 1478. Neun Jahre später braute auch der Badmeister Niklas Taler. Dessen Brauerei, mehrfach verlegt, war Grundlage für das spätere Gasthaus „Bierjackl". In

der Innenstadt standen auf engem Raum acht Brauereien, innerhalb der Grenzen des 17. Jahrhunderts weitere fünf.
Die Grazer Brauereien lagen zumeist an den Fernverkehrswegen und hatten noch andere Funktionen. Puntigam etwa – bis 1938 vor den Mautgrenzen der Stadt – war ein großer Gutshof. Historische Quellen verweisen darauf, daß sich der Name Puntigam vom Familiennamen der Besitzer des Gutes ableitet. Das heutige Verwaltungsgebäude trägt die Jahreszahl 1772 im Torbogen.
Um 1800 ist dann ein Braumeister in Puntigam namentlich bekannt, Anton Lukofnak hat er geheißen. 1813 wird Kajetan Plachl erwähnt und

Bierwerbung um 1900

schließlich, 1830, Ferdinand Knabl. 1838 wird als offizielles Gründungsdatum des heutigen gewerblichen Brauereibetriebs genannt, Franz Knabl als Besitzer, der es allerdings nur zwei Jahre lang blieb. Ab 1840 ist die Familie des Franz Hold († 1872), der zwei Söhne und vier Töchter hatte, Besitzer von Puntigam.
Hold eilt der Ruf eines harten, frühkapitalistischen Unternehmers voraus: Max Kober, der später die Gösser Brauerei gründete, schrieb seiner Mutter, daß er froh sei, nicht bei Hold in die Lehre gegangen zu sein – dort hätte er härter arbeiten müssen als in Galizien, wo er seine Erfahrungen sammelte.

1872 hatte die Puntigamer Brauerei einen Ausstoß von 180.000 Eimern, das sind etwa 100.000 hl. Damals war eine Frau Chef, Holds Witwe, deren Söhne sich für das Brauereigeschäft nicht erwärmen konnten. 1889 fusionierte sie mit Franz Schreiner und Söhne, der 1895/96 seine 1712 gegründete „Stadtbrauerei" aus der Grazer Prankergasse (Nr. 25) nach Puntigam hinaus verlegte: Nun sprach man von der „Ersten Grazer Actien-Brauerei, vormals Schreiner & Söhne".

Puntigam hatte sich im Laufe des 19. Jahrhunderts zu einem Großbetrieb entwickelt: 1865/66 hatte Hold ein neues Sudhaus und zwei Dampfmaschinen errichtet, bei der Fusion mit Schreiner hatte der Betrieb 96 Mitarbeiter, 1898 bereits 400.

1892, also noch vor der Übersiedlung von Schreiners Grazer Brauerei, hatte Puntigam bereits 240.600 hl Ausstoß, zwanzig Jahre später 380.000 hl.

Dennoch war Puntigam zu dieser Zeit nur die zweitgrößte Brauerei im Grazer Raum – erst Mitte der zwanziger Jahre zog sie der Brauerei der Brüder Reininghaus an Ausstoßzahlen davon. Allerdings, bedingt durch die wirtschaftlichen Folgen des Ersten Weltkriegs, auf einem viel niedrigeren Niveau: 1927 erreichte Puntigam 293.119 hl, Reininghaus 229.651 hl.

Die Brauerei der Brüder Reininghaus hatte sich in der zweiten Hälfte des 19. Jahrhunderts zu einem Großbetrieb entwickelt. Sie war ein alteingesessener Betrieb, erstmals 1696 als Lorenz Schaupps „Mauthaus auf dem Steinfeld" erwähnt. Von 1763 bis 1825 wurde sie von der Familie Melchior Schott betrieben und ging danach in den Besitz der Familie Königshofer über, von der es 1853 die Brüder Johann Peter und Julius Reininghaus erwarben.

Die beiden westfälischen Brüder – sie stammten aus Isenburg – hatten sich als Techniker profiliert: Julius Reininghaus hat bei Ignaz Mautner in St. Marx ein Verfahren zur Preßhefeproduktion entwickelt. Mit Mautner hatte man sich auch familiär verbunden: Julius († 1864) war mit dessen Tochter Emilie, Johann Peter mit deren Schwester Therese verheiratet. Diese traditionelle Verbundenheit wirkte noch 1989 nach, als die Brüder Reininghaus GesmbH, Produzentin von Preßhefe, Spirituosen und Gärungsessig, an Mautner-Markhof verkauft wurde.

Doch zurück ins 19. Jahrhundert: Als die Brüder Reininghaus die Brauerei in Graz übernahmen, hatte diese gerade 2300 hl Ausstoß. Neun Jahre später, 1862, war man bei 32.500 hl, 1892 bereits bei

Steirisches Bier wurde bald ein Exportprodukt

280.000 hl. In diesem Jahr wurde Johann Peter Reininghaus vom Kaiser geadelt – für seine Verdienste um den technischen Fortschritt. Johann Peter Reininghaus hatte 1863 einen Flüssigkeitsmeßapparat konstruiert, 1881 einen Faßpichapparat (zur rationellen Innenabdichtung der hölzernen Fässer) und 1890 das Mälzereiverfahren revolutioniert.

Reininghaus war nicht nur Techniker, sondern auch Geschäftsmann – er beteiligte sich 1871/72 an der Graz-Köflacher Eisenbahn und sicherte dem Unternehmen unter anderem den Bezug von Köflacher Kohle. Und er war ein Förderer der Kunst, der unter anderem Peter Rosegger unterstützte. Kaiser Franz Joseph hatte die Reininghaus-Braustätte übrigens selbst besucht und sich die Erfindungen vorführen lassen. 1912 war die Brauerei auf einem nie wieder erreichten Höhepunkt: 441.000 hl wurden ausgestoßen. Dann kam der Krieg und mit ihm die Depression: 1917 gab es nur mehr 36.000 hl Dünnbier. 1936 lag der Ausstoß mit 108.093 hl sogar unter dem Wert des Jahres 1922. Der Aufschwung, den die Nazis Graz als ihrer „Stadt der Volkserhebung" bringen wollten, dauerte nicht lang: Zwar konnte die Reininghaus-Brauerei 1940 wieder 258.611 hl ausstoßen, doch wurde der Brauereibetrieb durch den Krieg schon wieder eingeschränkt. Teile des Steyr-Werkes

Graz wurden als kriegswichtiger Betrieb in die halbwegs bombensicheren Keller verlegt, die Brauerei selbst wurde daraufhin ausgebombt.
1943/44 (in diesen Jahren braute man Kriegsbier mit 2,5 Grad Stammwürze) kam die Fusion mit der „Ersten Grazer Actien-Brauerei", fünf Jahre später wurden die Braustätten endgültig am Standort Puntigam konzentriert. Der Ausstoß lag damals wieder bei 186.381 hl, 1954 bei mehr als einer halben Million hl, und 1973 wurde die Millionengrenze erstmals überschritten.
Es war eine fast unbeschwerte Zeit für die Brauereibranche, der Markt wuchs beinahe von selbst – und in der Braustätte Puntigam bemühte man sich, mit neuen Produktideen nachzuhelfen: So wurde 1962 (als die 0,8-Promille-Grenze für die Fahrtüchtigkeit eingeführt wurde) ein erster, allerdings noch nicht marktreifer Versuch mit einem Leichtbier gemacht. Mit der Erdölkrise folgte ein – österreichweiter – Abschwung des Bierkonsums. 1977 wurden „nur" mehr 940.297 hl ausgestoßen. Im selben Jahr wurde die Steirerbrau gegründet, eine Holding, die die Brauereibereiche von Reininghaus und Göß vereinigt.
Sehenswürdigkeiten: Die Braustätte Puntigam wird jährlich von etwa 10.000 Besuchern besichtigt – daher gibt es ein kleines *Hausmuseum* (das allerdings längst nicht so umfangreich ist wie jenes von Göß). Bei der Betriebsbesichtigung ist unter anderem auch eine Kältemaschine von 1908 zu sehen. Vorherige Terminvereinbarung ist allerdings unbedingt notwendig.
In der ehemaligen Braustätte von Reininghaus, Reininghausstraße 1–15, befindet sich heute nur mehr die 1854 von Johann Peter Reininghaus gegründete Spiritus-, Likör-, Essig- und Preßhefefabrik, die Zentralverwaltung der Steirerbrau (0316 502-0) und die *Mälzerei der Steirerbrau*. Sie arbeitet noch heute nach dem Prinzip der von Johann Peter Reininghaus 1890 erfundenen „Wanderhaufenmälzerei". Das Grundproblem von Tennenmälzereien, bei denen die keimende Gerste auf dem Boden aufgelegt wird, ist nämlich die Belüftung: Jene Körner, die von anderen zugedeckt werden, entwickeln die Keime nicht gleichmäßig. Man muß immer wieder umschaufeln. Im „Wanderhaufen", einem pneumatischen Transportsystem, wird das automatisch gemacht, wobei Temperatur und Feuchtigkeit gleich mitkontrolliert werden können – schließlich wandert der Haufen automatisch zur Darre, wo das Malz getrocknet und von den (beim Brauen hinderlichen) Keimen befreit wird.

Seit 1834

Mohrenbrauerei August Huber, Dr.-Waibel-Straße 2, 6850 Dornbirn,
Tel. 05572 / 3 77 7-0, Fax 05572 / 3 77 7-58

Neben dem heutigen modernen Mälzereigebäude steht noch jener historische Bau der alten Mälzerei, in dem die erste Wanderhaufenmälzerei der Welt installiert war. Das industriegeschichtlich bedeutende Gebäude ist derzeit allerdings ohne Funktion.
In der Stadt selbst gibt es neben bekannteren (*Joanneum*, Raubergasse 10) und weniger bekannten (*Luftfahrtmuseum* in Thalerhof – 0316 29 14 51 – und *Tramwaymuseum* in Mariatrost – 0316 88 74 42) Museen natürlich die historische Altstadt zu besichtigen. Es ist die größte bewohnte Altstadt Mitteleuropas.
Ein schönes Beispiel für den steirischen Panther, der dem Puntigamer Markenzeichen Vorbild gestanden hat, findet sich als Windfahne auf dem Grazer *Landhaus*: Hans Zwigott hat den Panther 1587 auf den ein Jahr vorher fertiggestellten Renaissancebau gesetzt. Gleich nebenan befindet sich das *Landeszeughaus* (0316 70 52 41), an dessen Fassade zwischen Figuren von Mars und Bellona ebenfalls der Panther prangt: Drinnen lagern Waffen für 30.000 Mann, finanziert unter anderem durch eine harte Besteuerung des Bieres im 16. Jahrhundert („Ungeld", „Zapfenmaß").
Wo einkehren? Das Johannesbräu gibt es zunächst im *Brauhäusl am Steinberg*, Haslau 183 (0316 56 9 57) – man muß Graz über Eggenberg in westlicher Richtung verlassen und beachten, daß Donnerstag Ruhetag ist.
In Graz wird das Johannesbräu auch im *Café VIP* (Raubergasse 3) und im *Biergwölb zum Pfiff* in der Schönaugasse 3 gezapft. Das *Brauhaus Puntigam* auf der Triester Straße 361 (0316 29 12 25) ist der Reininghaus/ Puntigam-Braustätte am nächsten gelegen und bietet die wohl bierigste Stimmung der Landeshauptstadt: Anfang November, wenn der Grazer Bürgermeister das Bockbier ansticht, gibt es hier ein Fest, zu dem die Steirerbrau-Brauer in traditioneller Kleidung und mit traditionellem Werkzeug anrücken.
Auch auf dem Steinfeld, wo ehemals die Reininghaus-Brauerei war, hat sich noch ein *Bräustüberl* in der Reininghausstraße 1 (0316 51 1 36) erhalten. In der Stadt gibt's Reininghaus-Bier etwa im *Stadtkeller* (Andreas Hofer-Platz 3, 0316 82 33 54).
Das Puntigamer Bier war in Wien traditionell eher ein Vorstadtbier, das unangefochtene Revier des Panthers ist aber das (leider nur unter der Woche geöffnete) *Panther-Bräu*, auch unter dem Namen *Zum bürgerlichen Schneider* (1010, Judenplatz 4, 533 44 26) bekannt, ein Haus, in dem auch Mozart einmal gewohnt hat.

Leoben-Göß
Gösser-Brauerei

Gösser Platz 1
8797 Leoben
03842 22 6 21

Eigentumsverhältnisse: Braustätte der Steirerbrau
Jährlicher Ausstoß: 1,1 Mio. hl
Biersorten: Braumeister Hermann Tritscher leitet in Göß die (zumindest) zweitgrößte Brauerei Österreichs. Seit die Brauerei 1987 ein neues Sudhaus und 1989 einen neuen Gärkeller bekommen hat, hat Göß jedenfalls technologisch die Nase vorn: Wichtige Brauvorgänge sind hier weitgehend automatisiert – die Erfahrung des Braumeisters und sein Betriebslabor sorgen für die Kontrolle. Gebraut wird aus Steirerbrau-Malz (dem zur Erhaltung gleichbleibender Qualität traditionell etwas Reis zugesetzt wird), eigener Reinzuchthefe und Wasser aus einem eigens aufgeforsteten Wasserschutzgebiet jenseits der Mur. Dieses Wasser weist 12 deutsche Härtegrade auf, der Großteil der Härte fällt durch Kochung aus.
Etwa 72 Prozent des Ausstoßes sind „Gösser Märzen", ein 12,2grädiges, relativ bitteres Bier: Es bekommt zu zwei Dritteln steirischen Hopfen, dazu hauptsächlich bayrischen.
Das „Gösser Gold" (12,6 Grad) bezieht seine feine Bittere vorwiegend aus Saazer Hopfen, geschmacklich ist es zwischen dem „Märzen" und dem (in Göß eher eine untergeordnete Rolle spielenden) „Pils" angesiedelt.
Auch das „Gösser Spezial" ist ein kräftig-bitteres, 13,2 Grad starkes Bier, das für seine hohe Schaumstabilität schon seit Jahrzehnten berühmt ist, das „Gösser Export" ist noch ein wenig stärker. Eine Spezialität ist das dunkle „Gösser Stift", ein sehr süßes, schwach gehopftes und malzaromatisches Bier mit nur 3,5 Prozent Alkohol – ein ganz und gar „unmodernes" (und wahrscheinlich gerade deshalb bei seinen Anhängern so beliebtes) Bier.

Schließlich wird für Weihnachten und Ostern ein „Heller Bock“ gebraut, 16,2 Grad stark und sehr ausgewogen, ohne aufdringliche Restsüße.

Zur Tradition der Gösser Biere gehört, daß sie – nach siebentägiger Hauptgärung (bei 6 bis 9 Grad) und sechs- bis achtwöchiger Lagerung (die beim Bock etwas länger dauert) – pasteurisiert werden, eine Technologie, die hier schon um 1900 eingeführt wurde.

Souvenirs: Vom Bierglas – in den letzten Jahren wurden vor allem die kelchartigen Stutzen forciert – bis zum Langlaufski bietet Göß (genauer: der Geschenkdienst der Steirerbrau in 8020 Graz, Wiener Straße 12) so ziemlich alles an, was man sich wünschen kann. Beliebt sind Spiegel mit alten Motiven, Reprints erfolgreicher Plakate und die recht wohlfeilen Halbliter- und Maßkrüge.

Geschichte: Stift Göß, vor 1020 von Adala und Aribo gegründet, war das älteste Stift der Steiermark. Und es scheint auch eine der ältesten Brauereien beherbergt zu haben, zumal im 11. und 12. Jahrhundert nur ein einziger Weingarten zum Stift gehörte.

Dagegen ist überliefert, daß die ausgedehnten Besitzungen dem Stift Hopfen abgeben mußten: So ist überliefert, daß aus Kumpitz bei Fohnsdorf zweieinhalb Eimer Hopfen zu liefern waren – allerdings konnten statt dessen auch 15 Pfennig gezahlt werden. Anstatt aus den weiteren „Holden“ (also Besitzungen) in Kärnten Hopfen heranschaffen zu lassen, konnte man ihn wohl billiger im nahen Trofaiach einkaufen, wo Hopfenanbau seit 1160 bezeugt ist.

Ähnlich verhielt es sich übrigens mit Getreide, wobei es sich vor allem um Malzhafer gehandelt haben dürfte: Jährlich wurden 170 Schaff und 145 Gorzel Hafer (und ein wenig Gerste) abgeliefert, rund 33.520 l Getreide. Das muß für 670 hl Bier gereicht haben.

Haferbier war damals in der Obersteiermark sehr verbreitet: Drei Brauereien in Bruck und zwei in Leoben dürften nach ihrer Bewilligung 1347 ebenfalls auf das Futtergetreide zur Biererzeugung zurückgegriffen haben.

Im Schnitt verfügte das Stift über 180 l Bier am Tag – das mußte für 150 Personen als Haustrunk reichen. Was übrig blieb, wurde wohl an Gäste ausgeschenkt. Da das Stift ab der Mitte des 15. Jahrhunderts immer mehr Weinberge in der Südoststeiermark erhielt, wurde das Brauen im Stift eingestellt: Als in der ersten Hälfte des sechzehten Jahrhunderts einmal der Wein knapp wurde, mußte man für den Ankauf von Bier 100 Taler ausgeben.

Im Burgfrieden (=Ort) Göß hat es offenbar auch eine private Brauerei gegeben, im Gösser Urbar ist die Hofstatt des Lenhartt Newmeister als „Pirprewerinhaus“ verzeichnet – und sie war an zweiter Stelle unter den Steuerpflichtigen genannt. Diese Brauerei dürfte aber ebenfalls nicht lange Bestand gehabt haben, im Unterschied zu denen in der nahen Stadt Leoben. Diese erlangten durch Kaiser Karl VI. am 12. Oktober 1720 besondere Bedeutung: „Wir geruheten alß Regierender Herr und Landsfürst ihnen BierbraüMeistern in Ober-Steyer Zu aufrichtung einer ordentliche Zunfft und Haubt Laad in Unserer Rauch-Eysen-Statt Leoben eine würckliche Handwercks-Ordnung und Freyheit allergnädigst Zu bewilligen und Zu ertheilen.“
Göß blieb dagegen (obwohl am 16. April 1652 noch ein „Püerpreuer“ genannt wird) als Brauereistandort unbedeutend, und auch das Kloster wurde 1782 aufgehoben. Kaiser Joseph II. hatte andere Pläne mit Göß, er machte es 1783 zum Bischofssitz. Dem Bischof folgen Soldaten (sogar Napoleon übernachtet 1797 im Stift und bereitet hier den Vorfrieden von Leoben vor) und schließlich, 1826, die Radmeister-Communität Vordernberg, ein eisenerzeugendes Unternehmen, das Teile des Stiftes abbrechen läßt.
Die Gebäude verfielen weiter, allerdings wurden Teile der riesigen (Wein-)Keller vom Leobner Brauer Kindler um jährlich 14 Gulden und 17 Kreuzer als Lagerkeller gemietet. Bestrebungen eines ortsansässigen Wirtes, auf dem Stiftsareal ein Brauhaus zu gründen, wurden von der Obrigkeit 1851 abgeschmettert.
Dann kam im Frühjahr 1860 der damals 28jährige Max Kober, Sohn begüterter Eltern aus Graz und gelernter Braumeister der Brauerei Seibusch in Galizien, nach Göß. Er kaufte für 15.000 Gulden Teile der Liegenschaft und begann schon am 22. Juni mit dem Bau.
Übrigens gegen den erklärten Willen des Gemeinderates von Göß: Bürgermeister Eder äußerte „höchste Empörung“ und „daß der Ort genug Bier“ habe.
Fast drei Jahre brauchte Kober noch, bis er ein Salettl zum Bierausschank aufstellen durfte, erst 1871 wurde ihm erlaubt, eine Gastwirtschaft zum ganzjährigen Bierausschank einzurichten. Dennoch überflügelte Kober innerhalb kurzer Zeit die Brauerei Sixt in Leoben und machte Göß zur „größten Brauerei Obersteiers“: 1882 betrug der Ausstoß 30.880 hl, 1884 35.800 hl und 1889 43.650 hl. Drei Jahre später hatte Göß 70.000 hl erreicht, allerdings war in Farrach, außerhalb von Judenburg, ein mit Billigpreisen agierender Konkurrent erwachsen.

Göß hat eines der größten Sudhäuser Österreichs

Kobers Brauerei war ein begehrtes Investitionsobjekt, aus England, Frankreich und Deutschland waren Interessenten gekommen, doch Kober wollte nicht einmal an Wiener Brauer verkaufen. Doch er wandelte am 28. Jänner 1893 die Gesellschaft in eine AG um, in die vorwiegend steirisches Kapital floß – innerhalb eines Jahres wurde die Sixtsche Brauerei in Leoben gekauft und eine Verbindung zur Brauerei Farrach gesucht. Das führte dazu, daß Farrach mit Gösser fusionierte, woraufhin die vereinigten Brauereien die 100.000-hl-Grenze überschreiten konnten.

Womöglich wäre ein Großteil der Produktion in die moderner agierende Braustätte Farrach abgewandert (und wir würden österreichweit Farracher statt Gösser Bier kennen), wäre Farrach nicht am 14. Jänner 1895 abgebrannt. Die Brauerei wurde zwar noch – als Spezialistin für Pils-Bier – bis 1908 weitergeführt, dann erlag sie aber dem Konsumentenboykott, der Antwort auf eine Bierpreiserhöhung.

Die Gösser Brauerei wuchs aber trotz des Rückschlages von über 50.000 hl zwischen 1907 und 1909 weiter: Im letzten Vorkriegsbraujahr kommt man auf 290.000 hl – ein Teil davon wird mit der Eisenbahn und eigenen Lastautos in viele Teile der Monarchie versandt.

Auch Gösser leidet dann unter den Einschränkungen des Krieges, kann 1917 aber 120 Waggons Ciroksamen in Ungarn organisieren, von denen 80 auch tatsächlich ankommen: Daraus wird zwar „nur" Hirsemalz, aber das ist besser, als aus Rübenschnitzeln Bier zu brauen. Die Gösser Brauerei weist von 1917 auf 1918 ein beispielloses Ausstoßplus auf: Statt knapp 30.000 hl beinahe 90.000. In dieser Zeit erwarb die Gösser Brauerei mehrere andere Brauereien: Hatschek in Guggenthal (1916), Neuper in Bad Aussee und Sulzer in Admont (1917), Falkenstein in Lienz und Sorgendorf in Bleiburg (1921), es beteiligte sich an den Vereinigten Kärntner Brauereien in Villach (1918) und zeitweilig, von 1921 bis in die dreißiger Jahre, an der Brauerei Zipf. Auch ausländische Beteiligungen in Triest (Adria- bzw. Senosetsch-Brauerei) und Laibach (Union-Brauerei) waren nicht von Dauer.

Jedenfalls war Göß – durch seine gezielte Versandpolitik – schon in den zwanziger Jahren die größte Brauerei der Steiermark. Zunächst hatte sich Gösser Bier entlang der Bahnlinien etabliert (noch heute bekommt man in Zügen und Bahnhofsrestaurants der Südbahn vorwiegend Gösser Bier), dank der unter Braumeister Rödinger vorgenommenen Modernisierungen gab es auch schon höchste Qualität – vor allem, was die Schaumstabilität betrifft.

Die 1929/30 erreichten 420.729 hl wurden erst nach dem Anschluß mit 426.268 hl überboten, im für die Republik krisenhaften Jahr 1937/38 war man noch bei 175.813 hl gelegen. Zudem profitierte die Gösser Brauerei vom Balkanfeldzug im April 1941, der ihr alte Absatzgebiete und den Rekordausstoß von 531.030 hl (allerdings nur sechsgrädigen) Bieres brachte.

Der Wiederaufbau begann 1945 mit 126.603 hl, zehn Jahre später gab es mit 553.559 hl neue Rekorde. Und einen unschätzbaren Imageerfolg: Beim Bankett anläßlich der Unterzeichnung des Staatsvertrages wurde Gösser Bier gereicht.

Die Millionenmarke wurde – sechs Jahre nach Gründung der Steirerbrau (gemeinsam mit der Reininghaus Brauerei AG) – erstmals 1983 überschritten.

Sehenswürdigkeiten: Am 21. März 1782 findet sich in der Chronik des Stiftes der lapidare Satz der letzen Äbtissin: „1782 sünd wür aufgehoben worden. Amen." Diese Chronik gehört zu den Sehenswürdigkeiten, die Besuchern von Göß gerne gezeigt werden. Vor der *Brauereibesichtigung,* denn nachher seien die Gäste schon zu durstig für den Kunstgenuß, wie Stiftsführer Hubert Großauer meint. Zu *Führungen,* bei denen das Stifts- und *Brauereimuseum,* die Basilika aus dem 14. Jahrhundert mit ihrer romanischen Krypta, der durch gedrehte Pfeiler verblüffenden Raumwirkung und dem gotischen Kruzifix sowie die Reste der Klostergebäude mit den vom Militär zurückgelassenen Kanonenrohren gezeigt werden, muß man sich anmelden (03842 22 1 48).

Werbung und Bierversand machten Göß berühmt

Die Brauerei selbst verfügt auch über ein *internes Museum,* auf das jedoch noch jede Menge konservatorischer Arbeit wartet: Es ist eine noch ungeordnete Sammlung alter Gösser Bierwerbung, von alten Brauereieinrichtungen, Flaschen mitsamt zugehöriger historischer Füllanlage und einigen ausrangierten historischen Fahrzeugen der Werksfeuerwehr.

Die Brauerei ist dagegen vorzüglich auf die Besucherströme (jedes Jahr über 10.000 Besucher) eingestellt. Nach Voranmeldung kann man unter anderem im stilvoll erweiterten Sudhaus eine Pfanne von 1928 bewundern, in der nicht weniger als 3.048.910.600 Krügel Bier gesotten wurden. Außerdem verfügt die Brauerei über eine eigene Landwirtschaft (auf der allerdings nur mehr die bei Festumzügen stolz hergezeigten zwei Pferde gehalten werden), eine Werksbahn mit zwei Kleinlokomotiven und über eine Dosenfüllanlage, in der sämtliche Steirerbrau-Biere abgefüllt werden.

Ausflüge: Im Jahr nach seiner Markterhebung (1937) wurde Göß von der deutschen Verwaltung der Stadt Leoben einverleibt. Einer Industrie- und Universitätsstadt, auf die man den besten Ausblick vom *Kalvarienberg* aus hat: Der Spaziergang beginnt einige hundert Meter, nachdem man den „Burgfrieden" Göß auf der Gösser Straße nach Norden verlassen hat.

Die Stadt selbst – schon von den Römern als Poststation genutzt – verfügt unter anderem über das größte steirische *Stadtmuseum* (unter anderem Dokumentation der Eisen- und Stahlerzeugung), eine ehemalige *Jesuitenkirche* (errichtet 1650 bis 1655 von Peter Franz Carlone, heute Stadtpfarrkirche) und ein Stadttheater von 1790 – das älteste Theater Österreichs.

In Leoben nimmt auch die *Eisenstraße* ihren Ausgang, die über Trofaiach (Pfarrkirche St. Ruprecht mit romanischen Fresken), den Präbichl und Eisenerz (Schaubergwerk Erzberg, zu besichtigen von Mai bis Oktober, Steirisches Eisenmuseum) nach Hieflau im Gesäuse führt.

Wo einkehren? In Göß selbst gibt es zwar einen *Braugasthof*, sein nüchterner Stil ist allerdings nicht jedermanns Sache. Auf dem Leobener Hauptplatz dagegen empfiehlt sich der (überdachte) Arkadenhof des *Schwarzen Adler* (03842 42 0 74).

In Graz befindet sich das *Gösser Bräu* in der Neutorgasse 48 (0316 82 99 09) – es ist mit einer riesigen Sudpfanne und alten Ansichten von Göß geschmückt.

In Wien ist die *Gösser Bierklinik* (1010, Steindlgasse 4, 535 68 97) ein Synonym für steirische Bierkultur. Das Haus „Zum güldenen Drachen" (der als Hauszeichen ebenso seinen Platz hat wie eine gotische Marienstatue) stammt aus dem 16. Jahrhundert. Es wurde 1683 dem Inneren Rat Johann Georg Steindl für seine Verdienste während der Türkenbelagerung geschenkt. Das Lokal hieß um die Jahrhundertwende „Pilsner Bierklinik" – doch hatte Pilsen in den frühen zwanziger Jahren Lieferschwierigkeiten. Ab Februar 1923 stieß die Gösser Brauerei in diese Marktnische. Ebenso wie die Bierklinik in den letzten Jahren renoviert wurde, ist ein weiteres Gösser-Lokal jetzt wieder sehr empfehlenswert: Das *Restaurant Gösserbräu* in der Elisabethstraße 4 (587 47 50) mit seinen „bierigen" Nebenräumen.

Murau
1. Obermurtaler Brauereigenossenschaft

Raffaltplatz 19–23
8850 Murau
03532 32 66

Eigentumsverhältnisse: 518 Gastwirte, überwiegend aus dem Bezirk und aus dem angrenzenden Lungau
Jährlicher Ausstoß: 100.000 hl
Biersorten: Das Murauer Bier kommt aus Kupferpfannen, „das erwartet der Kunde", wie Direktor Horst Pirker bei Führungen festgestellt hat. Aber das Innenleben, die technische Ausstattung des seit Beginn der achtziger Jahre rapid gewachsenen Brauhauses ist hochmodern, nämlich von 1988. Hauptsorte von Braumeister Johann Seidl ist das „Murauer Märzen" mit 12,2 Grad Stammwürze, das spritzigere und schlankere „Pils" ist gleich stark – geschmacklich dazwischen liegt das „Steirergold", ein speziell für die Gastronomie gefüllter Biertyp. Das „Märzen" wurde im Sommer 1989 von der Zeitschrift „Konsument" auf den zweitbesten Platz gereiht.
Außerdem wird in Murau ein „Spezial" (13,3 Grad), ein „Doppelmalz" und ein 16,5grädiger Bock gebraut. Das Wasser kommt mit 6,5 deutschen Härtegraden aus zwei eigenen Brunnen, das Malz von Koch in Pottendorf (den Suden wird allerdings bis zu 15 Prozent Reis beigegeben) und der Hopfen hauptsächlich aus der Hallertau. Die Hefe schließlich züchten die Murauer selbst.
Souvenirs: Seit der Gründung der Brauereigenossenschaft hat sich der Schriftzug der Brauerei ebensowenig geändert wie das Wappen – allerdings präsentieren sich Etiketten und Bierdeckel seit kurzem in neuem Gewand. Ein begehrtes Souvenir sind die Krüge, die anläßlich verschiedener Sportveranstaltungen aufgelegt wurden, etwa zur Nordischen Junioren WM 1982.
Geschichte: Schon im ersten Stadtrecht von Murau, ausgestellt von Otto von Liechtenstein 1298, wurden Wein- und Biermaße festgelegt.

Und daß „nach frumer und ehrbarer Leute Rat“ der Preis festzusetzen sei. Offenbar war schon damals das Brauen am Ort üblich – Bier war damals so verderblich, daß es weder lange gelagert noch transportiert werden konnte.
Mittelalterliche Bierstiftungen (zuerst die des Bürgers Thomas 1304), bei denen den Armen anläßlich von Gedächtnismahlen erst Hopfen und Malz, später (1348 und 1366) Bier gestiftet wurde, bezeugen die Brautradition.
1506 tritt in Form der „Biersetzer“ eine Preisbehörde auf, am 13. Februar 1551 kam noch eine Bierverkaufsordnung (eine der ältesten in Österreich bekannten) dazu. Festgesetzt wurde der Preis vom Magistrat. Dieser orientierte sich am Preis für Rindfleisch – Bier kostete etwa ein Zehntel bis ein Fünftel soviel wie Wein. Der Bierpreis hing nicht nur mit dem Preis der Gerste, sondern vor allem mit den Steuern zusammen. Ab 1478 wurde das sogenannte „Ungeld“ eingehoben, das 1556 durch die „einfache Zapfenmaß“ ersetzt wurde. Die Steuer sollte Mittel für die Abwehr der Türken aufbringen, sie wurde 1576 verdoppelt und erst 1723 durch den „Bieraufschlag“ und 1823 durch die „allgemeine Verzehrsteuer“ abgelöst. Die Steuerbelastung für Defensivzwecke hatte damals in der Steiermark beachtliche Ausmaße – schließlich sollte die Militärgrenze befestigt und eine ganze Armee ausgerüstet werden: Allein der Nürnberger Händler Egidius Sommer lieferte 1577 2500 Schützenhauben, 1169 Radschloßgewehre und 57 Radschloßpistolen – noch heute im Bestand des Grazer Landeszeughauses.
Von der Vielzahl der mittelalterlichen Braustätten in Murau blieben 1782 nur mehr zwei übrig – am Neumarkt (dem heutigen Rindermarkt) und am Erchtagmarkt, im ehemaligen Judenviertel. Jörg Preu aus Schärfling hat an diesem noch heute bestehenden Braustandort seit 1545/46 gebraut.
Nach mehrfachem Besitzerwechsel kam die Brauerei 1861 bis 1876 an Anton Kindler, der 1874 erstmals eine Dampfmaschine mit 10 PS einbaute. Drei Jahre lang war die Brauerei dann Besitz der Brauereigesellschaft Judenburg-Farrach (über die Näheres im Kapitel über die Gösser Brauerei nachzulesen ist) und wechselte dann noch mehrfach den Besitzer. Als Franz Hoffmann die Braustätte am 7. September 1885 übernahm, betrug der Ausstoß bereits 5200 hl.
Drei Jahre nach Hoffmanns Tod, im Jahre 1896, heiratet Hoffmanns Witwe Katharina den Preußen Gustav Baltzer, dessen Vermögen den Aufkauf und die Stillegung der Heinrichschen Brauerei am Rinder-

markt und den Ausbau zu einem Industrieunternehmen erlaubte. Baltzer gab mit seinem Plan, ein eigenes E-Werk zu errichten, sogar den Anstoß für den Bau des städtischen E-Werkes 1907. Zwischen 1893 und 1911 konnte die Produktion von Baltzers Brauerei auf 19.636 hl verdreifacht werden.
Als Baltzer am 13. Juli 1910 53jährig starb, wurde schon am nächsten Tag die „1. Obermurtaler Brauereigenossenschaft" gegründet. 357.000 Kronen waren als Genossenschaftskapital aufzubringen, wovon die Stadt Murau 100 Anteile zu 1000 Kronen zeichnete, der Rest ging an knapp 100 Genossenschafter, vorwiegend Gastwirte. 619.875 Kronen waren für die Übernahme der Brauerei zu erlegen, wobei Baltzers Erben gute Konditionen boten. Aus dem Inventar geht hervor, daß damals ein Biervorrat um 47.000 Kronen den Eigentümer wechselte, Flaschen und Kisten um 18.500 Kronen, aber auch Vieh um 13.200 Kronen. Die Krone dieser Jahre muß nach heutigem Geldwert zwischen 35 und 40 Schilling Kaufkraft veranschlagt werden.
Schon im ersten Braujahr steigerte die Genossenschaft ihren Ausstoß um 2000 hl, baute das Sudhaus aus, dessen technische Einrichtungen bis Mitte der achtziger Jahre ausreichten (heute zählen sie zu den Schaustücken bei Führungen).
Nach der kriegsbedingten Krise wurde der Betrieb wieder modernisiert, die 1915 stillgelegte Mälzerei wurde allerdings nie wieder aktiviert. Murau produzierte 1925/26 13.166 hl und sank dann in den dreißiger Jahren auf 6407 hl (1935/36). Schuld daran war nicht nur die allgemeine Depression, sondern auch die Biersteuer, die in dieser Zeit von 7,80 Schilling auf 25,22 Schilling je hl kletterte und das Biertrinken zu einem Luxus machte.
Im nächsten Weltkrieg zerschlugen sich die 1938 gehegten Hoffnungen auf einen großen Ausbau – die Brauerei wurde allerdings beauftragt, für die Gösser im Lohnbrauverfahren (3,5grädiges) Dünnbier zu brauen. Es drohte damals die Gefahr, von Göß überhaupt vereinnahmt zu werden. Wieder selbständig, konnte die Brauereigenossenschaft den Ausstoß zwischen 1945 und 1957 von 2985 hl auf 15.806 hl steigern. Bis 1982 wurde diese Menge nochmals vervierfacht.
Sehenswürdigkeiten: Nach Anmeldung kann die Brauerei besichtigt werden – oft gibt es mehrere Führungen pro Tag, bei denen auch die noch erhaltenen Teile der Brauereieinrichtung aus dem Beginn des Jahrhunderts gezeigt werden. Bemerkenswert ist, daß die Gebäude so ergänzt wurden, daß sie im Stil hervorragend zusammenpassen.

Das ist auch notwendig in einer gewachsenen Stadt wie Murau, in der selbst die Jugendherberge ein historischer Bau ist. Bedeutsam ist vor allem die *Matthäuskirche* von 1295, die zwischen dem *Schloß Liechtenstein* (1628–1641) und der Altstadt liegt.
Ausflüge: Murau liegt an der Schmalspurbahnstrecke der Steiermärkischen Landesbahnen von Unzmarkt nach Tamsweg. Heute verkehren hier moderne Lokalbahnzüge, aber ab und zu, wenn Eisenbahnfreunde Sonderfahrten veranstalten, gibt es noch *Dampfloks* zu sehen. Für die Schmalspurbahn wurde sogar ein eigenes *Museum des Club 760* (wobei 760 die Spurbreite bezeichnet) eingerichtet. Es befindet sich in Frojach (Anfragen 03532 28 78) und zeigt Loks und Waggons verschiedener Schmalspurbahnen.
Wenig bekannt und sehr sehenswert ist auch das *Holzmuseum* in *St. Ruprecht* (03534 22 02), das von der Geschichte des Waldbaues über die Holzbearbeitung bis zum Waldsterben und seiner Vermeidung alle Aspekte des Werkstoffes Holz zeigt.
Südöstlich von Murau liegt die *Benediktinerabtei St. Lambrecht*, mit einer Stiftskirche aus dem 14. Jahrhundert und barocken Sälen – Kernstück ist jedoch das Museum mit seiner Sammlung gotischer Kunst (03585 23 05). St. Lambrecht liegt am Rand des *Naturparks Grebenzen* und ist von Murau im Rahmen einer Tageswanderung auf dem Steirischen Landesrundwanderweg zu erreichen. Überhaupt ist Murau ein Wanderparadies: Nach Norden geht es auf die *Stolzalpe* – sie soll einmal Sitz von Hexen und Zauberern gewesen sein. Keine Hexerei ist es, einen Teil des Anstiegs per Bus zu absolvieren. Nach Süden führt der Salzsteigweg in die Gurktaler Alpen und ins Nockgebiet.
Wo einkehren? Die Brauerei bietet einen eigenen *Braugasthof* (03532 24 37) am Raffaltplatz, das Bier ist in der Stadt und ihrer Umgebung (etwa im *Neumarkterhof* auf dem Neumarkter Hauptplatz – 03584 22 87) weit verbreitet, in Steiermark hat es einen Marktanteil von knapp fünf Prozent. In der Landeshauptstadt Graz ist es etwa im *s' Krügel* in der Jakominigasse 13 erhältlich.
In Wien war es lange Zeit vor allem im Palais Schwarzenberg erhältlich (der adelige Besitzer, wiewohl durch seine Besitzungen mit Murau verbunden, schenkt dort inzwischen aber vorwiegend das deutsche „Fürstenberg" aus). Dafür ist das Murauer längst im Bermuda-Dreieck der Innenstadt verankert, etwa in der *Brotdosen* (1010, Seitenstettengasse 5, 535 73 60), in *Freddys Bier Pub* (1030, Löwengasse 6, 713 40 11) und im *Restaurant Falstaff* gegenüber der Volksoper (42 27 41).

St. Stefan ob Stainz
Schlieb-Bräu

8511 Schlieb bei Lannach
03463 37 11

Eigentumsverhältnisse: Ges. m. b. H. & Co. KG im Besitz Grazer Freiberufler
Jährlicher Ausstoß: 800 hl
Biersorten: Das „St. Georgs Märzen" ist für den Typ relativ dunkel, hat 12 Grad und ist, wie alle anderen Biere dieser Gasthausbrauerei unfiltriert. Das „St. Georgs Pils" ist wenig aufdringlich gehopft und mit 12,5 Grad etwas stärker. Hauptsorte ist aber das von Braumeister Gottfried Seitz unter Verwendung des mit 105 Grad abgedarrten und dadurch beinahe verkohlten Färbemalzes gebraute „St. Georgs Braunbier": Ein süffiges, sehr dunkles Bier mit samtig-bitterem Kaffeearoma, 12 Grad stark.
Als Grundstoffe bezieht das Schlieb-Bräu Malz von der Steirerbrau und aus Stadlau, von der Steirerbrau kommt auch die Hefe, der Hopfen aus Bayern und das Wasser aus der Wasserleitung. Die kommt vom Reinischkogel und liefert mit 4 Härtegraden ideale Qualität.
Die Biere werden in einem Container mitten im Gasthaus gebraut. Durch ein Fenster kann man auf die Tanks sehen, in denen das Bier sieben Tage Hauptgärung bei 6 Grad und anschließend sechs Wochen Lagerung erlebt, bevor es in Faß oder Biersiphon kommt.
Souvenirs: Abgesehen von den Glaskannen, in die das Bier hier abgefüllt wird, gibt es vom Schlieb-Bräu Biergläser und Bierfilze (die teilweise gleich als Grußkarten verwendet werden können) als Andenken, zu jedem Bier ein Kärtchen mit Beschreibung.
Geschichte: Der Wirtschaftstreuhänder Fritz Tanschek hatte schon zehn Jahre lang kein Bier mehr getrunken: Industriebiere mochte er nicht, die hatten ihm zuviel Kohlensäure – und als Finanzfachmann war er ohnehin mißtrauisch. Wenn schon, dann wollte er ein Bier haben, von dem er genau weiß, was drinnen ist.

So beteiligte er sich am Aufbau des Brauhäusls am Steinberg bei Graz und entdeckte nach seinem Ausscheiden dort die Stainzer Gegend für das Schlieb-Bräu, das er 1988 gründete.
Mitten in einer Weingegend. Aber das hat Tradition. Denn in der Südweststeiermark hat man früher schon Bier gebraut. Die Stainzer Brauerei war die Gründung eines Bayern: des Franz Xaver Wolfbauer aus Böhmisch-Eisenstein, laut Gesellenbrief „mittlerer Statur, mit lichtbraunen Haaren". Er hatte sich in der väterlichen Brauerei in Viechtach, später dann zwölf Wochen in der Steiermark beim bürgerlichen Braumeister Johann Suppan in Graz bewährt und war ab 1790 Braugeselle bei Antonia Puzerin in Leibnitz.
Fünf Jahre später, die Brauerei Leibnitz war gerade an Joseph Schallhammer gekommen, machte Wolfbauer sich selbständig, kam nach Stainz, erwarb ein Haus in der Grazer Straße, wo er eine Lebzelterei und Wachszieherei betrieb und natürlich Bier braute. Von Wolfbauers 26 Kindern erlebte nur die Hälfte das Erwachsenenalter – und diese Kinder blieben alle der Brauerei und Gastwirtschaft treu.
Sohn Franz Xaver lernte ebenfalls das Brauen und das Lebzelten – seine Gesellenjahre verbrachte er in Graz, Steyr, Salzburg, Linz, Gmunden, Wien, Olmütz, Kremsier und Brünn. Er war Gemeinderat, als Erzherzog Johann in Stainz Bürgermeister (1850–59) war. Der Erzherzog freilich neigte mehr dem Wein zu als dem Bier: 1840 ließ er acht Joch mit der Blauen Wildbacherrebe bepflanzen, sein Wirtschafter Anton Neuhold richtete ausschließlich für diese „Schilcher-Traube" eine Rebschule ein. Franz Xaver Wolfbauer und sein Sohn Johann blieben dem Bier treu und führten die Brauerei bis 1895 weiter. Und auch die ging nicht etwa deshalb ein, weil die Stainzer von Bier zu Wein gewechselt hätten, sondern weil der Stainzer Markt den industriell arbeitenden Brauereien in Graz interessant genug erschienen war, um hier massiv einzusteigen.
Schon vorher war es der Brauerei im nahen Leibnitz ähnlich ergangen: Hier war (im heutigen Gasthaus „Zur Alten Post") schon im 17. Jahrhundert der Brauer Peter Paul Kneidinger ansässig gewesen. Nach raschem Besitzerwechsel um die Mitte des 19. Jahrhunderts verkaufte Johanna Knopper die Gastwirtschaft mitsamt der Braugerechtsame an „Hold Franz, Brauer zum Puntigam bey Graz" um 14.000 Gulden (wobei sie 2000 Gulden Gewinn machte). Hold legte die Brauerei still, zehn Jahre später, 1872, beantragten seine Erben die Löschung der Braugerechtsame.

Sehenswürdigkeiten und Ausflüge: Der Braugasthof selbst ist das Wirtschaftsgebäude eines Gutshofes, das Gastzimmer der ehemalige Kuhstall, das Extrazimmer ein ehemaliger Pferdestall mit naiven Wandmalereien unserer Tage, die Geschichten vom Brauen erzählen. St. Stefan war bereits vor der Gründung des Stiftes Stainz Pfarre – die *Kirche* präsentiert sich nach der letzten Restaurierung wieder gotisch. Ältere Teile – etwa der verschüttete Karner unter der Sakristei – dürften noch älter sein. Vor der Kirche steht eine Friedhofskapelle, ebenfalls mit einem Kreuzrippengewölbe aus dem 14. Jahrhundert. Der Pfarrhof, ein Renaissancebau, wurde durch einen Umbau im 19. Jahrhundert arg verschandelt – der Rokokoofen im Prälatenzimmer und die Stuckdekken stehen unter Denkmalschutz. St. Stefan liegt auch am *Mariazeller Wanderweg* (Eibiswald-Graz-Mariazell) und an der *Schilcherstraße*, einer verkehrsarmen Strecke von Ligist nach Eibiswald, die an den rund 400 Betrieben vorbeiführt, die auf etwa 200 Hektar die Blaue Wildbachertraube gepflanzt haben. Der Schilcherwein ist zwiebelfarben bis rubinrot und gedeiht nur auf den schweren Urgesteinsböden der Weststeiermark.

Nächster Ort an dieser Straße (oder an der Bundesstraße 76, an der die Schlieb-Brauerei liegt) ist die Marktgemeinde *Stainz*, Wahlheimat von Erzherzog Johann. Auf ihn geht auch die hiesige Außenstelle des *Landesmuseums Joanneum* zurück, die im Schloß Meran untergebracht ist: Es birgt vor allem eine Sammlung über das bäuerliche Leben in der Steiermark (geöffnet nur im Sommer, Anfragen: 03463 27 72). Eine bemerkenswerte Einrichtung ist der *Stainzer Flascherlzug*, ursprünglich eine ganz normale Nebenbahn von Preding-Wieselsdorf nach Stainz. Sie wurde dadurch bekannt, daß die Leute von weither zum „Wunderdoktor" Johann Reinbacher, dem „Höllerhansl", fuhren, der nach der alten volksmedizinischen Tradition des Harnbeschaus seine Diagnosen stellte. So fuhren bis zu 400 Heilungssuchende pro Tag mit ihren Harnflascherln im Zug, der „Höllerhansl" lieferte Diagnosen am Fließband. Heute ist die Nebenbahn längst nicht mehr rentabel und mit dem Flascherlzug hat es eine andere Bewandtnis: Es wird im (nunmehr von einem Verein betriebenen) Zug Schilcher ausgeschenkt (Auskunft: 03463 22 03).

Wo einkehren? Ohne jede Bescheidenheit nennen die Eigentümer des Schlieb-Bräu ihr „St. Georgs-Bier" das „wahrscheinlich beste Bier der Welt". Einer internationalen Jury haben sie sich damit noch nicht gestellt, wohl aber den Weinbauern der Umgebung, die mit dem Schilcher ihrerseits eine Spezialität anbieten. Und die machen zwei Drittel der Stammgäste im *Braustüberl* aus. Sonst kommen Gäste aus Graz – denen das Schlieb-Bräu auch in der Stadt angeboten wird: Im Brauereigasthaus *Zum Bierbeisl* in der Langegasse 23 (0316 64 1 60) und im Paradeishof des Kaufhauses *Kastner und Öhler*.

Schladming Erste Alpenländische Volksbrauerei

Hammerfeldweg 163
8970 Schladming
03687 22 5 91

Eigentumsverhältnisse: Die Schladminger Brauerei ist eine Genossenschaft mit rund 330 Mitgliedern.
Jährlicher Ausstoß: 60.000 hl
Biersorten: Das Malz kommt aus Niederösterreich, der Hopfen und die (Weihenstephaner) Hefe aus Bayern – nur das Wasser ist steirisch: Es kommt mit knapp 8 Grad deutscher Härte aus Brunnen, die unter der weltberühmten Planai geschlagen wurden.
Braumeister Franz Reil ist gebürtiger Ungar – die Tradition seiner Brauerfamilie reicht bis ins Jahr 1600 zurück. Mit entsprechendem Stolz pflegt er sein Sudhaus und seinen Keller, aus dem als Hauptsorte das „Schladminger Märzen", ein mittel gehopftes Bier von 12 Grad kommt, außerdem das etwas dunklere „Spezial", das länger gekocht wird und 13,5 Grad aufweist, das „Dachsteingold dunkel", ein mit Färbemalz bereitetes Märzenbier, ein Bockbier und das „Knappengold". Dabei handelt es sich um ein 12,5grädiges Pils, das aus extrem hellem Malz gebraut wird. Reil schwört darauf, ausschließlich deutschen Hopfen zu verwenden – dem „Knappengold" setzt er feinen, gerbstoffarmen Tettnanger zu, weil sein Pils nicht zu bitter werden soll.
Zu Reils Ärger wurde ein weiteres Produkt seines Hauses, das für den Diskonter Hofer abgefüllte „Sixtus-Bräu Pils" (12 Grad, von einer eher derben Bittere und für ein Pils recht voll im Geschmack), von der Konsumenteninformation besser beurteilt als das „Knappengold": Da-

ZUR FEIER DES TAGES.
STIEGL-BIER.
SALZBURGER
Stiegl
GOLDBRÄU
SALZBURGER
Stiegl
BIER
Seit 1492
SALZBURGER
SEIT 1492
Stiegl
GOLDBRÄU
Stiegl
BIER
Weil reiner Genuß
Anlaß genug ist.
Stiegl. Das Salzburger Bier.
Stiegl
BIER
Seit 1492.

bei kommt das letztere aus offener Bottichgärung (wobei alle Biere mit 5 Grad Celsius angestellt werden und innerhalb von acht Tagen maximal 8,5 Grad warm werden dürfen), das Sixtus dagegen aus Tankgärung.
Sämtliche Biere werden in Schladming einer Pasteurisation unterworfen.
Souvenirs: Schladming ist stolz darauf, der Bierkultur durch kleinere Gläser zu dienen, daher gibt es – besonders für das „Knappengold" – entsprechende Gläser. Außerdem Souvenirkrüge anläßlich des 75jährigen Bestandes der Brauerei und diverser Wintersportveranstaltungen. Ein nettes Mitbringsel sind auch die Tisch-Schirmchen, die zur Beschattung des Bierglases auf der Sonnenterrasse dienen sollen.
Geschichte: „Ich kenne eine Bergstadt in Obersteiermark, die was ihr eigenes Bier hat, ein Loden und sein Gwand", zitiert der Schladminger Bürgermeister Hermann Kröll ein Volkslied, von dem er meint, daß damit schon sehr viel über seine Stadt gesagt sei. Ja, das Bier gehört zur Identität von Schladming wie die Tracht (der Kurzmantel, den Erzherzog Johann populär gemacht hat) und der Stoff, aus dem sie ist. Alle drei sind wichtige Werbeträger für die Stadt geworden.
Bierbrauen ist in Schladming bereits vor 1525 belegt. Das ist jenes historische Jahr, in dem die Stadt ausgelöscht wurde, weil sie im Bauernkrieg ein Zentrum des Aufstandes war. Vorher hatte sie als Berg-, ge-

Die Brauer und ihr Fuhrpark, 1923

nauer: Bergwerkstadt Bedeutung erlangt. 1322 war Schladming erstmals Stadt genannt worden – wegen seines Silber-, Kupfer- und Bleibergbaus, aber auch wegen der Grenzlage zu Salzburg war eine Befestigung notwendig. Hier fand der Protestantismus rasch Anhänger – und der Bauernkrieg von 1525 (der sich eigentlich auf Bergbaugebiete beschränkte) nahm von Schladming seinen Ausgang: Mehrfach fiel es den verschiedenen Bürgerkriegsparteien zu, bis schließlich Niklas Graf Salm am 3. Oktober die Stadt niederbrennen ließ.
Nie wieder sollte in diesem Nest des Aufruhrs gesiedelt werden – doch schon im nächsten April wurde die Wiederansiedlung eines Dorfes, vier Jahre später die Markterhebung erwirkt. Stadt wurde Schladming allerdings erst wieder 1925. Gebraut wurde vor 1525 von Paul Keßler im „Zwölf Apostel Wirtshaus" – das Haus (das heute die Raiffeisenkasse beherbergt) diente noch im 19. Jahrhundert als Braustätte.
Unter den zahlreichen Brandkatastrophen, die Schladming immer wieder heimgesucht haben, gab es auch eine, die von einer Brauerei ausging: Zur Mittagszeit des 4. April 1618 schoß unter der Pfanne des Kesselbierbrauers Balthasar Seriz eine Stichflamme hervor – binnen einer halben Stunde stand der ganze Markt in Flammen. Trotz der Feuergefahr wurde weiterhin innerhalb der Stadtbefestigung gebraut: Zwei der drei Bierbrauer von Schladming schlossen sich 1721 der Bierbrauerzunft in Leoben an.
1909 wurde die „Erste Alpenländische Volksbrauerei" als Genossenschaft ins Leben gerufen – ursprünglich sollte die Einrichtung der Brauerei aus Bad Mitterndorf hierher transferiert werden, doch zeigte sich bald die Notwendigkeit eines Neubaues, nunmehr außerhalb der Innenstadt: Die Brauerei wurde auf 25.000 hl Jahresproduktion ausgelegt, am Abend des 23. Juli 1910 konnte das erste Bräu ausgeschenkt werden. Der Bierausstoß lag zunächst bei 6596 hl, der kontinuierliche Aufschwung gelang ab 1969, als man erstmals mehr als 20.000 hl braute.
Sehenswürdigkeiten und Ausflüge: Gegen Voranmeldung kann die Brauerei von Gästen des „Sporthotel Royer" in Gruppen besucht werden.
Gleich neben der Brauerei finden sich noch Reste der *Alten Stadtmauer (Salzburger Tor)*: Sie hielt sogar einem 1945 anstürmenden US-Panzer stand. Dahinter liegt die katholische Kirche (etwa 2000 katholischen Schladmingern stehen 1500 evangelische gegenüber). *St. Achatz* ist ein dreischiffiger, spätgotischer Bau, der gerade zur Zeit der Bauernkriege

errichtet bzw. wiederhergestellt wurde. Von der Einrichtung des 16. Jahrhunderts sind Kanzel und Vesperbild des Kreuzaltars erhalten. Ebenfalls in unmittelbarer Nähe der Brauerei steht das 1660 errichtete *Bruderladenhaus*: Es diente den Knappen als Sitz ihrer zünftischen Sozialversicherung. Da der Bergbau seit 1947 gänzlich aus der Gegend verschwunden ist und das Haus sehr baufällig war, restaurierte man es Ende der achtziger Jahre und richtete dort das neue Stadtmuseum ein – es dokumentiert Geschichte und Spezialitäten der Region (Bier inklusive).

Stolz des Bürgermeisters: Eigenes Bier

Vom Bruderladenhaus aus beginnt der *Knappenweg*, ein Kulturwanderweg zur *Bromriese*, einem alten, für Besucher gesicherten Bergwerkstollen im Obertal. Anspruchsvolleren Bergsteigern, die sieben Stunden Zeit und die nötige Trittsicherheit mitbringen, hat der Alpenverein einen *Stollenlehrpfad* eingerichtet, der auf der Ursprungalm beginnt und über die Ignaz-Matthis-Hütte am *Giglachsee* (um den sich Sagen von einer hoffärtigen Bergwerksbesitzerin ranken) zur Vetternscharte, dem Knappenkar und – als Höhepunkt – zu einer Durchquerung der

Zinkwand in einem uralten Bergwerkstollen führt. Schladming ist darüber hinaus auch als Wintersportort bekannt.
Wo einkehren? Schladming verfügt über kein eigenes Braugasthaus, doch ist das heimische Bier fast überall in guter Qualität erhältlich. Besonders erwähnenswert ist die Bar im *Sporthotel Royer* (03687 23 2 40), wo das „Knappengold" liebevoll gezapft wird. In Rohrmoos, etwas außerhalb der Stadt, wurde kürzlich das *Gasthaus Tauernalm* errichtet, ein Blockhausbau aus massiven Baumstämmen, in dem deftige regionale Küche und gepflegtes Bier geboten wird.
In Graz gibt es das Schladminger Bier im *s' Krügel* in der Jakominigasse 13.

Tirol

Brauerei im Gebirge: Innsbruck um 1880

In keinem Bundesland ist der Bierdurst so groß wie in Tirol. Die Tiroler kommen pro Kopf und Jahr auf 330 Halbe Bier. Bei diesem Schnitt trinken allerdings auch die Urlaubsgäste den einen oder anderen Schluck mit. An den Urlaubsgästen, vor allem an den deutschen, orientiert sich auch der Tiroler Biertyp – denn die Tiroler haben das Biertrinken vielfach von den Ausländern gelernt. Lange Zeit war in Tirol der Wein aus Südtirol das dominierende Getränk. Es ist kein Zufall, daß Andreas Hofer, der Tiroler Freiheitsheld, ein Wirt war – denn die Wirtsleut' hatten in Tirol schon immer eine Menge mitzureden. Auch wenn's ums Bier ging – die älteste bestehende Brauerei Tirols stammt von 1500. Besondere Brautradition hat Kufstein, wo es 1650 bereits einen „Weisspierwirt" und vier Brauereien gab – keine davon besteht mehr.

Innsbruck Adambräu

Adamgasse 23
6010 Innsbruck
0512 52 0 07

Eigentumsverhältnisse: Die Adam-Brauerei ist eine Ges. m. b. H. mit 18 Millionen Schilling Stammkapital – zur Hälfte im Besitz von rund 130 Tiroler Wirtschaftstreibenden aus Handel und Industrie, zur anderen in dem der EVB (Erwerbung und Verwaltung von Beteiligungen Ges. m. b. H., an der die Steirerbrau wiederum zu zwei Drittel beteiligt ist). Die Brauerei selber ist an mehreren Gastwirtschaften und Seilbahnunternehmen beteiligt.
Jährlicher Ausstoß: 110.000 hl
Biersorten: Braumeister Peter Leipert kann auf Wasser aus cigenem Brunnen (das allerdings 12 deutsche Härtegrade aufweist und daher enthärtet werden muß) zurückgreifen. Rund 60 Prozent des Ausstoßes sind Faßbier – und das, obwohl viele Biertrinker mit Adam zunächst ein Flaschenbier verbinden. Österreichweit ist die Adambrauerei nämlich vor allem für ihr „D-Bier" bekannt. Es war eines der ersten leichten Biere auf dem Markt, ein ursprünglich 9grädiges Schankbier mit feinherbem Pilscharakter. Heute hat es nur mehr 8,5 Grad, ist also ein Leichtbier mit rund 70 Prozent weniger belastenden Kohlehydraten (was es als Bier für Diabetiker auszeichnet) und 30 Prozent weniger Kalorien als ein Vollbier. Es wird vier Monate gelagert und entwickelt dabei 3,4 Prozent Alkohol.
Für Tirol wurde zunächst das 1984 eingeführte und im Jahr darauf in Lissabon mit einer Goldmedaille bedachte „Urhell" gebraut, ein feinherbes Blondes mit 12,2 Grad. Es wurde im Frühjahr 1990 aus der Produktion genommen. Sein ähnlicher, aber etwas edlerer Nachfolger heißt „Adam Classic", ein stärker gehopftes, feinherbes Vollbier mit milder Note und 12,2 Grad Stammwürze. Ähnlich in der Stärke, aber etwas milder gehopft ist das „Adam Helles Export". Die neuen Adam-Biere wurden 1989 auf der „Monde-Selection" in London mit zwei Gold- und einer Silbermedaille ausgezeichnet.

Einen neuen Biertyp repräsentiert das „Adam Dry" mit 8,5 Grad Stammwürze, ein spritziges Leichtbier, das als „Durstlöscher" für jene angeboten wird, die untertags nicht den vollen Biergeschmack mögen. Dazu kommt das schlanke, durch Saazer Hopfen hochfeine, erst im Abgang etwas bittere Pils (12,2 Grad). Dazu kommen ein vier Monate vor Weihnachten eingelagerter 16,2grädiger „Adam-Bock", das mild gehopfte und recht vollmundige „Adam Spezial" (13,2 Grad) für den italienischen Markt und das ebenfalls mit 13,2 Grad eingebraute „Adam Dunkel" (früher „St. Bartlmä Dunkel").
Für den italienischen Markt wird zusätzlich zum Spezial, Classic und dem Pils das „Adam Helles Export", ein goldgelbes, vollmundiges Lager mit 12,2 Grad Stammwürze gebraut.
Souvenirs: Sammler haben mit der Adambrauerei besondere Freude: Sie hat Mitte der achtziger Jahre ein breites Sortiment von Souvenirs entwickelt. Noch dazu wurde vieles wieder vom Markt genommen und das Erscheinungsbild der Marke 1990 durch neue Etiketten und einen neuen Schriftzug verändert. Übrigens legt die Adambräu gelegentlich eine „Tiroler Bierzeitung" als Beilage in die „Tiroler Tageszeitung".
Geschichte: In Wilten – damals noch vor der Stadt, heute direkt am Hauptbahnhof – wurde seit 1305 unter Verwendung des Urgesteinswassers aus dem Villerberg Bier gebraut. Das Schloß Windegg, das sich bis ins 15. Jahrhundert zurückverfolgen läßt, kam 1820 an den im Jahr zuvor aus dem Vintschgau zugewanderten Franz Josef Adam, der eine Braugerechtsame (ein Braurecht, das ihm übrigens wegen mangelnder finanzieller Mittel 1822 bis 1825 wieder entzogen wurde) zugebilligt erhielt. Ab Ostern 1825 wurde dann Märzenbier (von „fürtrefflicher Güte", wie zeitgenössische Quellen erzählen) gebraut, doch Adam starb nach fünf Jahren, und seine Witwe verkaufte 1835.
1917 – die Brauerei hatte in den Kriegszeiten einen Jahresausstoß von 614 hl – erwarb die aus 38 Wirten bestehende Gastwirtegenossenschaft die Brauerei von Emil Mutschenlechners Erben.
Das noch heute bestehende, modern wirkende Sudhaus, dessen Pfannen durch die zur Westbahn geöffneten Fenster blinken, stammt von 1930.

Bürgerbräu

Ing. Etzel-Straße 5–11
6021 Innsbruck
0512 59 7 38

Eigentumsverhältnisse: Das Bürgerbräu Innsbruck ist eine Braustätte der österreichischen Brau-AG.
Jährlicher Ausstoß: 310.000 hl
Biersorten: Braumeister Franz Zeilinger, Chef der größten Braustätte Tirols, braut direkt mit (in der Mühlau gewonnenem) Innsbrucker Leitungswasser: Er produziert etwa 100.000 hl Faßbier, vorwiegend „Kaiser Premium“, ein Vollbier mit 12,4 Grad Stammwürze, das sich durch einen besonders hohen Anteil an Saazer Hopfen auszeichnet. Bei den Flaschenbieren dominiert das „Kaiser Märzen“ (12,1 Grad) und das gleich starke, aber eine Spur hellere „Zipfer Märzen“, das hier nach dem original Zipfer Rezept für den westösterreichischen Markt aus Liesinger Malz (mit etwa 17 Prozent Reis) gebraut wird.
Außerdem wird noch „Kaiser Gold“ und das (für Supermärkte nur in Einheiten ab 1 Lkw lieferbare) „Schützenbräu“ eingebraut, ein Bier, von dem es Zeilinger „richtiggehend leid tut, daß es so ein Billigbier-Image hat, wir strengen uns dabei genauso an“ – allerdings enthält das „Schützenbräu“ in seiner 11 Grad Stammwürze ausschließlich jugoslawische Hopfenextrakte.
Souvenirs: Die Bürger-Brauerei unterscheidet sich ausschließlich bei Flaschenetiketten von den übrigen Kaiser-Brauereien der Brau-AG – allerdings tauchen gelegentlich historische Werbematerialien auf, die auf das „Bürgerliche Bräuhaus“ verweisen.
Geschichte: Im selben Jahr, in dem Franz Josef Adam sein unter bürokratischen Hemmnissen entstandenes Brauhaus eröffnete, begann auch der Magistratsrat Johann von Dietrich am Sillufer Bier zu brauen, übergab den Betrieb allerdings schon ein Jahr später an Martin Steiner. Aus 1826 ist ein Bierausstoß von 6700 hl überliefert.
Das Bürgerbräu wurde 1895 von Max Kapferer in eine AG umgewan-

delt, die 1929 das Löwenbräu Innsbruck (von der Fohrenburg) und die Brauerei Büchsenhausen mit zusammen 12.600 hl übernahm. Schon 1927 hatte sich die Bürgerbräu bei der Brauerei Reutte eingekauft und 1929 (bei Aufrechterhaltung des Betriebes) mit ihr fusioniert. Das Aktienpaket wurde noch im August desselben Jahres mit dem der Brau-AG zusammengelegt.

Sehenswürdigkeiten: Sowohl in der Adam-Brauerei als auch im Bürgerbräu finden *Brauereiführungen* statt, für die eine Anmeldung etwa vierzehn Tage vorher notwendig ist. In der Adam-Brauerei, die rund um das (heute als Verwaltungssitz dienende) Schloß Windegg gewachsen ist, sind noch einige historische Maschinen zu sehen – die älteste Kältemaschine Tirols, 1885 (neun Jahre nach Erfindung der künstlichen Kühlung) durch Linde installiert, und eine von der Maschinenfabrik Andritz gebaute Einzylinder-Dampfmaschine. Sie dient heute als Notstromaggregat.

Im inzwischen weitgehend durch eine neue Präsentation ersetzten Adambräu-Logo war jahrzehntelang ein runder Turm mit spitzem Dach zu sehen, der ein wenig an eine Windmühle ohne Flügel erinnert. Tatsächlich handelt es sich um die aus dem 8. Jahrhundert stammende,

Das Bürgerbräu um 1940

ursprünglich romanische und im 15. Jahrhundert gotisierte Kirche *St. Bartlmä*, das älteste religiöse Kulturdenkmal auf Innsbrucker Stadtgebiet.
Eine besondere Attraktion Innsbrucks ist der 1962 gegründete *Alpenzoo*, er ist die meistbesuchte Kulturstätte Innsbrucks. Neben den bekannten Sehenswürdigkeiten der Altstadt bleiben drei etwas weniger bekannte Museen zu erwähnen: Halbwegs zwischen Adam- und Bürgerbräu liegt das nach der Zerstörung im Weltkrieg erst 1977 wiedereröffnete *Alpenvereinsmuseum* (Wilhelm Greil-Straße 15, 0512 23 171), das die Schönheit und die Erschließung der Bergwelt dokumentiert.
Das *Tiroler Volkskunstmuseum* verdient ebenfalls besondere Erwähnung, weil es von vielen Besuchern der benachbarten *Hofkirche* mit dem Grabmal Kaiser Maximilians (umstanden von den sogenannten „Eisernen Manndern“) übersehen wird. Es dokumentiert ebenso wie das *Tiroler Landeskundliche Museum im Zeughaus Maximilians I.* Wirtschaft und Kultur des Landes.
Ausflüge: Von Innsbruck gehen mehrere interessante Nebenbahnen aus. Direkt vor der Adam-Brauerei beginnt die *Stubaitalbahn*. Noch hinter Fulpmes (wo es übrigens ein Museum der hier bis ins 14. Jahrhundert zurückreichenden *Eisenverarbeitung* gibt), in Neustift, beginnt eine der schönsten Wanderungen in der Innsbrucker Umgebung: Eine Tour durch das *Pinnistal* zum Zwölfernieder. Der Weg führt über Neder den tosenden Pinnisbach entlang zu den märchenhaften Wiesen auf der Herzeben-Alm (1338 Meter) und weiter zur Pinnisalm. Von dort wird der Weg auf die 2335 Meter hoch gelegene Senke zwischen Elfer- und Zwölferspitze immer steiler, jenseits des Zwölfernieder geht es zur Elferhütte und mit dem Lift zurück nach Neustift (Gesamtgehzeit knapp sechs Stunden).
Ein besonders eindrucksvolles Ausflugsziel ist die *Martinswand*, ein Felsabsturz, der westlich der Stadt zu sehen ist. Hier soll sich Kaiser Maximilian 1494 bei einer Jagd verstiegen haben. Eine Gefahr, der man sich heute nicht unbedingt aussetzen muß: Vom Hauptbahnhof aus startet nämlich die Karwendelbahn – sie war die erste elektrische Vollbahn Österreichs (eröffnet am 12. Oktober 1912). Ein *Nostalgiezug von 1928* befährt die Strecke nach Scharnitz jeden Donnerstag. Nach eineinhalbstündiger Fahrt über 70 Brücken und durch die 16 Tunnels in der berühmten Martinswand kann man eine Wanderung auf die *Larchetalm* anschließen. Sie führt (je Strecke etwa 2 Stunden) das blumenreiche Karwendeltal hinauf zu einer bewirtschafteten Alm.

Wo einkehren? Ein in Sachen Bier überraschend kompetentes Lokal findet sich gleich gegenüber dem Bahnhof, in einem unscheinbaren Durchhaus: Das *Moby Dick* (Adamgasse 3–5). Dort gibt es unter anderem ein unfiltriertes Kellerbier aus dem Bürgerbräu, das kein eigenes Braugasthaus betreibt.
Offenes „Adambräu" gibt es in vielen Lokalen der Stadt, in der Nähe des Goldenen Dachls etwa im Hotel *Weißes Kreuz* in der Herzog Friedrich-Straße 31 (0512 21 8 90). Auf dem Grundstück der Adambrauerei soll in absehbarer Zeit ein Braugasthof (wieder)entstehen.
Die Biere aus Innsbruck sind vor allem in Nordtirol und teilweise in Italien erhältlich.

Lienz
Brauerei Falkenstein

Pustertaler Straße 40
9900 Lienz
04852 20 04

Eigentumsverhältnisse: Die Falkenbräu ist eine Braustätte der Steirerbrau
Jährlicher Ausstoß: 70.000 hl
Biersorten: Der aus Oberösterreich stammende Braumeister Alfred Lugmayr erwarb sich in Tirol schon bei der seinerzeitigen Egger-Brauerei in Kufstein Verdienste. Bei der Brauerei Falkenstein braut er nur eine Sorte: Das „Falkenbräu" ist ein sehr helles, wegen seiner Herbe leicht zu trinkendes Märzenbier, das aus Reininghaus-Malz, etwas Reis, bayrischem, steirischem und (was bei Märzenbieren selten ist) Saazer Hopfen gebraut wird. Das Wasser kommt aus dem Urgestein des Berges hinter der Brauerei. Es hat nur zwischen 4 und 5 Härtegraden, was die süffige Qualität des Bräus erklärt.
Nachdem die Falken-Brauerei Mitte der achtziger Jahre modernisiert wurde (dieser Maßnahme fielen die hölzernen Bottiche zum Opfer),

verfügt sie nun über eines der modernsten Sudhäuser Österreichs. Das Bier reift eine Woche bei ca. 6 Grad Celsius und wird fünf bis sechs Wochen gelagert, bevor es auf Fässer (ca. 60 Prozent) bzw. Flaschen gefüllt wird. Das Bier wird wie alle Steirerbrau-Biere kurzzeiterhitzt.

Souvenirs: Da das „Falkenbräu" üblicherweise aus Gösser-Gläsern ausgeschenkt wird, gibt es – neben den Bierdeckeln – nur einen hellen Steingutkrug mit der Darstellung des Falken.

Geschichte: Lienz war im Mittelalter ein bedeutendes Zentrum mit einem selbstberwußten Bürgertum: Die erste Zusammenfassung der städtischen Rechte stammt von 1465 – und zu dieser Zeit dürfte es bereits ein bürgerliches Brauwesen in der Stadt gegeben haben. 1449 erhielt nämlich der görzische Kastner zu Lienz vom Hof den Auftrag, „dem Lienzer Bürger Jörg Schmied Gerste zu liefern, damit dieser gutes Bier daraus braue".

Die Karmeliter, die ursprünglich selbst Bier gebraut hatten, ließen nun ebenfalls den Trunk im Lohnbrauverfahren herstellen, wie der Innsbrucker Historiker Meinrad Pizzinini herausgefunden hat. Er hat festgestellt, daß die Patres am 10. Mai 1661 den Brauer Hans Kern vor Gericht brachten, weil der den Vertrag verletzt und ihnen noch dazu miserables Bier geliefert hatte: Dem Gericht wurde zum Beweis sogar eine Probe vorgelegt – während Kern beteuert, nichts Unrechtes getan zu haben. Er begehrte seinen Braulohn – oder „der Teifl tue den Pfaffen Bier proyen". Die Kostprobe belegte, daß Kerns Bier zu dünn ausgefallen war, er fiel um seinen Lohn um und mußte Abbitte leisten.

1728 gab es in Lienz vier Brauereien: Die des Johann Hibler, des Georg Puecher, des Josef Rauter und die Brauerei Ebenberger – später bekannt als „Städtisches Bräuhaus", das 1929 der Lienzer Sparkasse weichen mußte.

Als Johann Baptist Steiner seine „Erste Osttiroler Dampfbrauerei" einrichtete, da gab es in der Gegend um Lienz nur ein paar Hausbrauereien: Lienz, Matrei und Prägraten. Zumeist aber trank man Wein, Rotwein aus Südtirol, der vielfach das Hausgetränk war.

Steiner stammte aus Matrei und hatte seiner Brauerlehre in Böhmen absolviert, zuletzt war er Braumeister in Troppau.

1900 wieder daheim in Osttirol, kaufte er das „Bräustübl" in Lienz und machte sich daran, vor der Stadt einen modernen Braubetrieb einzurichten. Das „Falkenstein-Bier" trug den Namen eines Felsens, der in der Nähe des Heimathofes von Steiner in Matrei stand. Diese markante

Erhebung oberhalb des Ortsteils Glanz (auf 1710 Metern) ist heute auf dem Gipfel bewaldet – der Sage nach soll aber früher eine Burg den Felsen gekrönt haben. Es war von Anfang an ein sehr erfolgreiches Bier: 40.000 hl betrug der Ausstoß im ersten Jahrzehnt, Steiners Bier wurde in Bruneck und sogar in Innsbruck getrunken.
Der Erste Weltkrieg versetzte der Brauerei allerdings einen beinahe tödlichen Stoß: Das Brauen mußte „durch die geringe staatliche Materialzuweisung", wie die „Lienzer Nachrichten" damals vermeldeten, eingestellt werden. Solche durch Getreidemangel erzwungenen Braupausen hatte es hier schon öfter gegeben – die erste ist für das Jahr 1580 belegt. Die Buntmetallteile des Sudhauses wurden für die Kriegswirtschaft gebraucht. Dazu kam, daß nach dem Krieg der bisherige Südtiroler Absatzmarkt „Ausland" geworden war.
1918 wurde der Betrieb (oder was davon übrig war) an die Gösser Brauerei verkauft – erst 1920 gab es wieder Bier aus Lienz. Es half der Gösser Brauerei mehrfach, in schwerer Zeit auf dem Markt zu bleiben – etwa mit 11.751 hl im Nachkriegsjahr 1946. Welche Bedeutung die Brauerei hatte, geht aus einem Zeitungsbericht von 1925 hervor: „Die Brauerei beschäftigt 50 Arbeiter, hat mehrere Lastautos im Betriebe, wodurch wieder dem industriearmen Landesteil im reichen Maße das gegeben ist, was seinerzeit durch die Einstellung verlorengegangen ist." 1925 galt Falkenstein als „Musterbrauerei" und betrieb nebenbei ein E-Werk und eine Säge.
Sehenswürdigkeiten: Exkursionen in der Falken-Brauerei sind selten – langfristige Anmeldungen erwünscht.
Dafür bietet Lienz den Besuchern eine Reihe anderer Attraktionen: Da sind zunächst die *römischen Ausgrabungen von Aguntum*, die die ungebrochene Geschichte der Stadt erlebbar machen. In Sichtweite befinden sich die Reste der Basilika von Lavant, die bereits im 4. Jahrhundert Bischofskirche gewesen sein dürfte. Nach ihrer Zerstörung bei einem Felssturz im 6. Jahrhundert wurden zwei weitere Kirchen (Ulrich sowie Peter und Paul geweiht) errichtet. Auch der Lienzer *Stadtpfarrkirche St. Andreas* ist ihr ehrwürdiges Alter anzusehen: In den heutigen Bau von 1457 sind die romanischen Portallöwen eingefügt, andererseits beherbergt sie auch die Totenkapelle, die Albin Egger-Lienz geschmückt hat. Von diesem Künstler befinden sich auch einige Werke im Stadtmuseum im *Schloß Bruck*.
In der Stadt finden sich auch verschiedene alte Gewerbebetriebe, etwa Schuster, die Bergschuhe noch zu einem vertretbaren Preis nach Maß

machen und gleich nebenan (in der Adolf Purtscher-Straße) eine historische *Schmiede* von 1597.

Ausflüge: In der Umgebung der Stadt lassen sich vom leichten Spaziergang – etwa ins *Debanttal* oder zum *Egger-Lienz-Geburtshaus* bei Iselsberg – bis zu hochalpinen Touren in die Lienzer Dolomiten alle möglichen Ausflüge unternehmen.

Lienz ist aber auch Ausgangspunkt der *Felbertauernstraße*. Sie ermöglicht, einen Skiurlaub (das nächste Skigebiet befindet sich auf dem nahen Zettersfeld) durch Abstecher etwa ins Defreggental abwechslungsreicher zu gestalten. Kenner wissen aber die – längst für nationalparkreif erklärte – Landschaft vor allem im Sommer zu schätzen. Das *Dorfertal*, das nun endgültig vor der Verbauung mit einem Kraftwerk verschont bleiben dürfte, kann von Kals aus bequem zu Fuß erreicht werden, die *Umbalfälle* von Prägraten aus, und zum schönsten Talschluß der Ostalpen, ins *Innergschlöß* kann man vom Matreier Tauernhaus sogar mit dem Pferdewagen fahren. In *Matrei* selbst lohnt das romanische Filialkirchlein St. Nikolai mit seinen von einem unbekannten Meister aus Padua geschaffenen Fresken einen Besuch.

Wo einkehren? Auf dem Gelände der Brauerei befindet sich der Gasthof *Brauhaus* (04852 62 2 70), der mit hölzernen Lustern beleuchtet ist.

Einer der bemerkenswerten Luster im Brauhaus

Auf diesen Lustern befinden sich Figuren, die die handwerkliche Tradition des Bierbrauens darstellen.
Das „Falkenbräu“ behauptet in der Region einen Marktanteil von 80 Prozent – obwohl es heute kaum mehr unter seinem Namen auftritt: Die alten Wirtshausschilder sind durch einheitliche Gösser-Aufschriften ersetzt worden. So kommt „Gösser“ in ganz Osttirol, im Lesach-, Möll- und oberen Drautal üblicherweise aus Lienz. Wenn man also etwa im *Adlerstüberl* im Zentrum von Lienz oder beim *Taurer* in Kals Gösser Bier angeschrieben findet, dann handelt es sich in Wirklichkeit um „Falken-Bräu“. Erkennen kann man das freilich nur an den Bierdeckeln.

St. Johann in Tirol
Brauerei Huber

Brauweg 2
6380 St. Johann
05352 22 21

Eigentumsverhältnisse: OHG im Familienbesitz von Günther und Edith Huber
Jährlicher Ausstoß: ca. 20.000 hl
Biersorten: Braumeister Siegfried Wunder, übrigens ein gebürtiger Kärntner, steht vor einer schwierigen Aufgabe: Seine Brauerei ist tourismusbedingt ein Saisonbetrieb. Und sie will die anspruchsvollen Touristen aus Deutschland mit einem kompletten Bierangebot versorgen. Deshalb hat diese relativ kleine Brauerei (übrigens genau unter der Wohnung des Besitzers, der auf diese Weise alles unter Kontrolle hat) auch zwei Gärkeller. Einen, in dem die untergärigen Biere bei 6 bis maximal 8,5 Grad Celsius produziert werden, und einen zweiten, in dem Weizenbier bei 20 Grad mit obergäriger Hefe vergoren wird. Allein davon gibt es hier vier Sorten – den „Tiroler Weizenbock“, das „Tiroler Edelweizen“, das „Tiroler Hefeweizen“ und das „Tiroler Hefeweizen Dunkel“. „Die kleinste Brauerei Tirols braut das weltbeste Bier“

titelte die Boulevardzeitung „Kurier", als 1989 die „Goldene Palme" der „Monde Selection" für das „Tiroler Hefeweizen Dunkel" vergeben wurde.
Das Malz für diese Biere kommt von Plohberger in Grieskirchen (für die untergärigen aus Stadlau), das Wasser aus einem eigenen Tiefbrunnen (es wird etwas aufbereitet) und der Hopfen aus Saaz, der Hallertau und Tettnang.
Wunder meint, das Reinheitsgebot sogar etwas zu übertreiben: Er setzt nur Doldenhopfen und keine Extrakte ein.
Die Spitzensorte ist das „Augustinus", ein hellbraunes 13grädiges Bier mit vollem Geschmack. Es wird nach einem von 1770 überlieferten Rezept gebraut. Hauptsorte ist das „Spezial", ein kräftiges, im Abgang etwas bitteres Bier, dazu kommen ein „Pils", ein „Märzen" und ein „Doppelmalz".
Sämtliche Biere sind mindestens sechs Wochen gelagert und nicht pasteurisiert. Dafür laufen sie (natürlich mit Ausnahme der Hefebiere) über eine ganz moderne, für St. Johann als Prototyp entwickelte Filteranlage.
Souvenirs: Vom Huber-Bräu gibt es mehrere verschiedene Biergläser, etwa mit dem Porträt des Schützenmajors Augustinus Feller, Bierdekkel und Wandkalender.
Geschichte: Die Brauerei befindet sich in uraltem Siedlungsraum – auf der Kelchalm und am Schattberg bei Kitzbühel wurde schon vor dem 9. vorchristlichen Jahrhundert Kupfer abgebaut. St. Johann war ab 738 Pfarre, von hier aus wurde das ganze Leukental christianisiert. Später war St. Johann Sommerresidenz der Chiemseer Bischöfe – wovon noch der Dekanatspfarrhof aus dem 18. Jahrhundert zeugt: In seinem ersten Stock befinden sich Fresken von 1480.
Die Brauerei selbst gibt es seit 1727 – und sie beruft sich mit ihrem „Augustinus-Bräu" auf eine Tradition von 1770. Das Rezept für dieses Bier soll aus der Zeit des lokal berühmten Schützenmajors Feller, wenn nicht gar von diesem selbst stammen.
Sehenswürdigkeiten und Ausflüge: Die beste Orientierung hat, wer mit dem Lift ins Braustüberl fährt – von hier oben sieht man gut die Anlage der Brauerei mitsamt dem *Bierbrunnen.* Und man kann die Allee zum Bahnhof hin sehen, die 1887 als erste Maßnahme des „Verschönerungsvereins" gepflanzt wurde. Damals war die Gegend zwischen Kirche und Bahnhof noch ziemlich unverbaut. Die Pfarrkirche, 1723 bis 1732 von Johann Millauer errichtet, war der *erste barocke Kir-*

chenbau des Tiroler Unterlandes. Als bedeutender gilt die *Spitalkirche*, 1262 von Gebhard von Velben gestiftet und dem hl. Nikolaus geweiht: Sie enthält Fresken des 15. und 18. Jahrhunderts sowie ein Glasgemälde aus dem 15. Jahrhundert, geschaffen vom Spitalsverwalter Johann Strauß.

Berühmt ist St. Johann – ähnlich wie das nahe Kitzbühel – inzwischen vor allem für seine *Wintersportmöglichkeiten*. Im Ort selber wurde versucht, trotz des touristischen Aufschwungs – man rühmt sich noch heute, am 3. Dezember 1954 von den „Tiroler Nachrichten" als „das modernste Dorf Tirols" genannt worden zu sein – das alte Ortsbild einer Sommerfrische (die man ja für hohe geistliche Herren jahrhundertelang war) zu erhalten.

Apropos geistliche Herren: In der Umgebung sind mehrere Zeugnisse der Frömmigkeit zu finden, unter anderem eine *Einsiedelei* nördlich von St. Johann: „Maria Blut", gegründet vor 1669, weist noch die alte Eremitenkapelle und die einfache Wohnung des Einsiedlers auf – ansonsten ist heute eine Jausenstation daraus geworden. Eine ähnliche Einsiedelei (1735 gegründet und 1880 aufgelassen) befindet sich auf dem Schattberg, am Fuße des Hahnenkamms bei Kitzbühel.

In Kitzbühel gibt es auch noch ein Kapuzinerkloster und eine *Kapuzinerkirche* sowie eine dem hl. Andreas geweihte Pfarrkirche von 1435, die allerdings 1785 barockisiert wurde.

Von St. Johann aus können im Sommer jeweils am Dienstag und Donnerstag (kostenlos) geführte Wanderungen unternommen werden. Einen Ausflug lohnt auch der *Wildpark Aurach*, in dem man besonders Anfang Oktober die Hirsche (Brunft!) beobachten kann, im Winter (außer November und Dezember) kann man bei Wildfütterungen zusehen, im Sommer lockt ein Rundweg. Eine Kurzwanderung von Kitzbühel aus führt zum *Bauernhausmuseum Hinterobernau*, einem 500 Jahre alten Bauernhof mit einer Einrichtung aus der Zeit um 1890: Rauchküche, Stube, Schlafkammern und eine kleine Kapelle.

Wo einkehren? Huber-Bräu versteht sich ganz bewußt nur als regionales Bier (lediglich die Weizenbiere werden weiter als 30 Kilometer im Umkreis ausgeliefert). Originellerweise hat man die *Braugaststätte* über dem Sudhaus auf einen kleinen Turm gebaut, von wo man eine hübsche Aussicht auf die Tiroler Landschaft hat.

Im Ort ist das Huber-Bier etwa im Spezialitätenrestaurant *Lemberg* (Bahnhofsstraße 9, 05352 35 42) vertreten, in Kitzbühel im *Huberbräu-Stüberl* (05356 58 77) und bei *da Pepe* (05356 33 31).

Tarrenz
Brauerei Schloß Starkenberg

H. Schatz GmbH & Co KG
Grießegg 1
6464 Tarrenz
05412 22 01

Eigentumsverhältnisse: Familienbetrieb unter Geschäftsführung von Charlotte und Günther Amann
Jährlicher Ausstoß: 50.000 hl
Biersorten: Das Starkenberger Bier wird ohne Rohfrucht aus eigenem Quellwasser (das von 14 Härtegraden auf etwa 3 Grad enthärtet wird), Malz von der Stadlauer und der Koch-Malzfabrik, etwa 70 Prozent Hallertauer sowie Hersbrucker, Saazer und Mühlviertler Hopfen gebraut. Vergoren wird es in offenen Bottichen bei 6,4 bis 9 Grad Celsius, und zwar mit einer Hefekultur von Hürlimann in Zürich. Im Lagerkeller bleiben die Biere zwischen vier und acht Wochen. Mit Ausnahme der für die Einlagerung in Hütten bestimmten Biere gibt es auf Schloß Starkenberg keine Pasteurisation.
Das „Starkenberger Leicht", ein nach Pils-Typ stark gehopftes, 9grädiges Bier wurde 1988 (als erstes österreichisches Leichtbier) mit einer Goldmedaille bei der „Monde Selection" bedacht. Das „Gold Lager" ist ein 12grädiges Bier nach Wiener Typ, leicht zu trinken und eher hopfenbetont. Dazu braut Braumeister Rudolf Singer ein malzaromatisches, am bayrischen Geschmack orientiertes „Spezial" mit 13 Grad und ein „Starkenberger Dunkel", ebenfalls 13grädig, aber nicht so hoch vergoren, daher süß und mit Färbebier abgestimmt. Das „Starkenberger Pils" mit 12 Grad ist im Gegensatz dazu hoch vergoren und besonders trocken.
Souvenirs: Die Starkenberger Präsentation hat sich seit Jahrzehnten kaum geändert, wohl aber die Form der 0,5-l-Biertulpen, die schlanker geworden ist. Dazu kommen diverse Bierdeckel und Flaschenöffner.
Geschichte: Das Geschlecht der Starkenberger wird erstmals 1217 in einer Urkunde des Staufenkaisers Friedrich II. erwähnt, es wird rasch zu einen der bedeutendsten Adelsgeschlechter Tirols.

Neu-Starkenberg, das Schloß, das heute in Tarrenz steht, wurde nach 1317 gegründet, Heinrich von Starkenberg vermachte die „purch ze newen starchenberg" 1331 den Kindern seiner Margaretha, 1351 wurde die Burg verpfändet und fiel an den Landesfürsten. Als sich die Starkenberger 1406 gegen den Landesfürsten Friedrich („Friedel mit der leeren Tasche") erhoben, wurde ihre Stammburg zwar zerstört (das Geschlecht der Starkenberger starb 1452 aus), Neu-Starkenberg blieb dagegen verschont.

1810 ging die mehrfach umgebaute Burg in den Besitz der Imster Fabrikantenfamilie Strele über. Diese Familie beschäftigte bereits 1791 in ihrer Tuchfabrik und bei Heimarbeit in der Umgebung 8000 Menschen. Die Erzeugung von Stoffen war aber wegen der englischen Konkurrenz bald nicht mehr rentabel – 1821 ging das Unternehmen in Konkurs. Fünf Jahre vorher hatte die Fabrikantenwitwe Anna Strele versucht, das Unternehmen zu diversifizieren und 1816 als erste eine Brauerei in das altehrwürdige Schloß eingebaut.

Die Konzession hatte die damalige französische Besatzungsmacht erteilt – 1812 war dem Wirt vom „Lamm" in Tarrenz erlaubt worden, das Bier aus Starkenberg auszuschenken.

Zu jener Zeit war Biertrinken in Tirol noch nicht sehr populär. 1793 schrieb J. C. Hauckh in seinem „Leitfaden zu dem Kenntnisse der Grafschaft Tirol" über das „törliche Landvolk": „Es ißt viel und fett und findet an seiner üblichen Landeskost vielen Geschmack; die stärkste Labung aber an Wein und Branntwein." Dazu kommt, daß patriotisch gesinnte Tiroler den Wein aus Welschtirol dem damals als „bayrisch" empfundenen Bier vorzogen.

1904 kam die Brauerei dann in den Besitz der heute noch auf Starkenberg sitzenden Familie: Der Innsbrucker Ehrenbürger Carl Kapferer kaufte sie von Max Ulrich aus Bayern. Kapferers Schwiegersohn, Hauptmann a. D. Rudolf Schatz, führte die Brauerei weiter – er war auch sieben Jahre Bürgermeister. Er war der Großvater von Charlotte Amann.

Sehenswürdigkeiten und Ausflüge: Besonders in den Sommermonaten ist die Brauerei selbst eine Touristenattraktion. Direktor Amann ist selbst Fremdenverkehrsobmann von Tarrenz und dementsprechend gerne bereit einzuspringen, wenn es um ein *Schlechtwetterprogramm* für die Urlauber geht. Zu sehen ist ein Vier-Geräte-Sudwerk, das weitgehend elektronisch gesteuert wird – und das harmonisch alte und neue Betriebsteile zusammenfaßt. Der Sage nach gibt es in Tarrenz Hexen –

und auf Neu-Starkenberg ein „Gschloßwichtele", ein offenbar harmloses Gespenst, das sich nicht mehr gemeldet hat, seit im Schloß gebraut wird.
Vom Schloß ausgehend führt ein Rundwanderweg parallel zur Fernpaßstraße nach Imst und vorbei an wertvollen Biotopen, etwa einem Hangmoor und einer Feuchtwiese, zum *Starkenberger See,* der im 14. Jahrhundert ursprünglich wohl zum Zweck der Fischzucht angelegt wurde. Der Weg ist als Naturlehrpfad angelegt, eine Beschreibung dazu hat die Landesforstdirektion Tirol herausgegeben.
Dieser Weg ist nur einer von über 60 markierten Spazier- und Wanderwegen im Gebiet um Imst. Von Tarrenz aus führt auch ein Wanderweg zur Salvesenschlucht und weiter nach *Alt-Starkenberg,* dem eigentlichen Sitz der Starkenberger im 13. Jahrhundert. Die Geschichte, vor allem aber die bäuerliche Kultur ist im *Tarrenzer Kulturmuseum* (05412 20 65) dokumentiert. Imst verfügt sogar über zwei Museen: Das *Heimatmuseum* (05412 22 06), das Geschichte und Volkskunst dokumentiert, und die (an die landwirtschaftliche Schule angegliederte und nur in den Wintermonaten geöffnete) *Bäuerliche Gerätesammlung* (05412 23 46), in der unter anderem die Geschichte der Textilverarbeitung in Heimarbeit gezeigt wird – das Geschäft, durch das der Gründer der Brauerei zu Geld kam. In Tarrenz steht eine 1409 dem hl. Ulrich geweihte *Pfarrkirche,* die ebenso wie die Kirchen von Imst Reste von gotischen Fresken enthält. Imst hat drei sehenswerte *gotische Kirchen* (Pfarrkirche, Johanneskirche und Kalvarienbergkirche) sowie die *St. Michaels-Kapelle* (interessantes Netzrippengewölbe).
Imst ist auch ein idealer Ausgangspunkt für Ausflüge ins *Ötztal,* das mit 60 Kilometern das längste Seitental des Inntals ist. Es ist zwar touristisch stark erschlossen, man kann das ganze Jahr Ski laufen, von der Energiewirtschaft wurde es aber bisher ziemlich verschont. Anders als das *Kaunertal,* dessen Skisporteinrichtungen schlecht ausgelastet sind und an dessen Ende der Stausee Gepatsch liegt.
Hier führt allerdings eine Mautstraße hin, die die Bergwelt und ihre Schönheit gut erschließt, vor allem für ausdauernde, bergerfahrene Geher, die sich den Übergang über das Ölgrubenjoch (3013 Meter) hinüber ins Taschachtal, einen Ausläufer des Ötztals, zutrauen können.
Nach Norden führt die Fernpaßstraße nach Reutte. Hier befand sich bis April 1969 eine 1905 gegründete, 1928 mit dem Bürgerlichen Brauhaus Innsbruck fusionierte und kurz darauf von der Brau-AG übernommene Brauerei. In der Nähe von Reutte liegt auch der *Plansee,* der

zweitgrößte See Tirols. Er ist ein Relikt aus der Eiszeit, die ihn umgebenden, 1000 Meter hohen Felswände geben ihm die Wirkung eines Fjordes. Auch der Plansee wird seit 1903 als Kraftwerksspeicher genutzt, Wanderungen an seinem Ufer tut das jedoch keinen Abbruch.
Wo einkehren? Die Errichtung eines eigenen Braustüberls im Schloß Starkenberg ist erst für 1991 vorgesehen, doch in der Umgebung herrscht kein Mangel an Starkenberger Bier. In Imst wird es im *Hotel Post* (05412 25 54), im *Grünen Baum* (05412 33 45) und im *Hirschen* (05412 22 09) gezapft.
In der Landeshauptstadt Innsbruck gibt es das Starkenberger Bier im *Café Stress* in der Gumpp-Straße.

Zell am Ziller
Brauerei Zillertal
Simon Strasser

Gerlosstraße 1
6280 Zell am Ziller
05282 23 66

Eigentumsverhältnisse: Familienbesitz der Familie Kolbitsch-Herbst
Jährlicher Ausstoß: 42.000 hl
Biersorten: Das „Vitus Doppelmalz" ist ein sehr wenig süßes, 12,5grädiges dunkles Bier nach bayrischer Art. Wobei Braumeister Heinz Hummer darauf hinweist, daß eigentlich alle seine Biere vom Geschmack der Deutschen beeinflußt sind. Denn in einem Fremdenverkehrsgebiet wie dem Zillertal haben die Einheimischen das Biertrinken oft erst von den Gästen gelernt.
Und daher ist auch das „Zillertaler Edel-Märzen", ein recht untypisches Märzenbier: 12grädig, aber eher stärker gehopft und heller als viele andere Märzenbiere. Das wegen seiner 8,9 Grad (und 3,7 Alkoholprozente) geschmacklich nicht so ausgeprägte „Leichtquell" liegt auf derselben Linie und erst recht das „Edelpils" (das übrigens mit der Gastronomie-Füllung „Premium-Pils" identisch ist). Die zwölf Wochen lang gelagerten Pils-Biere wurden von der Zeitung „Konsument" an

zweiter Stelle gereiht, sie sind für den Typ ein wenig dunkel und überraschend bitter. Bleibt noch zu erwähnen, daß für Weihnachten ein 16grädiger Bock gebraut wird.

Berühmt ist der allerdings nicht. Denn das bekannte Bockbier des Zillertals ist der „Gauderbock", ein Bier, für das ein eigenes Fest veranstaltet wird und das in Zell ausschließlich am ersten Wochenende im Mai ausgeschenkt wird. (Als Flaschenbier ist es allerdings länger erhältlich und wird in manchen Gastwirtschaften auch über den Sommer hinaus ausgeschenkt.) Der „Gauderbock" ist ein Starkbier (mit beachtlichen 18,5 Grad), das seine Kraft unter einem runden Geschmack verbirgt. Wer das vollmundige, stolze acht Monate gereifte Bier kostet, könnte es leicht mit einem Märzen verwechseln – nur die Wirkung ist erheblich stärker.

Das Erfolgsgeheimnis des Zeller Bieres ist nach Ansicht der Brauereibesitzerin Waltraud Kolbitsch das Wasser, das schon 889 von einem „Pilgrim" genannten Kleriker wegen seiner „Quellmilde" gelobt wurde. Es kommt direkt aus der Dorfwasserleitung, und diese wiederum wird aus der Quelle Königsbrunn auf 1750 Meter gespeist. Aus dem 1,7 deutsche Hartegrade weichen Wasser, Pilsmalzen (von der Stadlauer Malzfabrik und von Koch) und deutschem Hopfen braut Braumeister Hummer in einem in den letzten Jahren vollständig modernisierten Betrieb ein Bier, das in offenen Bottichen bei 6 Grad Celsius angegoren und dann in Tanks eine Woche lang hauptvergoren wird. Die Zillertaler Biere werden dann auch beim Abfüllen geschont (ausschließlich die Hüttenbiere werden pasteurisiert), in die Flaschen wird (um jede Oxidationsgefahr zu vermeiden) sogar vor dem Bier Kohlensäure eingefüllt. Dieses Verfahren, sonst nur beim Abfüllen in Stahlfässer angewendet, soll garantieren, daß das Bier erst beim Einschenken frische Luft kennenlernt.

Souvenirs: Es gibt Fans des Zillertaler Bieres, für die überhaupt nur ein Souvenir denkbar ist: Ein Vorrat an „Gauderbock" der, (auch wenn der Braumeister darauf besteht, daß Bier frisch zu trinken ist) monatelang haltbar ist. Einmal hat ein deutscher „Gauder"-Fan sogar eine Ladung „Gauderbock" in die Karibik verschiffen lassen, um Anfang Mai das Gauderfest an Bord eines Kreuzfahrtschiffes zu feiern. Andere beschränken sich darauf, ein paar Kisten abzuholen und mit Freunden in Wien zu trinken.

An länger haltbaren Souvenirs gibt es ein außergewöhnlich vielfältiges Angebot an Gläsern – bedingt dadurch, daß der Zillertaler-Schriftzug in den letzten Jahren dem auf den Etiketten angeglichen wurde. In früheren Jahren hat es auch Regenschirme und Kalender aus dem Brauhaus Zilltertal gegeben.

Geschichte: Der Markt Zell am Ziller ist der jüngste Tirols, seine Markterhebung datiert erst vom 1. Juli 1989. Seine Geschichte ist aber viel älter. 739 wurde der Zillerfluß (der schon in römischer Zeit Raetien von Noricum trennte) zur Diözesangrenze zwischen Salzburg und Säben-Brixen bestimmt: Der Ort hat in seinem Kern schon damals bestan-

Biertradition seit 1500

den und wurde der Salzburger Diözese zugeschlagen. Der schon erwähnte Kleriker Pilgrim (er wurde später Erzbischof) bekam zahlreiche Güter im „Cilarestal" vom ostfränkischen König Arnulf. Zell wurde 1188 erstmals urkundlich erwähnt – dem Johannesspital, dem heutigen Altersheim, wurden von Erzbischof Adalbert III. die Zehente (also Steuereinnahmen) der Pfarre abgetreten. Und im 17. Jahrhundert hätten Tirol und das damals noch als selbständiges Fürstentum verwaltete Salzburg beinahe einen Krieg um das Zeller Gold begonnen.

Zu dieser Zeit gab es hier längst ein eigenes Bier – das Gründungsjahr wird der Einfachkeit halber mit 1500 angegeben. Damals begann man im „Polsingerhaus" auf der oberen Gasse „Bier zu prewen". Und schon damals lud ein Jörg in der Au auf das Gauderlehen, wo die Celler ein Frühlingsfest feierten. Daß es sich inzwischen zum bedeutendsten Frühlingsfest Tirols entwickelt hat, hängt mit einem Ereignis zusammen, das am 25. November 1892 im Gasthof „Bräu" stattfand: Da wurden auf Initiative des langjährigen Landtagsabgeordneten Kaspar Schneider die Besprechungen über den Bau der Zillertalbahn begonnen, am 21. Juli 1901 dampfte dann der erste Zug von Jenbach nach Zell und leitete damit die stürmische touristische Entwicklung des Tales ein.
Der Gasthof „Bräu", das ehemalige Polsingerhaus, hatte ab 1664 das Zapfrecht mit Weinausschank und Auskoch. Seit damals ist die Geschichte genau zurückzuverfolgen: Auf den „Prewer Josef Hochbichler" folgten seine direkten Nachkommen Ludwig († 1762), dieser verlegte die Braustätte 1738 auf ihren heutigen Standort in der Gerlosstraße, Josef († 1791) und Jakob († 1830). Frauen prägten die weitere Geschichte der Brauerei: Viktoria Hochbichler vererbte sie an ihre Tochter Julie Aigner, die mit dem erwähnten Kaspar Schneider (1842 bis 1924) verheiratet war. Schneiders Tochter Juliane führte Brauerei, Gastwirtschaft und Landwirtschaft mit ihrem Mann Simon Strasser

Nach Zell kann man im Bierfaß reisen

(1881 bis 1951), der ebenfalls Lokalpolitiker war. Strasser rettete seine Brauerei (die in der Kriegszeit von Schließung bedroht war), in seinem Todesjahr wurden 4300 hl gebraut. Seine Tochter Maria Herbst verband Strassers Name mit dem Firmenwortlaut. Die Kommerzialrätin wurde selbst als „Bräu-Midi" zu einer tirolischen Legende – sie verstarb 1987. Und auch ihr Nachfolger ist eine Frau.

Sehenswürdigkeiten und Ausflüge: Die ersten Begegnungen mit dem Zillertaler Bier macht man bereits auf dem Bahnhof in Jenbach: Dort ist es zwar nicht erhältlich, doch steht dort ein (Schmalspur-)Eisenbahnwaggon mit einem 353-Eimer-Faß. Er stammt von der Steyrtal-Bahn und fungiert hier als gelegentlich angekuppelter Barwagen. Auf der Zillertalbahn verkehren im Sommer an Wochenenden *Dampfzüge*, auf denen Gäste gegen Gebühr auch Lokführer spielen können (Auskunft: Zillertalbahn 05244 2311). Ebenfalls in Jenbach beginnt die *Achenseebahn*, eine 1889 eröffnete Zahnradstrecke, die allerdings nur im Sommer in Betrieb ist.

Ins Zillertal hinein muß man den südlichen Bahnsteig nehmen. Zum *Gauderfest* am ersten Maiwochenende verkehren Sonderzüge, man kann den historischen Bierwagen auf den Zeller Straßen und die Musikkapellen aufmarschieren sehen – beim Musikpavillon gibt es sogar einen eigenen *Bierbrunnen* (übrigens eine Kopie dessen, der in Zwettl steht). Über das Gauderfest schrieb ein Reisender 1807: „Im Zillertal gewähren die leichten und weiten Röcke der Weibsbilder, die sich beim Tanz in einem großen rade bis über den Kopf drehen, dem wollüstigen Stadter einen Anblick, der ihn nicht, so wie den daran gewöhnten Landsmann, in ganz kaltblütiger Stimmung läßt." Zum Gauderfest gibt es neben dem Gauderbock auch eigene Gauderwürste und als uriges Rahmenprogramm ein Wettrangeln sowie Tierkämpfe (natürlich unter veterinärmedizinischer Aufsicht).

Die Ortschaft Zell ist (wie das gesamte Tal) stark vom Tourismus geprägt. Die inzwischen dominierend gewordene Wintersaison (der erste Skikurs fand hier 1927 statt) mit weit über das Plansoll hinausgehenden Erschließungen hat der Landschaft einige Wunden zugefügt. Im Ortskern befindet sich die *Dekanatskirche* von 1772, die wegen ihrer spätbarocken Form „Dom des Zillertales" genannt wird – sie ist dem hl. Vitus geweiht, daher heißt das dunkle Bier hier auch Vitus-Bier.

Auf die Vergangenheit als Bergwerksort (1533 bis 1917 wurde hier Gold geschürft) verweist die *Knappensäule* von 1832 an der Gerlosstraße und die auf dem Haizenberg gelegene Wallfahrtskirche *Maria Rast* von 1658, zu der ein Wanderweg in 45 Minuten führt.Weitere Sehenswürdigkeiten sind eine *Käserei* (05283 22 74) und eine Schnapsbrennerei (05283 28 75) im Nachbarort *Stumm*. In *Tux* wird der Betrieb einer Mühle des 19. Jahrhunderts vorgeführt. Wer völlig unberührte Natur sucht, muß schon etwas weiter fahren – aber einen ersten Eindruck von der Großartigkeit der Landschaft bekommt man durch die Bergbahnen und die Ausflugsstraßen – etwa die *Zillertaler Höhenstraße* oder die Straße zum *Schlegeisspeicher*. Von hier aus gibt es dann Bergtouren in wirklich unberührte Naturlandschaften.

Wo einkehren? Das *Hotel Bräu* (05282 23 13) in Zell am Ziller darf für sich in Anspruch nehmen, der älteste Braugasthof Tirols (und mit knapp 500 Jahren einer der ältesten Österreichs) zu sein. Er bietet nicht nur gute Küche, sondern auch urwüchsige Stimmung. Wenn einmal keine Stoffservietten beim Gedeck liegen, dann sind die Papierservietten umso origineller. „Gott segne die Mahlzeit", steht unter den Brauersymbolen.

Das Zillertaler Bier ist regional sehr dicht verbreitet, man bekommt es auch am Achensee (im *Gasthaus Huber* in Maurach) und vereinzelt im Inntal. Besonders gemütlich ist es in Brixlegg im *Pasticcio* (Marktstraße 24, 05337 26 38), einem mit Jahrhundertwende-Kitsch eingerichteten Beisl.

In Innsbruck bekommt man Zillertaler Bier in der Gaststätte *Zum Salfi* (Gumpp-Straße 48), außerhalb von Tirol aber bisher nur bei Wirten, die es sich selbst abholen. Apropos abholen: Auf Bestellung kann man Zillertaler Bier auch in Holzfässer bekommen.

Vorarlberg

Die Arlbergbahn machte Großbrauereien rentabel

Österreichs westlichstes Bundesland war bis ins vorige Jahrhundert eher ein Weinland: Auf alten Bildern kann man noch die Weingärten in der alpinen Umgebung sehen. Manche wurden dann zeitweise durch Hopfengärten ersetzt. Vorarlbergs Bierlandschaft hat sich im letzten Jahrhundert stark gewandelt: Das mehr nach der Schweiz und nach Schwaben orientierte Ländle verfügte 1880 noch über 72, großteils an Gasthäuser angeschlossene Brauereien. Von diesen sind nur zwei erhalten, davon eine Gasthausbrauerei in Rankweil (die sich freilich selbst nicht als solche sieht und nur mehr gelegentlich eigenes Bier herstellt). Die anderen Braubetriebe haben eine großgewerbliche Produktion aufgenommen – und sie stellen ein Bier her, das generell etwas bitterer und weniger malzig schmeckt, als das sonst in Österreich üblich ist.

Bludenz
Bierbrauerei Fohrenburg F. Gassner & Comp.

Fohrenburger Straße 5
6700 Bludenz
05552 62 0 81

Eigentumsverhältnisse: Die Brauerei Fohrenburg versteht sich im weitesten Sinne als Familienbetrieb. An ihr sind allerdings auch die Textilwerke Getzner, Mutter & Cie beteiligt – jenes Unternehmen, dessen leitender Gesellschafter die Brauerei seinerzeit gegründet hatte.
Jährlicher Ausstoß: 256.000 hl
Biersorten: Fohrenburger Bier liegt, wie der 1968 in den Betrieb gekommene Braumeister Erwin Hammerer zugibt, nicht im Trend. Aber es hat eine Identität, die ihm ungebrochenen Erfolg sichert. Mit über 90 Prozent ist das „Fohrenburger Spezial Jubiläumsqualität" das bedeutendste Bier: Ein volles, starkes (13,5 Grad) und würzig-aromatisches Bier. Der Braumeister führt seinen Erfolg auch auf die Tatsache zurück, daß das aus eigenen Brunnen gewonnene Wasser eines der besten des Landes ist – und trotz 13 Grad deutscher Härte nicht aufbereitet wird.
Das „Jubiläumspils" orientiert sich am deutschen Geschmack: 12 Grad Stammwürze, stark gehopft und hochvergoren. Der „Fohrenburger Bock", ein gehaltvolles Starkbier wird nur für Weihnachten und Ostern gebraut und lagert etwa dreieinhalb Monate. Das „Doppelmalz" hat trotz einer Stammwürze von 14 Grad nur 3,3 Prozent Alkohol: Es ist daher süßer als andere dunkle Biere und hat den Charakter eines Nährbiers.
Aus der Fohrenburger Brauerei kommt auch ein „Birra Rossa", ein für den italienischen Markt unter Zuhilfenahme dunkler gemalzter Gerste und von Färbebier hergestelltes Spezialbier.
„Engelburg-Bräu Export Hell" führt die Tradition der in den siebziger Jahren von Fohrenburg übernommenen Brauerei Engelburg in Hohenems weiter: Nach Originalrezept entsteht hier ein helles, feinhopfiges und spritziges Export mit leichter Pilsnote.

Schließlich ist Fohrenburg auch die Heimat des „Guthringer“: Es ist das erste in Österreich entwickelte „alkoholfreie Bier“ – nach den Lebensmittelbestimmungen heißt es „Hopfen-und-Malz-Getränk“, das sich durch wenige Kalorien (70 je Flasche) auszeichnet.

Souvenirs: Die Fohrenburg-Brauerei hat ihr Einhorn nicht nur auf Gläser, sondern auch auf T-Shirts und diverse andere Werbemittel gedruckt, von denen jedes Jahr neue aufgelegt werden. Das Signet zeigt das Einhorn aus dem Bludenzer Wappen, ein Symbol von „Kraft und ehrbarer Jungfräulichkeit“.

Geschichte: Die Gegend war schon in der Bronzezeit besiedelt, war dann im Besitz der Werdenberger Linie der Grafen von Montfort und nahm ihren Aufschwung vor allem durch den Bau der Arlbergstraße unter Joseph II. und den Bau der Arlbergbahn. Dieser hat viel mit dem hiesigen Bier zu tun.

Unter den Prämissen, unter denen die Fohrenburg-Brauerei gegründet wurde, würde heute niemand mehr ein Unternehmen zu gründen wagen. Damals, 1880, schien es aber durchaus lohnend, für die Arbeiter, die die Arlbergbahn errichteten, ein eigenes Bier zu brauen. Ferdinand Gassner, ein damals 38 Jahre alter Unternehmer, hatte diese Zielgruppe im Auge – und errichtete (in Nachbarschaft einer Badeanstalt und Gastwirtschaft namens „Fohrenburg“) seine Bludenzer Braustätte. Zu dieser Zeit hatte er noch erhebliche Konkurrenz – es gab in Vorarlberg 72 Brauereien, mehr als heute im ganzen Bundesgebiet, im Ländle wurde Wein angebaut und zumeist Most getrunken.

Gassner erwarb also die „Fohrenburg“ und eine Quelle in der Hinterplärsch. Auch hier soll es im Föhrenwald ein Badehaus „Fohrenburg“ gegeben haben, das 1838 mit seinem Besitzer an den Stadtrand von Bludenz übersiedelte. Es nahm später die erste Fohrenburger Gaststätte auf.

Als Gassner (der den Betrieb bis zu seinem Tod 1926 selber führte) zu brauen begann, beschäftigte er 21 Mitarbeiter, darunter 26 Jahre lang einen Braumeister J. Buss, von dem sich nur Familienname und das Initial seines Vornamens in den Annalen erhalten hat. Und seine Erfolge: Mit 30.000 hl wurde ein beachtlicher Anfangserfolg erzielt, um die Jahrhundertwende und noch einmal 1914 wurden gar 44.000 hl verkauft. Erfolge, an die erst in den späten fünfziger Jahren wieder angeknüpft werden konnte.

Natürlich waren es nicht nur die Arbeiter der Arlbergbahn, die das neue Bier so erfolgreich machten: Als die Bahn 1884 fertig war, baute

Gassner Bierdepots in anderen Landesteilen (und 1888 auch in Innsbruck) auf und betrieb als einer der ersten eine aggressive Politik auf dem österreichischen Biermarkt: Viele Wirte gaben das Brauen in Hausbrauereien auf, da ihnen das im Großbetrieb hergestellte Fohrenburg-Bier mehr Qualität und mehr Umsatz versprach. Der erste Braubetrieb, den Fohrenburg erwarb, war die Forster-Brauerei, die 1884 von Anna Gaupp, geb. Stöckler in Bregenz gekauft wurde.

Auf ähnliche Weise kaufte Fohrenburg 1892 (zunächst unter Beteiligung der Firma Hämmerle) den Brauereibetrieb der Brüder Martin und Anton Salzmann in Dornbirn – und erstand jeweils einen Braugasthof, wodurch das Fohrenburg-Bier rasch immer größere Verbreitung fand.

Dazu kam die Tatsache, daß viele Gastwirtschaften in den Ortszentren in Schwierigkeiten gerieten, denn damals wurden die Verkehrsströme von den Straßen auf die außerhalb liegende Bahn verlagert. Und die Touristen blieben den Ortszentren fern, quartierten sich in neuen Hotels (an denen sich die Brauerei teilweise beteiligte) ein. Die bankrott gegangenen Gastwirtschaften hatten oft größere Ausstände bei der Brauerei – und wurden teilweise von ihr auf mehrere Jahre übernommen.

1921 verband sich die Brauerei Fohrenburg mit einem Konkurrenten in Innsbruck, der A. Pötsch gehörenden „Löwenbraurei" mit damals 10.000 hl Jahresausstoß. Diese mußte bald wegen Überalterung stillgelegt werden.

Auch die Fohrenburg-Brauerei (im Zweiten Weltkrieg von Fremdarbeitern in Betrieb gehalten) mußte kurz stillstehen, als am 1. April 1945 ein allgemeines Brauverbot erlassen wurde. Der Aufschwung nach dem Krieg verlief stürmisch: 20.000 hl im Jahr 1950, 50.000 hl ein Jahrzehnt später und schließlich 145.000 hl im Jahr 1980.

Sehenswürdigkeiten: Von der Brauerei aus (sie heißt Besuchergruppen nach Anmeldung willkommen) kommt man in wenigen Minuten zur Fußgeherzone, die beim Alten Tor beginnt. Dieses beherbergt das *Bludenzer Stadtmuseum* (05552 63 6 21), wo uns bereits im ersten Raum alte Wirtshausschilder begrüßen. Nach links geht es, vorbei am *Spitalkirchlein* (1472), zur gotischen *St. Laurentius-Kirche* (1514) und zum *Schloß Gayenhofen* (heute Bezirkshauptmannschaft). Geradeaus, nach Querung der Altstadt, erreicht man das *Kloster St. Peter* (1286), das älteste bestehende Kloster Vorarlbergs.

Ausflüge: Natürlich locken zunächst einmal die Berge: Drei Bergbah-

Fohrenburg: Einst Badeanstalt, heute Brauerei

nen führen auf den *Muttersberg* (1384 Meter, Naturschutzgebiet), den *Niggenkopf* (1600 Meter, Wanderweg über die Alpe Parpfienz und den Furkla-Höhenweg nach Bürserberg) und zum *Lünersee*, ganz am Ende des Brandnertales.

In Bludenz kommen fünf Täler zusammen. Am Eingang des nach Süden führenden Brandnertals liegt *Bürs*. Dort befindet sich eine *Modelleisenbahnanlage* mit echter Dampffeuerung (Auskünfte: 05552 62 6 17). Wer Touren auf zwei Rädern vorzieht, ist zum Treffpunkt der Radwanderer in der Fohrenburger Braugaststätte willkommen: An jedem trokkenen Samstag ist um 13 Uhr Aufbruch. In Bludenz beginnt übrigens auch der 30 Kilometer lange *Walgau-Radwanderweg*, der zur Felsenau in der Nähe der talauswärts gelegenen Brauerei Frastanz führt.

Wo einkehren? Gegenüber der Brauerei gibt es einen gemütlichen *Braugasthof* (05552 62 1 68), dekoriert mit alten Brauereiutensilien, einer alten Sudpfanne und mit einem schönen Garten, in dem man allerdings ständig den zweiten berühmten Betrieb der Stadt vor Augen (und bei entsprechendem Wind auch vor der Nase) hat: Die Suchard-Schokoladefabrik. Im Stadtzentrum empfiehlt sich der *Gasthof Hirschen*, der unter Kastanienbäumen ebenfalls einen schattigen Biergarten hat.

Fohrenburger Bier ist vor allem regional verbreitet – es hat in Vorarlberg einen Marktanteil von über 50 Prozent. Dafür gibt es das Bier auch nur im Ländle, in Tirol und teilweise in Italien. In Bregenz wird das – hierzulande übrigens vielfach nicht in Fässern, sondern in Tanks gelagerte – Fohrenburger im *Gasthaus Kornmesser-Hexenstüble* (Kornmarktstraße 5, 05574 22 8 19) und im *Gasthaus Lamm* (Mehreraustraße 51, 05574 31 7 01) gezapft. In Wien gibt's Fohrenburger im „Gschamster Diener" (1070, Kaiserstraße 6, 93 17 08).

Dornbirn
Mohrenbrauerei
August Huber

Dr. Waibel-Straße 2
6850 Dornbirn
05572 65 6 77

Eigentumsverhältnisse: Die Mohrenbrauerei ist eine Kommanditgesellschaft im Besitz der Familie Huber.
Jährlicher Ausstoß: 160.000 hl
Biersorten: Die in Dornbirn gebrauten Biere sind besonders hell (weil dem Stadlauer Malz hier, zugebenermaßen, Reis zugesetzt wird). Das Wasser stammt aus der öffentlichen Versorgung: Es kommt aus dem Ebniter Tal mit einer Härte von 8 Grad, bedarf aber einer geringen Aufbereitung. Spitzensorte (und etwa 80 Prozent des Umsatzes) stellt das „Mohren Spezial" dar, ein nach alten Rezepten gebrautes 13,5grädiges Bier. Es ist, obwohl von Brauereichef Huber als „vollmundig" qualifiziert, durch starke Hopfung dem deutschen Geschmack näher als dem ostösterreichischen. Den Hopfen kauft Huber übrigens großteils selber im deutschen Anbaugebiet ein. Das „Mohren Export" ist ein abgerundetes Vollbier mit 12,5 Prozent, das (als reines Flaschenbier) vor allem für preisbewußte Konsumenten in den Supermärkten abgefüllt wird. Ebenfalls für den Handel gibt es das „Mohren Pfiff", ein mildes, leicht alkoholreduziertes, feinwürziges Bier mit 12,25 Grad, das „Mohren Gambrinus", ein dunkles, süffiges und mild gehopftes Bier

nach Münchner Art mit 12,35 Grad und das „Mohren Light", ein Leichtbier von 8,4 Grad.
Das „Mohren Pils", ein feinherbes, besonders (dem deutschen Geschmack entsprechend) helles und leichtes Bier von 11,3 Grad, versteht sich als Bier für die gehobene Gastronomie. Der „Mohren Bock" ist ein bernsteinfarbenes Starkbier für Ostern und Weihnachten mit 17,3 Grad.
Eine Besonderheit aus Dornbirn ist das „Mohren Nährkraftbier", das einzige Nährbier Österreichs. Dieser Biertyp wird Rekonvaleszenten und stillenden Müttern empfohlen: Er wirkt appetitanregend und kräftigend – und hat nur 1,5 Prozent Alkohol bei einer Stammwürze von 12,3 Grad.
Souvenirs: Der Mohrenkopf hat als Markenzeichen Tradition – er war aber in den letzten Jahren graphischen Veränderungen unterworfen: so wich die in den siebziger Jahren gebräuchliche naturalistische Zeichnung einem Schattenriß auf einem Wappenschild, seit 1984 von einem Ährenkranz umgeben. An Werbematerial gibt es – neben den üblichen Aschenbechern – auch Spielkarten für das in Vorarlberg beliebte „Jassen".
Außerdem gibt es einen Krug mit einer Darstellung der Brauerei im Jahr 1895.
Geschichte: Die in den letzten Jahren zu einem der modernsten Braubetriebe Österreichs ausgebaute Mohrenbrauerei geht auf ein Gasthaus „Zum Mohren" zurück. Warum das Gasthaus so geheißen hat, ist nicht mit völliger Sicherheit zu klären. Wahrscheinlich ist, daß die Heiligen Drei Könige als Repräsentanten der Reisenden (wie ihre Symbole Stern und Krone) oft Namensgeber für Gasthäuser waren.
Und Dornbirn war eine Stadt mit vielen Gasthäusern, denn es war ein frühes Industriezentrum Österreichs. Um 500 gegründet, hat es sich nach und nach zur größten Stadt Vorarlbergs entwickelt. 1832 entstand hier die erste Textilfabrik – zum Vergleich: Damals gab es hier sieben Brauereien. Eine davon, eben die im Gasthaus „Zum Mohren", die nur an eigene Gäste ausschenkte, wurde 1834 an Franz Anton Huber verkauft. Um 6.755 Gulden, was, rechnet man nach Kaufkraft in einen Schillingbetrag um, etwa einer halben Million Schilling von 1990 entspricht. Ein – verglichen mit der etwa zur selben Zeit verkauften Schleppe-Brauerei – ansehnlicher Betrag.
Sehenswürdigkeiten und Ausflüge: Das Zentrum von Dornbirn wartet mit einer 1989 eröffneten Fußgeherzone auf, in deren Zentrum die

Stadtpfarrkirche *St. Martin,* ein neoklassizistischer Bau aus der Mitte des vorigen Jahrhunderts, steht. Der freistehende Glockenturm stammt von 1493. Rundum wurden die alten Bürgerhäuser, unter anderem das (möglicherweise nach dem Vorbild des „rote hüs" in Straßburg) rot gestrichene „Rote Haus".
Die Brauerei befindet sich neben dem Rathaus und kann von Gruppen – nach längerer Voranmeldung – besichtigt werden. In unmittelbarer Nähe (in der Marktstraße 33) liegt auch das große Naturkundemuseum *Vorarlberger Naturschau,* das von der Geologie über die Tierwelt bis hin zu den menschlichen Eingriffen bei Lawinenverbauung und Kraftwerksbauten die Vorarlberger Umwelt dokumentiert.
Die Natur kann man natürlich auch vor Ort betrachten: Etwa auf dem Schluchtenweg durch das *Rappenloch,* eine achtzig Meter tief eingeschnittene Schlucht. Im Sommer gibt es hier (jeweils donnerstags) geführte Wanderungen, der (an schwierigen Stellen durch Geländer gesicherte) Weg an einem Stausee entlang und durch ein Buchenwäldchen, das auf riesigen Felsblöcken angewachsen ist, kann natürlich auch allein begangen werden.
Für Bequeme gibt es in der Nähe auch eine Seilbahn auf den *Karren,* den 976 Meter hohen Hausberg von Dornbirn. Er kann auch auf Wanderwegen vom Wintersportort *Ebnit* (1075 Meter) und dem Staufensee (in der Nähe des Rappen- und Alplochs) erreicht werden. Das Wegenetz ist jedenfalls gut ausgebaut, und es gibt einige unbeschwerliche Wanderungen (vom Karren in dreieinhalb Stunden zur Hohen Kugel auf 1654 Meter), deren Rückweg durch Benützung des Postbusses erleichtert wird.
Nördlich von Dornbirn liegt *Hohenems,* seinerzeit Heimat des Engelburg-Bieres (das seit 1978 in Fohrenburg/Bludenz gebraut wird). In Hohenems befindet sich nicht nur Vorarlbergs Flughafen, sondern auch die Ruinen der 1170 ausgebauten Reichsburg *„Alt-Ems"* und die 1343 gebaute *Burg Glopper.* Im sehenswerten Renaissanceschloß am Fuß des Burgbergs findet alljährlich im Juni die Schubertiade statt. 1990 wird in Hohenems auch ein *jüdisches Museum* eröffnet, das an die von 1607 bis zur Hitlerdiktatur hier aktive Gemeinde erinnert.
Früher war Hohenems – ebenso wie Bregenz – von Dornbirn aus mit einer Lokalbahn erreichbar. Das Straßenbahnnetz weckte allerdings die Begehrlichkeit der deutschen Rüstungsindustrie, die Schienen wurden verschrottet. Im Rheintal – und rund um den Bodensee – gibt es aller-

dings ein Netz von attraktiven Radwegen, allein auf Vorarlberger Gebiet 140 Kilometer.
Wo einkehren? Obwohl Dornbirn seit Jahren kein Braugasthaus mehr hat, ist das hiesige Bier praktisch überall vertreten. Das vielleicht eindrucksvollste Lokal ist das *Rote Haus*, ein typisches altes Rheintalhaus, auf dem Marktplatz. Es wurde 1639 von der Familie Rhomberg erbaut. Neu eingerichtet wurde auf der gegenüberliegenden Seite des Platzes das *Café Gessler* und das *Café Steinhauser*.
In Bregenz gibt es Mohrenbräu unter anderem im *Hotel Schwärzler* (Landstraße 9, 05574 22 4 22).
In Wien ist das Mohrenbräu im Espresso *Confetti*, zwei Blocks hinter der Technischen Universität (1040, Margaretenstraße 9, 586 10 49) und im *Hexenkeller* (1080, Florianigasse 16, 48 19 92) zu haben.

Egg
Simma, Kohler & Co

6863 Egg
05512 22 01

Eigentumsverhältnisse: Die Egger Brauerei ist eine Ges. m. b. H., deren Hauptgesellschafter Leo Weidinger Wirt im „Löwen" in Egg ist.
Jährlicher Ausstoß: 18.000 hl
Biersorten: Das würzige und durch Verwendung von Reis sehr runde „Egger Spezial" hat 13 Grad und eine goldgelbe Farbe. Das „Egger Premium" ist mit 12 Grad zwar malzbetont, aber relativ bitter. Es wird wie das „Extra" von Braumeister Thaler nach dem Reinheitsgebot gebraut: Das alkoholreduzierte „Extra" ist dem Typ nach ein Schankbier mit 10 Grad, bei dem der Biercharakter geschmacklich gewahrt ist. Das 12,2grädige „Edelpils" ist feiner und herber, entspricht eher norddeutschen Vorstellungen von einem Pils.
Die Rohstoffe für die Egger Biere stammen von der Stadlauer Malzfa-

brik, der Hopfen aus der Hallertau und aus Saaz, das Wasser aus einer eigenen Quelle mit 16 Grad – es wird enthärtet.
Die Biere werden nach achttägiger Hauptgärung drei Monate gelagert und nach der Abfüllung nicht haltbar gemacht.
Souvenirs: Die Präsentation der Biere aus Egg ist in den letzten Jahren im wesentlichen unverändert geblieben, tragendes Symbol ist der Bregenzerwälder Baum. Außer Biergläsern gibt es Spielkarten und Flaschenöffner.
Geschichte: Der Bregenzerwald wurde zwischen 600 und 1000 nach Christus besiedelt – zwar in Abhängigkeit vom Grafen von Bregenz, aber mit besonderen Freiheiten. So bildete sich eine „freie Landgemeinde", eine Art Bauernrepublik, die sich selbst die Verfassung gab und die auch die Hohe Gerichtsbarkeit (in Egg gab es Gefängnis und Galgenbühel) selber ausübte. An der Spitze stand der für zwei Jahre gewählte Landammann.
Diese alemannische Ordnung blieb bis 1805 bestehen, als Vorarlberg (bis 1814) an Bayern fiel.
Egg war die älteste Pfarre im Bregenzerwald, die Nikolauskirche „an der Egge" wurde bereits 1275 erwähnt (der heutige Bau stammt allerdings von 1891). Hier wurde der Zehent abgeliefert, Egg war Zentrum der Talschaft. So kam es auch, daß 1894 in Egg eine eigene Brauerei für die Talschaft eingerichtet wurde: Die Kaufleute und Wirte des Tales wollten unabhängig sein, wollten ihr eigenes Bier. Und das zu einer Zeit, als im Ländle noch 72 (allerdings zumeist sehr kleine) Brauereien in Betrieb waren.
Egg allerdings war ein Mittelbetrieb, der sein Bier vor allem regional erfolgreich und sehr ruhig vertrieb. Bis ein Konkurrent mit genau demselben Namen auf den Plan trat: Fritz Egger, der in Unterradlberg seine Großbrauerei errichtet hatte, und seit den späten siebziger Jahren „Egger Bier" österreichweit vermarktete – woraufhin ein Rechtsstreit entbrannte, der 1985 bis zum Obersten Gerichtshof ging. Da wurden Biersouvenirs zu Beweisstücken: Man brachte alte Aschenbecher, Spielkarten und Bierdeckel – um eine ältere Nennung der Bezeichnung „Egger Bier" zu beweisen. Schließlich konnte Fritz Egger geltend machen, daß er in Kufstein bereits einen Jahrhunderte alten Betrieb geführt hatte. Die Höchstrichter entschieden: „Egger Bier", das ist in acht Bundesländern das Bier von Fritz Egger. In Vorarlberg aber darf man sicher sein, daß man Bier aus dem Bregenzerwald bekommt, wenn man ein „Egger Bier" bestellt.

Künstliche Eiszapfen dienten der Bierkühlung

Sehenswürdigkeiten und Ausflüge: Die Brauerei selbst hat sich vor allem darauf spezialisiert, ihre Kunden aus der Gastronomie durch den Betrieb zu führen und ihnen das heimische Produkt durch Anschauung und eine *Videovorführung* nahe zu bringen.
Egg war 1904 der erste Ort Vorarlbergs, der ein eigenes *Heimatmuseum* (05512 24 26) einrichtete. Es dokumentiert die Erschließung der Talschaft – bis hin zur *Bregenzerwaldbahn*. Letztere ist zwar nach einem Erdrutsch durch einen Busverkehr ersetzt worden, ein Verein hat jedoch dafür gesorgt, daß ein Museumsbetrieb aufrechterhalten bleiben kann.
Wo einkehren? In Egg gibt es kein Braugasthaus, es empfiehlt sich allerdings der *Löwenwirt* und das *Gasthaus Taube* im Ortszentrum. In Bregenz wird das Bier aus Egg unter anderem im *Seehof* (Lindauer Straße 33, 05574 22 8 24) gezapft.

Frastanz
Vorarlberger Brauerei-Genossenschaft

Postfach 15
6820 Frastanz
05522 51 7 01

Eigentumsverhältnisse: Gastwirtegenossenschaft mit rund 150 Genossenschaftern
Jährlicher Ausstoß: 40.000 hl
Biersorten: Die Hauptsorte von Braumeister Randolf Breidbach ist das „Gold Spezial", ein helles, vollmundiges und leicht gehopftes Bier mit 13 Grad Stammwürze. Als Faßbier wird vor allem „Frastanzer Premium", ein heller, leicht gehopfter Export-Typ mit 12 Grad gefüllt, dazu das (auch in Einwegflaschen erhältliche) 12,2grädige „Kronen Pils", das im „Konsument"-Test den 3. Platz belegte. Der Faßbieranteil liegt in Frastanz über 40 Prozent (schließlich sind die Genossenschafter selber gute Kunden); da viel exportiert wird, gibt es auch einen hohen Anteil an Einweggebinden.
Außerdem gibt es ein 12,6grädiges „Export", einen 17grädigen „Bock" und als besondere, leider wenig bekannte und kaum erhältliche Spezialität das „Frastanzer Rübezahl". Es handelt sich dabei um ein klassisches, untergäriges, dunkles Bier, das im Gegensatz zu vielen in Österreich angebotenen Doppelmalz-Bieren nicht süßlich schmeckt.
Sämtliche Biere werden in offenen Gärbottichen bei 6 Grad Celsius angestellt und eine Woche lang bei maximal 9 Grad Celsius vergoren. Nur ein geringer Teil des Bieres wird pasteurisiert – jene Flaschen, die monatelange Lagerung auf Berghütten überstehen müssen, bevor sie für durstige Wanderer geöffnet werden.
Souvenirs: Zu den begehrtesten Andenken an die Frastanzer Brauerei gehört deren Festschrift zum 50jährigen Bestehen, die – obwohl 1952 gedruckt – erst seit kurzem vergriffen ist. Außerdem gibt es Biergläser (das neue Logo mit den „Drei Schwestern" ziert auch einen für Sammler hergestellten Tonkrug) und Bierdeckel.
Noch sind hier und da alte Brauereischilder zu finden, auf denen die

„Drei Schwestern", der an der Liechtensteinischen Grenze gelegene Hausberg von Frastanz, auch als Figuren zu sehen sind.

Geschichte: Die am Eingang des Walgau gelegene Gemeinde stand immer etwas im Schatten von Feldkirch: Noch bis ins 20. Jahrhundert warfen die Frastanzer ihren Gemeindevätern vor, den „Herrenwald" an Feldkirch verkauft zu haben (tatsächlich tätigte der letzte Graf von Montfort, Rudolf, diesen Verkauf 1378). Frastanz gehörte aber jahrhundertelang zur Herrschaft Sonnenberg und war auch Zollstätte gegen die Herrschaft Feldkirch. Die erste Erwähnung eines Hofes Frastinas stammt von 850 – schon damals gab es hier eine Mühle. Nach Tabakanpflanzungen (vom späten 17. Jahrhundert bis zur Einführung des Tabakmonopols 1848) gab es hier Baumwollindustrie, erst in den letzten Jahren etwas Fremdenverkehr.

Um 1900 hatte sich die Genossenschaftsidee im Vorarlberger Bauerntum ebenso wie im Kleingewerbe verbreitet. Zu dieser Zeit bestanden in vielen Orten unwirtschaftliche Kleinbrauereien, die Preise wurden zudem von den Großbetrieben diktiert. Für einen Wirt war es daher unattraktiv, selber weiter zu brauen – aber Fabriksbier zuzukaufen war auch zu teuer. So fanden sich mehrere Gastwirte zur Selbsthilfe zusammen. Die Brauereigenossenschaft (deren 35 Gründungsmitglieder 140.000 Kronen aufzubringen hatten) hatte ursprünglich geplant, das Braugasthaus „Engel" in Götzis zu erwerben oder ihre Braustätte in Feldkirch (auf dem Grundstück, wo heute das Landesgericht steht) einzurichten. Grundpreise und Wasserqualität ließen sie jedoch ins benachbarte Frastanz ausweichen, wo in Nachbarschaft des Bahnhofs 1902 mit dem Bau begonnen wurde. Am 26. Mai 1903 wurde der erste Sud gebraut. Auch wenn die Erfolge in den ersten Jahren bescheiden blieben, kauft man 1909 einen ersten Lastkraftwagen (der Firma Saurer) – bis dahin hatten die Genossenschafter das Bier mit ihren Pferdefuhrwerken holen müssen.

In den ersten drei Braujahren lag die Erzeugung bei 4000 hl, 1911 wurden 7500 hl erreicht, 1913 bereits 11.000 hl. Selbst die ersten drei Jahre des Weltkriegs waren in Frastanz nicht so schlimm wie anderswo: Bis 1916 konnte das Bier bei 12 Grad Stammwürze gehalten werden, dafür brach die Produktion im folgenden Jahr fast zusammen. 1930 schaffte die Genossenschaft den Aufschwung (17.000 hl), der jedoch von der Krise wieder auf das Vorkriegsniveau gebremst wurde.

Der Anschluß an Deutschland war hier wie bei fast allen Brauereien zunächst positiv zu spüren, 20.000 hl wurden 1939 gebraut. Erst 1942

mußte die Grädigkeit des Bieres von 12 und 14 Grad auf 2,7 Grad zurückgenommen werden – und auch die Ausstoßmenge sank auf 8000 hl (1945) und in der Nachkriegszeit sogar auf die Hälfte.
Schrittweise wurde ab 1949 die Qualität des Bieres gehoben: 7 Grad, 9 Grad und schließlich Ende der vierziger Jahre wieder 12 Grad.
Sehenswürdigkeiten und Ausflüge: Die *Brauereigebäude* nach Entwürfen des Ulmer Brauingenieurs Hägele stehen unter Denkmalschutz – eine der wenigen „Sehenswürdigkeiten" der kleinen Ortschaft Frastanz.
Touristen bietet sich von hier aus aber ein umfangreiches Programm von Ausflügen, darunter ein Fitness-Parcours (östlich der Ortschaft) und geführte *botanische Wanderungen* (Auskünfte darüber unter 05522 51 5 00) und Touren mit dem Mountain-Bike (Hofnerfeldweg 24, 05522 52 2 20). Eine hübsche und wegen der geringen Höhenunterschiede in einer prachtvollen Landschaft besonders empfehlenswerte *Radtour* führt über die nahe Stadt Feldkirch nach *Rankweil.*
Architektonisch bedeutsam ist hier die Kirche *Mariä Heimsuchung,* die erkennbar aus einer alten Burganlage entstanden ist: Als im 14. Jahrhundert die Burg abgebrannt ist, wurden die erhaltenen Teile zu einer

Frastanzer Wahrzeichen: Brauerei mit den Drei Schwestern

Kirche umgebaut. So radikal dieser Umbau war, so radikal waren auch die Erneuerungen in den letzten hundert Jahren, als Teile der alten Einrichtung verschwanden und mit viel Beton renoviert wurde. Erhalten blieb ein 1728 in Silber gefaßtes romanisches Kreuz und eine Gnadenmadonna von 1470.
Nur einen Steinwurf entfernt befindet sich das *Sternbräu*, die letzte Vorarlberger Gaststätte mit intakter Hausbrauerei (Walgaustraße 10, 05522 44 2 68). Nur ab und zu wird sie noch in Betrieb genommen und (in Zusammenarbeit mit der Dornbirner Mohrenbraurei) ein volles, aber herbes Braunbier nach Münchner Typ gebraut. Im Sternbräu demonstriert Helmut Wetzel, wie sein Großvater gebraut hat: Aus dem Sudhaus kommt die heiße Würze über Nacht auf ein Kühlschiff. Das ist eine große flache Tasse mit etwa 1200 l Fassungsvermögen, in der sich der Eiweißtrub absetzt und die Würze ohne künstliche Abkühlung auf die Anstelltemperatur kommt. Dann läuft die auf etwa 6 Grad Celsius abgekühlte Würze vom Kühlschiff in die offenen Bottiche im Gärkeller, wo sie mit Hefe versetzt eine Woche lang gären kann, bevor sie in den Lagerkeller kommt. Der ist noch ein wirklicher, in den Felsen gehauener Keller – und hier kann das Bier monatelang reifen.
Rankweil hatte früher drei Brauereien: der „Schwarze Adler" besaß einst nicht nur einen eigenen Wein-, sondern auch einen Hopfengarten – sein zwei Stock tiefer Keller soll früher durch einen Geheimgang mit der Burg verbunden gewesen sein. Die Brauerei war die Gründung eines Bozener Mechanikers, der 1860 in die Spinnerei Rosenthal gekommen war. Das Sternbräu kam 1899 an Franz Wetzel. Der gebürtige Wiener hatte in Senftenberg gelernt und war dann in den aufstrebenden Brauereien des 19. Jahrhunderts, etwa in Sofia, aber auch bei Forst in Meran und bei Huber in der Mohrenbrauerei in Dornbirn. In der Zwischenkriegszeit hatte das Sternbräu eine Erzeugung von bis zu 4000 hl gehabt (der große Gärkeller aus dieser Zeit wird heute nicht mehr genutzt) und einen bedeutenden Teil der Produktion auf Flaschen gefüllt.
Feldkirch geht auf einen karolingischen Königshof zurück, offiziell gegründet wurde es 1218 von Hugo von Montfort. Bemerkenswert ist der 1287 erstmals (dem hl. Nikolaus) geweihte zweischiffige Dom mit einer schmiedeeisernen Kanzel von 1509 (ursprünglich ein Sakramentshäuschen). Hier beginnt auch der Stadtrundgang (es gibt auch Führungen; ein mehrsprachiges Faltblatt, bei der Stadtinformation, Herrengasse 12, erhältlich, gibt aber einen ausreichenden Überblick). Der Weg führt

über Katzenturm, Churer Tor, Diebsturm und Mühletor (Teile der alten *Stadtbefestigung*) zum Marktplatz, zum Rathaus und zur *Schattenburg*. Diese größte Burg im Ländle datiert in ihren ältesten Teilen aus dem 12. Jahrhundert, ihr jetziges Bild ist aus der Zeit um 1500. Heute ist in der Burg ein *Heimatmuseum* (geöffnet täglich außer Montag) untergebracht.

Mitten in Feldkirch (das knapp vier Kilometer entfernt ist und unter anderem über den *Wanderweg Felsenau* mit sehr schönen Ausblicken erreicht werden kann) befindet sich auch ein *Wildpark* mit 24 verschiedenen Tierarten, die einst in dieser Gegend vorgekommen sind, darunter Steinböcke, Adler und Uhus.

Wo einkehren? Die Braugenossenschaft verfügt heute über kein eigenes Gasthaus mehr. Besonders gut gezapft wird das Bier in den *Altdeutschen Stuben* in Feldkirch, Walgaustraße 1 (05522 22 3 24). In Lech am Arlberg gibt es Frastanzer Bier im für seine Nouvelle Cuisine mehrfach ausgezeichneten *Gasthof Post* (05583 22 0 60).

Der früher bedeutende Markt Tirol wird von Frastanz aus zugunsten der lokalen Gastronomie eher zurückhaltend bearbeitet. In Wien ist Frastanzer Bier überhaupt nicht erhältlich, doch hat sein Ruf dazu geführt, daß sich zahlungskräftige Fans das ausgezeichnete Pils per Bahnexpreß schicken ließen.

Wien

Wo in Wien Wein zu Hause ist, ist auch Bier nicht weit

Die Bundeshauptstadt, in der heute nur mehr eine Großbrauerei steht, war früher eine Hochburg der Bierbrauer. Das Bürgerspital finanzierte sich nicht zuletzt durch seine Brauereibetriebe.
Zu wahrer Blüte kam das Brauwesen aber erst im 19. Jahrhundert, als selbst im Weinort Grinzing über 50.000 hl Bier gebraut wurden. Wein und Bier, das hat sich hier immer recht gut vertragen – und wenn die Zecher zum Heimgehen gemahnt wurden, dann klang das „Pyrglökkel“ von St. Stephan. Das war eine Glocke, die erstmals 1330 in den Heidenturm gehängt wurde. 1546 wurde eine neue, größere „Pierglokken“ gegossen, die bis 1772 in Dienst stand. Das Geläut dieser „Gurgelabschneiderin“ verkündete in Wien die „nasse Sperrstund“ – zu einer Zeit, als ein Zug am Glockenseil und nicht ein Blick auf die Uhr gemütliche Abende beendete.

Wien-Döbling
Fischer & Fischer
Ges. m. b. H.

Billrothstraße 17
1190 Wien-Döbling
31 62 64

Eigentumsverhältnisse: Privatbrauerei des Informatikers und Beiselgründers („Krah Krah", „Bierhof") Sepp Fischer
Jährlicher Ausstoß: 500 bis 800 hl
Biersorten: Vorderhand produziert Sepp Fischer nur zwei Biersorten: Das ganze Jahr über gibt es das etwa 12grädige „Fischer Helle", ein mittelgelbes, hefetrübes Bier, sehr süffig und nicht zu bitter.
Für Weihnachten und Ostern braut Fischer noch einen „Fischer Bock", über 17 Grad stark, doch nicht zu süß. Der Hopfen kommt aus der Hallertau, das Malz aus nicht näher bezeichnetem österreichischem Anbau, das Wasser aus der Hochquellwasserleitung. Fischer bezeichnet es als gewollt, daß jeder Sud etwas anders schmeckt – das mache die Individualität seiner Kleinbrauerei aus. Und er pflegt diese Individualität auch insofern, als er das Bier mit 6 Grad anstellt und auch während der Hauptgärung ständig kühl hält, sodaß der Gärprozeß acht bis neun Tage dauert.
Souvenirs: Sepp Fischer ist selbst leidenschaftlicher Sammler von Bierschildern – daß ihm Gäste die schönen Emailleschilder mit dem Fisch im Glas von der Türe geklaut haben, dafür hat er allerdings kein Verständnis. Als Andenken gibt es Bierdeckel und Gläser – da das Bier nicht in Flaschen gefüllt wird, nicht einmal Etiketten. Und so soll es auch bleiben.
Wo einkehren? Das Fischer-Bräu gibt es ausschließlich in der *Ersten Wiener Gasthof-Brauerei*, die im Sommer besonders gemütlich ist: Da kann man im schattigen Gastgarten sitzen und zu jenem Holzverschlag hinüberschauen, der einmal die Kegelbahn war: Hinter der Verglasung sieht man die Brauereieinrichtung.

Brauhaus Nussdorf

Freihofgasse 1
1190 Wien-Nußdorf
37 26 52

Eigentumsverhältnisse: Die Nussdorfer Nahrungs- und Genußmittel GmbH. ist ein Unternehmen des Physikers und Farmbesitzers Henrik Baron Bachofen v. Echt.
Jährlicher Ausstoß: 3200 hl
Biersorten: Der bierbrauende Baron Bachofen v. Echt (der sich der technisch-fachlichen Unterstützung des ehemaligen Gösser Braumeisters Otto Schmied versichert hat, wollte ursprünglich vor allem das „St. Thomas Bräu" wiederbeleben, ein Bier, das seinen Namen vom Nußdorfer Schutzpatron, dem hl. Thomas, hat. Es ist ein grobfiltriertes Bier vom Typ „Bayrisch Alt", hat 12 Grad Stammwürze, wird vom Brauereibesitzer als „spritzig mild aromatisch gehopft" bezeichnet und hat eine dunkle Bernsteinfarbe. Die mit etwa 40 Prozent am weitesten verbreitete Marke ist das „Nussdorfer Doppel Hopfen Hell", ein Schankbier mit 11 Grad Stammwürze, das seinen mild-bitteren Geschmack vom Hallertauer Hopfen bekommt.
Im „Sir Henry's English Stout" hat der Brauereibesitzer sich namentlich verewigt und sich dem irischen Vorbild des schwarzen Guinness anzunähern versucht. Es hat 13 Grad Stammwürze und wird leicht hefetrüb abgefüllt. Schließlich gibt es noch ein 13,8 Grad starkes „Nussdorfer Old Whisky Bier", ein filtriertes Bier, das leicht an das rauchige Aroma des Scotch erinnert.
Alle Biere aus Nußdorf werden aus Wiener Hochquellwasser gebraut und mit obergäriger Hefe, die eigens in Weihenstephan gezogen wird, bei 20 Grad Celsius drei Tage lang vergoren und sechs Wochen nachvergoren.
Souvenirs: Wer Souvenirs vom Nussdorfer (in Schreibung der Zeit von 1938 bis 45: „Nußdorfer") Brauhaus sammelt, bekommt darin Konkurrenz in der Person des Besitzers, der „alles sammelt, was mit Bier zu tun hat". Und der Sammler gerne unterstützt, sofern sie für die Objekte

ihrer Sammelleidenschaft auch den (Selbstkosten-)Preis zu bezahlen bereit sind. Die feilgebotene Kollektion reicht von Bierbechern über die mit allerlei historischen Anmerkungen versehene Speisekarte zu Kristallgläsern und Tonhumpen mit Kaiseradler sowie Spielzeug mit dem Brauereisignet.

Geschichte: Der Nussdorfer Freihof wurde erstmals 1346 erwähnt – als eine von steuerlichen Pflichten befreite Besitzung des Stiftes Altenburg. Diesem gehörte er bis 1788. In den folgenden Jahren war er sogar einmal Quartier des Wien belagernden Kaisers Napoleon. Auf der anderen Seite kämpfte der österreichische Schiffsbaumeister Mathias Feldmüller – dessen Tochter sich später, beim Wiener Kongreß, in den bayerischen Brauerssohn Franz Xaver Bosch von Wallerstein verliebte. Der übersiedelte nach Nußdorf und richtete eine Brauerei ein.
Das war 1819, in einer Zeit, in der das Brauwesen gute Konjunktur hatte: Eine Regierungsverordnung vom 21. November 1815 hatte die „Braugerechtigkeit“ vom bisher nötigen Nachweis des fachlichen Könnens befreit. Das „St. Thomas-Bräu“ hatte also wohl aus Bayern importierten technischen Vorsprung gegen die Biere des beginnenden Industriezeitalters. Sein Originalrezept ist allerdings nicht mehr erhalten. Sicher ist nur, daß es sehr dunkel war und aus Plutzern getrunken wurde. Wie diese Gefäße genau ausgesehen haben, ist leider auch nicht mehr mit Sicherheit festzustellen.
Sicher ist allerdings, daß in unmittelbarer Nachbarschaft eine Salmiakfabrik eingerichtet war – für die aus den damals noch nicht an die Kanalisation angeschlossenen Bierwirtshäusern der Umgebung täglich 150 Eimer Urin als Grundstoff gesammelt wurden.
Die Tochter des Besitzers der Nussdorfer Brauerei, Albertine, wurde 1859 die Gattin des preußischen Leutnants Karl Adolf Freiherr Bachofen von Echt. Damals lag der Ausstoß bei 55.682 hl. Der Preuße übernahm die Nussdorfer Brauerei und wurde sogar Bürgermeister des Dorfes – bis dieses 1891 der Reichshauptstadt Wien eingemeindet wurde. In jenem Jahr hatte sich der Nußdorfer Ausstoß auf 154.440 hl eingependelt. 1897 wurde die Brauerei Nussdorf Hoflieferant, und Bachofen v. Echt führt noch heute stolz die Bezeichnung des k&k Hofbrauers, ein Titel, dessen kein anderer Brauer für würdig befunden worden war. Aus dem Besitz der Weingroßhandlung Chamrath und Luzano kam der Freihof 1903 an die Brauerei, die bis 1950 bestand. Zuletzt hatte sie nur noch 42.000 hl Ausstoß.

Die Aktiengesellschaft wurde mit der Schwechater AG fusioniert, die Einrichtung bildete ab 1953 den Grundstock der Brauerei Agudos in Brasilien, die heute 3,5 Millionen hl ausstößt.
Im Freihof – genau genommen: in den ehemaligen Stallungen für die Treidelpferde, die die Schiffe die Donau hinaufziehen mußten – wurde 1984 ein neues Brauhaus eingerichtet.
Bachofen von Echt hatte damit knapp die Nase vorn: Im Jahr darauf richtete Fischer seine „Erste Wiener Gasthof-Brauerei", zwei Kilometer stadtwärts in der Billrothstraße ein. Fischer wählte dazu ein altes Gasthaus, in dem sich bis 1920 ein mit Blockeis gekühltes Depot der Liesinger Brauerei befunden hatte.
Sehenswürdigkeiten und Ausflüge: Wenn man von der Einrichtung der Hausbrauereien und dem alten Stammhaus der Nussdorfer Brauerei in der Hackhofergasse 9 (die Fassade von 1830 ist mit Reliefs, die an das Bierbrauen erinnern, verziert) absieht, wird man in der Umgebung wenig „Bieriges" finden.
Denn Wiens 19. Bezirk ist eine Weingegend. Gleich neben dem Altenburger Freihof, der heute die Nussdorfer Brauerei beherbergt, beginnen die Weingüter – und die haben seit jeher Wien-Besucher und Künstler angezogen. In der Hackhofergasse steht auf Nummer 18 das *Schikanederschlössel*, selbst ein ehemaliger Freihof, der von 1803 bis 1812 dem Theatermacher Emanuel Schikaneder gehörte und von 1932 bis 1944 vom Operettenkomponisten Franz Lehár bewohnt wurde. Gegenüber (Hackhofergasse 18) liegt der *Zwettlhof*, Freihaus des Stiftes Zwettl seit mindestens 1327, heute ein Nobelheuriger des Schottenstiftes – im ersten Stock finden sich hübsche Dekorationen aus dem späten 18. Jahrhundert.
Die Zahnradbahnstraße, gleich ums Eck, erinnert daran, daß direkt vor der alten Brauerei von 1874 bis April 1922 eine Eisenbahn über Grinzing auf den *Kahlenberg* schnaufte und jährlich bis zu 190.000 Besucher auf den Aussichtsberg brachte. Einige Kilometer stadtauswärts hatte es von 1873 bis 1876 eine Standseilbahn gegeben, die in ihrem besten Jahr sogar 300.000 Ausflügler beförderte – zu einer Zeit, als solche Fahrten noch wirklichen Luxus darstellten. Heute fährt man üblicherweise mit dem Auto oder dem Bus über die 1934/35 vom austrofaschistischen Regime errichtete *Höhenstraße*, die die hübschen Weinbauerndörfer des Stadtrandes arg mit Verkehr belastet hat – übrigens auf Wunsch der Weinbauern, die seinerzeit gefürchtet hatten, die Straße könne das zahlungskräftige Publikum an ihnen vorbeiführen.

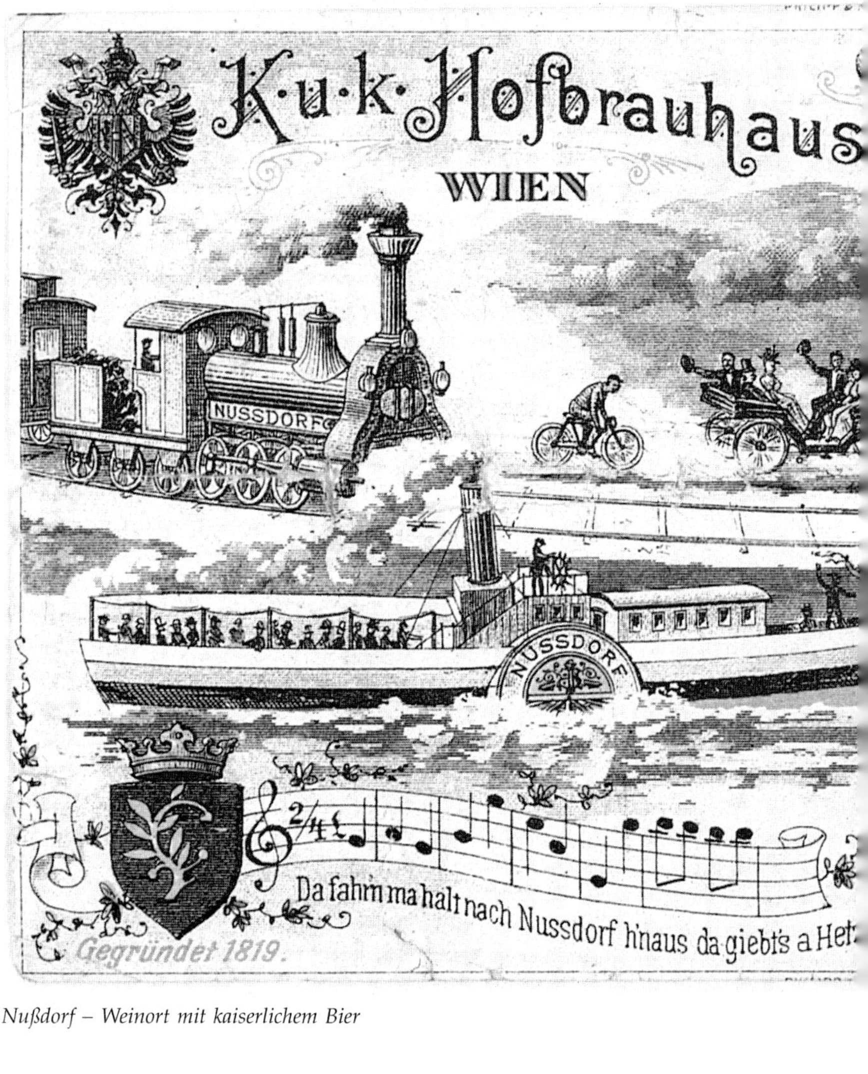

Nußdorf – Weinort mit kaiserlichem Bier

Wo einkehren? Etwa ein Drittel des Nussdorfer Bierausstoßes wird im mit alten Bierschildern geschmückten und mit einem kleinen Garten ausgestatteten *Brauhaus Nussdorf* (Eingang in der Heiligenstädter Straße 205 b, 37 21 07) selber gezapft. Dazu wird Hausbrot, Bier-

kraut, ein „Bräuhaus-Topf" oder Blunzengröstl gereicht. Nussdorfer Biere gibt es aber auch in *Hanifls Beisl* (1040, Lambrechtgasse 9, 56 31 60) und im gehobenen Feinkosthandel, unter anderem Julius Meinl am Graben.

Wien-Ottakring Ottakringer Brauerei Harmer AG

Ottakringer Straße 91
1160 Wien
49 10 00

Eigentumsverhältnisse: Aktiengesellschaft, vorwiegend in Familienbesitz der Familie Harmer, etwas Streubesitz
Jährlicher Ausstoß: 425.000 hl
Biersorten: „Goldfassl" ist seit 1967 zu einem Synonym für Ottakringer Bier geworden, wobei damit zunächst das „Goldfassl Spezial" gemeint ist: ein kräftiges 13,4grädiges Bier, das so recht nach dem Geschmack der sechziger Jahre war und sich gegenüber den damals vorherrschenden Märzenbieren durchsetzen konnte. Sein Name ist – ebenso wie das zugehörige stilisierte Faß – ein Hinweis auf ein Biergasthaus „Goldenes Fassel" am Linienwall. In diesem soll bis 1865 tatsächlich ein überdimensionales Bierfaß (eine Nachbildung des Heidelberger Fassels) gestanden sein.
Als die zweite Goldfassl-Kreation auf den Markt kam, 1977, war von den Eichenfässern, in die das „Goldfassl Spezial" einst gefüllt wurde, schon keines mehr da: Das „Goldfassl Pils" war damals mit 11,3 Grad Stammwürze eines der leichtesten Biere auf dem Markt – es bekam die phantasievolle Bezeichnung „garantiertes Schankbier" aufgedruckt. Seine kräftige Hopfung war für die Wiener zunächst ungewohnt. Ein Erfolg wurde es jedenfalls. Und Braumeister Heinz Schurz, der diesen Posten 1968 unmittelbar von seinem Vater übernommen hatte, führt diesen Erfolg vor allem auf die zweimonatige Lagerung zurück: „Qualität läßt sich nicht hetzen."
Schon gar nicht, wenn es um ein Bockbier geht: Das ist in Ottakring 17,1 Grad stark, etwa so gehopft wie das „Spezial", aber entsprechend voller und ein wenig süßlich. Es lagert rund fünf Monate in den 1989 neugebauten Lagertanks. Die hochpreisigen Bierspezialitäten werden neuerdings in elegante grüne Flaschen mit hohem Hals abgefüllt.

Neben diesen Spezialitäten hält sich (mit über 40 Prozent Anteil) das „Ottakringer Helle", ein 12,1grädiges, sehr süffiges Lagerbier, das nunmehr ebenfalls in der Ottakringer Schulterflasche und in Dosen auf den Markt kommt. Abgerundet wird das Programm noch durch das „Ottakringer Dunkle", das sehr schwach gehopft ist und bei 13,4 Grad Stammwürze nur 3,2 Prozent Alkohol hat – es ist entsprechend mild und süßlich.
Nicht süß wie andere Braunbiere, sondern süffig und unaufdringlich herb ist das „Ottakringer Braune", eine Gastronomiespezialität im Faß.
Alle Biere werden mit (enthärtetem) Wiener Hochquellwasser gebraut, dazu wird Gerste aus Niederösterreich, etwas Rohfrucht und Hopfen verwendet, den Schurz an Ort und Stelle in Saaz, in der Hallertau und im Mühlviertel auswählt.
Während rund um das 150-Jahr-Jubiläum der Ottakringer Brauerei das Sudhaus erneuert und die Gär- und Lagerkeller in Form zylinderkonischer Tanks erneuert wurden, wurde im ungarischen Martfü eine Lizenzbrauerei errichtet, die bereits deutlich über 100.000 hl „Goldfassl" für Ungarn herstellt.
Aus Ottakring kommen übrigens nur untergärige Biere: Das unter dem Namen „Ottakringer Weiße" vertriebene Bier ist aus der bayrischen Brauerei EKU in Kulmbach (berühmt für den 28grädigen „Kulminator") importiert.
Souvenirs: Ottakringer hat in den letzten Jahren verschiedene Glasformen – hauptsächlich solche, die sich nach oben verjüngen – eingesetzt. 1987 hat es Jubiläumsbier in eigens gepreßte Flaschen mit Doppeladler gefüllt.
Geschichte: Der sechzehnte Wiener Gemeindebezirk entstand 1892 aus den früheren Vororten Ottakring und Neulerchenfeld. Der Lokalhistoriker Franz Gaheis hatte die Gegend um 1800 als „des Heiligen Römischen Reiches größtes Wirtshaus" bezeichnet: Von damals 150 Neulerchenfelder Häusern besaßen 102 die Schankgerechtigkeit! Die Wirtshausnamen reichten von der „Schönen Schäferin", einem „Weißen", „Schwarzen" und „Goldenen Ochsen", „Zur Heiligen Dreifaltigkeit" und zum „Bierwagen".
1837 wurde die Plankche (=Ottakringer) Brauerei gegründet. Der Müllermeister Heinrich Plank aus Rannersdorf hatte von der Stiftsverwaltung Klosterneuburg die Baubewilligung erhalten und 1838 bereits zu brauen begonnen. Ab 1850 wurde die Brauerei von Ignaz und Jakob Kuffner (die aus einer durch Branntweinherstellung und Brauereibe-

trieb reich gewordenen Lundenburger Familie stammten) zu einem Großbetrieb ausgebaut – unter anderem, indem eine Spiritus- und Preßhefefabrik angegliedert wurde.
Die Ottakringer Brauerei hat als einzige von 44 Brauereien, die es in der ersten Hälfte des vorigen Jahrhunderts in Wiens Vororten und Vorstädten gegeben hat, die Umstellung zu industrieller Produktionsweise geschafft – und das in einer Gegend, die eher als Weinbaugebiet gilt.
Ignaz Kuffner hat diesen Erfolg nicht nur durch Geschäftstüchtigkeit erreicht. Er war mehr als ein „Bierbaron" (das Adelsprädikat wurde ihm am 6. Mai 1878 verliehen), sondern auch ein Wohltäter. Und Politiker dazu: Von 1869 an war er zwei Amtszeiten lang Ottakringer Bürgermeister.
Während heute die Brauereien hauptsächlich von Feuerwehren und Kulturvereinen angesprochen werden, wenn es um Spenden geht, so erwartete man zu jener Zeit auch ganz offiziell, daß der Brauherr die Spendierhosen anhat. Sie hatten auch meist – aber bei vielen ging die Großzügigkeit an die Substanz. Beim Besitzer der Ottakringer Brauerei war das nicht zu befürchten: Ihm gelang es, von 1850 bis 1860 den Ausstoß von 18.318 hl auf 64.183 hl zu steigern, im nächsten Jahrzehnt erreichte man 116.641 hl, bis 1890 pendelte sich der Ausstoß zwischen 160.000 und 175.000 hl ein. Da blieb genug übrig, um ein Lazarett zu finanzieren, den Armen der Gemeinde Holzdeputate einzuräumen und der Kultusgemeinde Grund für eine Synagoge (Hubergasse 8, errichtet von Ludwig Fischer, zerstört von Wiener Nazis in der „Reichskristallnacht") zu schenken und schließlich der Gemeinde einen zinsenfreien Kredit von 7000 Gulden zu gewähren (das entspricht etwa 700.000 Schilling heutigen Geldes).
Als Ignaz Kuffner, der auch Teilhaber der Hernalser Brauerei „Kuffner & Redlich" war, am 23. März 1883 starb, hinterließ er seiner Tochter Katharina 1,2 Millionen Gulden und ein Haus in der Stadiongasse, seiner Frau 200.000 Gulden und eine Jahresrente von 10.000 Gulden und seinem Sohn Moritz die Brauerei, Industriebeteiligungen und Güter in Ungarn und Mähren.
Zu dieser Zeit war Ottakring bereits ein aufstrebender Industriestandort. Neben dem inzwischen berühmten Bier kam hier ein noch bekannteres Produkt her: Perlmuttknöpfe. Allein die USA importierten 1890 von dieser nur in Ottakring in Spitzenqualität hergestellten Ware um 2,119.369 Dollar. Ein bedeutendes Geschäft für die Monarchie – noch

Kuffners Biergeschäft finanzierte Wohltätigkeit

1918 gab es in Ottakring 98 Knopfhersteller, einer davon ist heute unmittelbarer Nachbar der Brauerei. Knöpfe und Bier haben viel miteinander zu tun: Denn es war eine staubige Arbeit, das „Helle" aus der nahen Brauerei oft die einzige Freude im Leben der Knopfdrechsler, die mit Tagelöhnen von 1 Gulden und 20 Kreuzern auskommen mußten.

Die soziale Situation war gerade in diesem Arbeiterviertel schlimm – den Brauereiarbeitern ging es auf Grund freiwilliger Sozialleistungen wie der ersten Betriebsküche Ottakrings besser. Und so ist auch der (im übrigen erfolglose) Ottakringer Bierboykott vom Oktober 1911 zu verstehen.

Er stand in Zusammenhang mit den Teuerungsdemonstrationen vom 17. September 1911, als das Militär gegen die Arbeiterschaft losgelassen wurde. Es gab drei Tote in Ottakring. Die Sozialdemokraten, mehr Biertischredner als Revolutionäre, beschwichtigten ihre Leute, und die Unternehmer erhöhten weiter die Preise. Auch für das Bier – die Konsumentenmacht reichte nicht aus, die Preiserhöhung rückgängig zu machen.

Der Bierausstoß hatte sich glänzend entwickelt: Von 165.300 hl im Jahr der Übernahme durch Moritz Kuffner 1883 auf 351.550 hl im letzten Vorkriegsbraujahr.

Dieses Niveau wurde erst in den achtziger Jahren wieder erreicht. Im Ersten Weltkrieg sank die Produktion auf 77.795 hl dünnen Kriegsbiers, erholte sich bis 1929 auf 274.184 hl und ging in der folgenden Wirtschaftskrise wieder zurück: 1937 wurden nur 85.744 hl gebraut – und die Zeiten wurden immer schlechter. Weniger für die Brauerei als für ihren 84jährigen Eigentümer: Er war Jude und paßte so recht ins Feindbild der Nazis.
Noch vor dem Anschluß versuchte er, Teile seiner Betriebe zu Geld zu machen. Gustav Harmer, Preßhefe- und Spiritusfabrikant in Spillern bei Stockerau, der Vater des heutigen Aufsichtsratsvorsitzenden, war an Kuffners Hefefabrik interessiert. Der deutsche Einmarsch machte das Geschäft dringlich, und Harmer kaufte die Brauerei in Bausch und Bogen um 14 Millionen Schilling (was nach heutigem Wert 400 Millionen Schilling wären).
Bald stieg die Ausstoßzahl (auf 265.636 hl im Jahr 1943) – aber das Bier wurde immer dünner: In großer Zeit wurde „Feldbier" gebraut, ein 10grädiges Bier, dessen Würze neben Malz und Hopfen aus eigenem Anbau in Spillern auch ostpreußische Molke zugesetzt wurde. Dann wurde das Ganze noch mit Wasser verschnitten, was ein 2,5grädiges Gesöff ergab.
Selbst den Russen, die die Brauerei 1945 besetzten, war der Trunk zu schlecht, sie salzten ihn. Die Familie Harmer wurde für zwei Jahre vertrieben, im Betrieb 9grädiges NAAFI-Bier (für die englische Besatzungsmacht) und, wie schon im Krieg, „Gösser" Bier im Lohnbrauverfahren gebraut.
Nachdem sie die Erben des 1939 im Zürcher Exil verstorbenen Moritz von Kuffner mit weiteren 14,8 Millionen (heutiger Wert: 130 Millionen) Schilling abgefunden hatten, kehrten die Harmers in den treuhändisch verwalteten Betrieb zurück und bauten ihn zielstrebig zur größten Brauerei Wiens aus: 1949 gab's wieder Vollbier (und sogar einen Weihnachtsbock) – insgesamt 106.043 hl.
Zuletzt wurde sogar die seit 1928 zur Brau-AG gehörende Liesinger Brauerei (die 1974 stillgelegt wurde) überflügelt. Am 1. Juli 1977 scherte Ottakringer aus dem Bierkartell aus, was dessen Ende beschleunigte.
Sehenswürdigkeiten und Ausflüge: Die Ottakringer Brauerei kann von Gruppen besucht werden, jährlich kommen etwa 25.000 Besucher. Sie bekommen neben den modernen, aber optisch wenig attraktiven Gärkellern ein *Sudhaus* zu sehen, das eine Verbindung der modernen

technischen Erfordernisse mit der Tradition darstellt: Die alten Kupfergeräte wurden, obwohl außer Betrieb, stehen gelassen.
Schon von außen ist der *Malzturm* zu sehen. Er ist bis heute ein Wahrzeichen dieser im Zuge der Industrialisierung entstandenen Rasterbauweise dieses Arbeiterbezirks geblieben. Der etwa 30 Meter hohe Bau erhebt sich achteckig über einem rechteckigen (7,5 mal 8,5 Meter) Grundriß. Die Malzdarre funktionierte nach folgendem Prinzip: Die Gerste wurde im Keller eingeweicht, begann zu keimen und wurde nach mehrmaligem Wenden in einem Aufzug in die oberste Etage unter die das Gebäude überragende Rauchhaube gebracht, von wo das trocknende Grünmalz durch verschiedene Klappen auf die darunterliegenden eisernen Darrböden gebracht wurde.
Franz Neumann jun., der Architekt der Malzdarre, errichtete 1887 auch das gegenüber der Fabrik liegende späthistoristische *Palais* für die Familie Kuffner – in Kuffners Haus verkehrten Hochadel und Klerus ebenso wie etwa der Arbeiterführer Albert Sever.
Moritz Edler von Kuffner hatte noch einen dritten Großauftrag für den Ringstraßenarchitekten: Am Stadtrand, in der Waldstraße (heute: Johann Staud-Straße) wurde von 1884 bis 1886 ein Observatorium, die

Fährt nur noch zu Werbezwecken: Bierwagen

Kuffner-Sternwarte errichtet, die schon bald der Universitätssternwarte Konkurrenz machte. Sie ist noch heute ein vielbesuchtes Objekt der Volksbildung.
Im Vorhof steht übrigens eine der wenigen Gedenktafeln, die an den von Nazis ermordeten austrofaschistischen Bundeskanzler Engelbert Dollfuß erinnern. Den Platz vor der Sternwarte hat sie 1969 unter anderem deshalb, weil die Sternwarte von den Nazis als Parteibüro mißbraucht worden war.
Kuffner hatte auch dazu beigetragen, daß die Arbeiterheime Favoriten und Ottakring errichtet werden konnten: Er gab großzügigen Kredit gegen das Versprechen, in den Heimen nur Ottakringer Bier auszuschenken: Das *Arbeiterheim Favoriten* (1100, Laxenburger Straße 8–10) ist, obwohl 1903 und 1933 Austragungsort der SP-Parteitage, heute als Hotel- und Geschäftsgebäude in Verwendung, an das *Arbeiterheim Ottakring* (1160, Kreitnergasse 29–33) erinnert nur mehr eine Gedenktafel – es wurde von Soldaten der Dollfußregierung am 13. Februar 1934 durch Artilleriefeuer zerstört.
Das soziale Engagement der Kuffners wurde von der heutigen Brauereibesitzerfamilie Harmer weitergepflegt: Gustav Harmer, der Aufsichtsratsvorsitzende ist ein Förderer des WWF und hat diesem 1989 bei der Beschaffung von Flächen am südlichen Donauufer, zwischen Haslau und Wildungsmauer, geholfen: Harmers Bürgschaft über 73 Millionen Schilling gilt als wesentlicher Beitrag, daß östlich von Wien der *Nationalpark Donau-March-Thaya-Auen* aufgebaut werden kann.
Wo einkehren? Ottakringer Bier ist in Ostösterreich weit verbreitet, speziell gezapft wird es jedoch in den zusammengehörenden Innenstadtlokalen *Bierhof* (533 44 28) und *Hopferl* (533 26 41), die der Bierliebhaber Sepp Fischer quasi als Ersatz für eine Braugaststätte führt. Es handelt sich bei den Lokalitäten um die ehemaligen Geschäftslokale der Bäckerei Fritz im Dreifaltigkeitshaus, Naglergasse 13. In den beiden Lokalen gibt es auch Spezialitäten wie das „Ottakringer Braune“ oder Zwickl-Biere von Ottakringer.

Wien – Penzing
Medl-Bräu

Linzer Straße 275
1140 Wien
94 43 40

Eigentumsverhältnisse: Die „1. Penzinger Gasthofbrauerei" gehört dem gelernten Fleischhauer Johann Medl.
Jährlicher Ausstoß: 600 hl
Biersorten: Braumeister Walter Fetter bezieht das Malz von der Stadlauer Malzfabrik, den Hopfen aus der Hallertau und das Wasser kommt aus der Leitung: Wiener Hochquellwasser.
Daraus braut er ausschließlich naturtrübe Biere: Das „Medl Märzen", ein kräftiges, rotbraunes und rundes Bier. Das „Medl Pils" ist eher mild und erst im Abgang bitter. Das „Doppelmalz" ist entgegen dem österreichischen Geschmack fruchtig-bitter, von mittelbrauner Färbung und mit leichtem Kaffeegeruch, der beweist, daß die Farbe tatsächlich von hochgedarrtem Malz kommt. Schließlich gibt es noch – vom 1. Adventsonntag bis Weihnachten – ein kräftiges „Bockbier".
Souvenirs: Vom Medl-Bräu gibt es Biergläser und Bierdeckel. Das Bier kann in bauchigen 2-l-Flaschen (den gleichen, die in der „Ersten Steirischen Gasthausbrauerei – Johannesbräu" in Verwendung sind) mitgenommen werden.
Geschichte: Das Medl-Bräu ist mit seinem Eröffnungsdatum Juni 1989 eine der jüngsten Braustätten Österreichs: „Alles ist möglich", hatte sich der plötzlich zu Geld gekommene Brauereibesitzer gedacht und sich seinen Jugendtraum von der eigenen Brauerei erfüllt.
Sie steht – wie alle Wiener Brauereien – auf einem Grund, der historisch eher mit Wein zu tun hatte. Penzing (wahrscheinlich die Gründung bajuwarischer Wehrbauern unter Führung eines Mannes namens Benzo) und dessen Bezirksteil Baumgarten waren bis zum Bau der Westbahn (1856–1858) Agrarland. Neben der heutigen Gasthofbrauerei befand sich der „Münnichshof" (= Mönchshof), Verwaltung und Presse eines Weingutes.
Die Geschichte des Weines und des Bieres in Österreich laufen 1784 zusammen, an jenem 17. August, an dem Joseph II. das Circulare erließ, auf das die Weinbauern noch heute pochen, wenn sie einen Buschen

ausstecken und ihren eigenen Wein ausschenken. Im selben Dokument wurde erklärt: „Wir verbieten hiermit allen Grundobrigkeiten, ihren Untertanen unter was immer für einem Namen und Vorwande, Lebensmittel oder Getränke zum Kaufe, Verkaufe oder Ausschanke aufzudringen." Damit fiel nicht nur der Zwang, der eigenen Gutsherrschaft Wein abzukaufen, sondern auch der Tavernenzwang beim Bier. Bis dahin hatten Pfarrhöfe und Gasthäuser – soweit vorhanden – Bier von der jeweiligen geistlichen oder weltlichen Herrschaft abnehmen müssen, was die Konkurrenz hemmte und der Qualität abträglich war: Da die gewerblichen Brauereien andererseits durch eine 1794 erlassene Verordnung vor der Konkurrenz durch bäuerliche Brauereien geschützt wurden, nahmen sie einen großen Aufschwung.

Auch im heutigen Penzing gab es eine bedeutende Brauerei. Die Hütteldorfer Brauerei war aus einer Mühle hervorgegangen, die bereits 1599 die Braugerechtigkeit besessen hatte. Dieser bedeutende Vorläufer der heutigen Gasthausbrauerei war 1619 und 1622 Lieferant von 17 Eimer Bier an das Wiener Bürgerspital.

Das Brauhaus wurde im Türkenkrieg von 1683 zerstört, wiederaufgebaut und mehrfach (1732, 1791 und 1835) wesentlich erweitert. Johann Gabriel Seidl empfand sie 1826 als „eine der ansehnlichsten" Bierbrauereien in Niederösterreich. Denn Hütteldorf gehörte noch lange nicht zur Stadt Wien – und auch diese Tatsache hat zum Aufschwung der Brauerei beigetragen.

In Wien, auch im bis etwa zum heutigen Gürtel reichenden Wien nach der Schleifung der Stadtmauer, galten nämlich höhere Verzehrsteuersätze als in Niederösterreich – und die Wiener kamen gerne über den Linienwall, um „draußen" zu schmausen und zu bechern. Hütteldorfs Brauerei war dafür besonders beliebt: Erstens hatte sie schon in den dreißiger Jahren des vorigen Jahrhunderts, noch vor Drehers Brauerei in Klein-Schwechat, ein untergäriges Märzenbier anzubieten. Zweitens konnte sie mit dem Zeiserlwagen, einem öffentlichen Verkehrsmittel mit beschränktem Komfort (und auf vier Kilometer ab Liniengrenze beschränkter Reichweite) erreicht werden. Die Hütteldorfer Brauerei hatte bereits im Revolutionsjahr 1848 29.822 hl Ausstoß – sie war damit die sechstgrößte im (heutigen) Wiener Stadtgebiet.

Die Brauerei gehörte ab 1845 Anton Bergmiller, „Stellfuhrinhaber und Gutsbesitzer", der 1851 bis 1862 auch erster Bürgermeister von Hütteldorf war. Obwohl die Zahl der Konkurrenten immer kleiner wurde (so sperrte 1859 die kleine Penzinger Brauerei zu) wurde der Wettbewerb

Penzing hat Biertradition: Hütteldorfer Biergarten

immer schärfer. Obwohl die Brauerei unter Bergmiller bereits eine Lagerkapazität von 80.000 Eimern gehabt haben soll (das wären zwei Drittel des Jahresausstoßes) konnten erst seine Erben den Anschluß an die Großen der Branche wiederfinden: Von 62.178 hl im Jahr 1862 stieg der Ausstoß bis 1873 auf 222.854 hl, damit war man an die dritte Stelle nach St. Marx und Liesing (und vor Ottakring) aufgerückt.

Die großen Zeiten der Hütteldorfer Brauerei-Aktiengesellschaft dauerten bis zum Weltkrieg. 1928 fusionierte sie mit St. Marx (das seit 1917 stillstand), Simmering (das von 1917 bis 1927 stillgestanden war und 1930 endgültig zusperrte) und einigen anderen, um schließlich in der „Mautner-Markhof Brauerei Schwechat" aufzugehen. Der Braubetrieb in Hütteldorf endete 1932, die Gebäude fanden nach dem Zweiten Weltkrieg Verwendung als Aufnahmelager für Heimkehrer.

Sehenswürdigkeiten und Ausflüge: Das ehemalige *Fuhrwerkerhaus*, in dem die Gasthofbrauerei untergebracht wurde, ist typisch für die Gewerbe an der ehemaligen Hauptverkehrsstraße nach Linz. Sie führte vom Gürtel durch mehr oder weniger locker verbautes Gebiet – in der Umgebung der heutigen Braustätte erstreckten sich bis etwa 1870 ausgestreckte Weinberge, die zum bayrischen Benediktinerstift Formbach

am Inn gehörten. *Mosaike* von Georg Samwald an Häusern der Nachbarschaft (Kefergasse 7, Linzer Straße 285) erinnern an diese Geschichte.
Im Inneren der Gasthofbrauerei wurde alles neugestaltet, in rustikalem Stil. Mitten im Gasthof steht ein Kastanienbaum, Treppen und die Unterteilung in mehrere Gastzimmer unterstreichen den intimen Charakter des Lokals. Nur ganz vorne, wo rechter Hand die *kupferne Brauereieinrichtung* steht, wird ein bißchen der Eindruck einer Stehbierhalle vermittelt.
Penzing verfügt über drei für Bierliebhaber interessante Museen: Das *Technische Museum* (Mariahilferstraße 212, 83 36 18, 19) zeigt auch die Technologie des Bierbrauens. Dort steht ein Modell einer Steinbierbrauerei und die erste Lindesche Kühlmaschine, konstruiert für die Brauerei Dreher. Das *Bezirksmuseum* (Penzinger Straße 59) mit seinem angeschlossenen Ziegeleimuseum (geöffnet Sonntag vormittags) dokumentiert auch die Hütteldorfer Brauerei. Und schließlich das kleine *Spielkartenmuseum Piatnik* in der Hütteldorfer Straße 227 (Anmeldung unter 94 41 51 notwendig).
Der Name des Ortsteils Baumgarten (er hat übrigens nichts mit dem Baumgartner Bier aus Schärding zu tun) wird in Wien mit dem Standort der Nervenheilanstalt Baumgartner Höhe assoziiert. Sie war eine Planung des gebürtigen Penzingers Otto Wagner – von ihm selbst stammt nur die Kirche. Sie ist (da die Anstalt ursprünglich niederösterreichisch war) dem hl. Leopold geweiht, den Wienern aber nur als *Otto-Wagner-Kirche* bekannt. Die Kirche ist das sakrale Hauptwerk des Wiener Jugendstils, die Fenster stammen von Kolo Moser und die Altarmosaike von Rudolf Jettmar.
Wo einkehren? Das Medl-Bräu ist nur in der *Gasthofbrauerei* erhältlich. Diese ist – außer in den späten Nachmittagsstunden, wenn aufgesperrt wird – immer gerammelt voll. Tischbestellungen – auch für den Gastgarten, in dem an schönen Sonntagvormittagen Frühschoppen stattfinden –, sind bis zu zwei Wochen vorher nötig.

Zum Weiterschmökern

BRACHER, Karl: „Stift Göss Geschichte und Kunst", Historischer Verein für Steiermark, Graz 1966

BRODSCHILD, Renate: „75 Jahre 1. Obermurtaler Brauereigenossenschaft, Murau 1985

BÜTTNER, Rudolf: „St. Pölten als Standort industrieller und großgewerblicher Produktion seit 1850", Magistrat der Stadt St. Pölten, 1972

CORTOLEZIS, Candidus: „Steirische Kostbarkeiten", Verlag „Die Steirische", Graz 1988

DINKLAGE, Karl: „Geschichte der Villacher Brauerei", ungedrucktes Manuskript, datiert Klagenfurt 1959

EPPEL, Franz: „Das Waldviertel", Verlag St. Peter, Salzburg 1963

EULER, Bernd: „Schloß Weinberg – Bau- und Kunstgeschichte", in: „Das Mühlviertel", Katalog zur Oberösterreichischen Landesausstellung, Linz 1988

FORSTHUBER, Gerhard: „Von der Salzstraße zur Schienenbahn", Jahresgabe der Chemie Linz, Linz 1987

KATZER, Ernst, und STUNDNER, Franz: „Piesting im Wandel der Zeiten – 450 Jahre Marktwappen", Wiener Neustädter Verlag, Piesting 1979

KAUFMANN, Sepp: „Halleiner Heimatbuch", Klagenfurt 1951

KLUSACEK, Christine: „Des Heiligen Römischen Reiches größtes Wirtshaus", in: „Wien Aktuell Wochenblatt", 24. 1. 1985

KNITTLER, Herbert: „Dominium und Brauhaus – Herrschaftliche Bierbrauerei als vorindustrielles Gewerbe", undatiertes und ungedrucktes Manuskript

KREPP, Ferdinand, und PETZELBAUER, Wolfgang: „Dokumentation über die Geschichte der Brauerei Schwechat", ungedrucktes Manuskript, Wien 1987

KRETSCHMER, Helmut: „Wiener Bezirkskulturführer XIX. Döbling", Jugend und Volk, Wien 1982

KREUZER, Franz: „Was wir ersehnen von der Zukunft Fernen", Kremayr & Scheriau, Wien 1988

KYSELAK, Joseph, und GEHMACHER, Ernst: „Zu Fuß durch Österreich", Verlag Fritz Molden, Wien 1982

LEDERHILGER, Walter (Hg.): „50 Jahre Stadt Hainfeld", Hainfeld 1978

LUKAN, Karl: „Das Waldviertelbuch", Jugend und Volk, Wien–München 1982

LUKAN, Karl: „Weißer Stein und Rotes Türl", Jugend und Volk, Wien–München 1988

MAUTHE, Philipp, und TRUMLER, Gerhard: „Niederösterreich – Portrait einer Industrielandschaft", Verlag NÖ Pressehaus, St. Pölten 1986

MAYERHOFER, Leopold M. (Hg.): „Rund ums Bier", Festschrift 85 Jahre KÖStV Waldmark, Horn 1989

MOSER, Reinhold: „Mit offenen Augen durch Hallein", Eigenverlag, Hallein 1981

MUNGENAST, Franz: „Naturlehrpfad Starkenberger See", Landesforstdirektion Tirol, Imst 1988

PICHLER, Isfried H.: „Geschichte der Stiftsbrauerei Schlägl", Schlägl 1976

PIZZININI, Meinrad: „Lienz – Das große Stadtbuch", hg. von der Stadt Lienz.

PROMINTZER, Josef: „300 Jahre Brauhaus Schwechat", Wien 1932

PROMINTZER, Josef: „Schwechater Lager", Wien im Kriegsjahr 1941

SANDGRUBER, Roman: „Biedermeier-Genüsse. Vom Bier zur Vergnügungsreise", in: „Bürgersinn und Aufbegehren", Ausstellungskatalog, Wien 1987

SCHALLERT, Elmar: „Führer durch das Museum der Stadt Bludenz", Bludenz 1978

SCHMIDL, Monika: „Überblick über die österreichische Währungs- und Münzgeschichte", in: „Unser Währing", 24. Jg., 1989, 2./3. Heft

SCHOBER, Friedrich: „Bräu-Commune in Freistadt", in: Mühlviertler Heimatblätter 4/80

SINZ, Herbert: „Das Handwerk", Econ, Düsseldorf und Wien 1977

STIMMER, Kurt: „Die Arbeiter von Wien", Jugend und Volk, Wien 1988

STÖCKL, R.: „Die Entwicklung der Grazer Brauhäuser", in: „Blätter für Heimatkunde", 29. Jg., Heft 2, Graz 1955

WAGNER, Christoph: „Das große Buch vom Bier", Verlag Christian Brandstätter, Wien 1984

WAGNER, Christoph: „150 Jahre Ottakringer Brauerei", Wien 1987

WEHDORN, Manfred, und GEORGACOPOL-WINISCHHOFER, Ute: „Baudenkmäler der Technik und Industrie in Österreich", Band 1, Böhlau, Wien 1984

WEISGRAM, Wolfgang (Hg.): „LandBuch Niederösterreich", Falter-Verlag, Wien 1985

WEISS, Walter: „Die letzten Paradiese Österreichs", Edition S der Österreichischen Staatsdruckerei, Wien 1988

WEITZENDORF, Alfred: „Das Bier aus Göss 1459–1860–1960. Festschrift 100 Jahre Brauerei Göss", Göß 1960

WERNECK, H. L.: „Brauwesen und Hopfenanbau in Oberösterreich von 1100–1930", Sonderdruck aus dem Jahrbuch der Gesellschaft für die Geschichte und Bibliographie des Brauwesens in Berlin, Berlin 1940

WOHLRAB, Herta: „Wiener Heimatkunde Penzing", Jugend und Volk, Wien 1985

ZEINHOFER, Hans: „Österreich für Technik-Fans", Verband der Elektrizitätswerke Österreichs, Wien 1989

„50 Jahre Markt Aspach", Marktgemeinde Aspach 1978

„375 Jahre Brauerei Neumarkt", Neumarkt 1984

„Bier-Superlative", Idee-Verlag, Stuttgart 1982

„Der Hopfen" – Manuskript der Bayerischen Landesanstalt für Bodenkultur und Pflanzenbau, Hopfenforschung und Hopfenberatung, Wolnzach/Hüll

„100 mal Wanderbares Österreich" – Broschüre der Österreichischen Fremdenverkehrswerbung

„Humpen-Krüge-Gläser – Das schöne Biergefäß im Laufe der Jahrhunderte", Katalog des NÖ Landesmuseums zur Ausstellung, Wien 1985

„Kärnten ist schön – die schönsten Ausflugsziele", hg. von der Villacher Brauerei, Carinthia, Klagenfurt 1989

„ÖGZ-Stammtisch", Beilage zur Österreichischen Gastgewerbe- und Hotel-Zeitung, Mai 1987

„Die Stadt Schladming" – Festschrift zur 50. Wiederkehr der zweiten Stadterhebung, Stadtgemeinde Schladming 1975

„Die Tirolische Nation 1790–1820", Katalog zur Landesausstellung im Ferdinandeum Innsbruck, 1984

„Zell am Ziller – Markterhebung 1.–2. Juli 1989", Innsbruck 1989

Bildnachweis

Adambräu *213*
Archiv Brau *17, 103, 161*
Brauerei Egg *245*
Familienarchiv G. Kaar *7*
Familienarchiv Kolbitsch-Herbst *231*
Familienarchiv Kühtreiber *65*
Brauerei Mayr *37, 133*
Nationalbibliothek *31*
Sammlung A. Nowotny *13, 35, 69, 235*
Archiv Ottakringer/G. Trumler *256, 261, 263*
Brauerei Ried *141*
Archiv Ritterbräu *135*
Brauerei Schladming *209, 211*
Brauereiarchiv Schleppe *41, 53*
Brauerei Schwechat *8, 22, 24*
Conrad & Viktoria Seidl *21, 24, 29, 32, 59, 61, 73, 77, 107, 121, 125, 129, 147, 167, 171, 197, 222, 239, 248*
Archiv Steirerbrau *9, 23, 39, 57, 189, 191, 199*
Gasthaus Strobl, Wien XVI *251*
Verband der Brauereien *27*
Wiener Kunstwerkstätten *47*
Brauerei Wieselburg *93, 217*